Jürgens/Lissmann • Pädagogische Diagnostik

Reihe »BildungsWissen Lehramt«
Herausgegeben von Eiko Jürgens

Band 27

Eiko Jürgens/Urban Lissmann

Pädagogische Diagnostik

Grundlagen und Methoden der Leistungsbeurteilung in der Schule

BELTZ

Prof. Dr. Eiko Jürgens ist Lehrstuhlinhaber der Arbeitsgruppe 5 Schulpädagogik und Allgemeine Didaktik an der Universität Bielefeld, Fakultät für Erziehungswissenschaft, und langjährig in der Lehrerbildung tätig

Apl. Prof. Dr. Urban Lissmann war Wissenschaftlicher Angestellter am Zentrum für empirische pädagogische Forschung (zepf) in Landau und ist weiterhin in der Diagnostikausbildung des B. Ed.-Studiengangs der Universität Koblenz-Landau tätig.

Dieses Buch ist auch als E-Book erhältlich
(ISBN 978-3-407-29399-2).

FSC www.fsc.org
MIX
Papier aus verantwortungsvollen Quellen
FSC® C089473

www.beltz.de

Lektorat: Heike Gras
Herstellung und Satz: Michael Matl
Druck und Bindung: Beltz Bad Langensalza GmbH, Bad Langensalza
Umschlagabbildung: © blossomstar, Fotolia
Reihengestaltung: glas ag, Seeheim-Jugenheim
Umschlaggestaltung: Sarah Veith
Printed in Germany

ISBN 978-3-407-25708-6

Inhalt

1 Die Beurteilungsaufgabe im Lehrerberuf

Berufsleitbild

Der Lehrerberuf hat sich heute bildungs- und gesellschaftstheoretischen Anforderungen zu stellen, die zwar in ihrer Grundsätzlichkeit oft nicht neu sind, allerdings mitunter zu völlig neuen Leitvorstellungen und Entwicklungsperspektiven führen. Im Berufsleitbild des Deutschen Bildungsrates, wie es von der Bildungskommission am 13. Februar 1970 verabschiedet und in den Strukturplan für das Bildungswesen aufgenommen wurde, finden sich beispielsweise Aufgabenfelder, die in sehr viel späteren Publikationen zur zeitgemäßen Bildungstätigkeit von Lehrerinnen und Lehrern nahezu identisch wieder aufgegriffen werden. Als die Kernelemente der Lehrerbildung, sowohl der Aus- als auch der Fortbildung, erklärt der Deutsche Bildungsrat (1970) die folgenden sechs Aufgaben: Leben, Erziehen, Beurteilen, Beraten und Innovieren (vgl. S. 217). In der Expertise der Bildungskommission NRW (1995), die fast auf den Tag genau 25 Jahre nach dem »Strukturplan für das Bildungswesen« erschienen ist und mit der auf die vielfältigen Veränderungsprozesse des heutigen Schulwesens reagiert wird, die sich u.a. im Lehrerberuf insofern niederschlagen, dass sich dieser in den letzten Jahrzehnten zu einer Tätigkeit entwickelt hat, »die durch zunehmende Komplexität der Aufgaben, durch hohe Anforderungen an die fachlichen, sozialen und personalen Kompetenzen sowie durch einen deutlichen Wandel in den Rahmenbedingungen des Schulehaltens gekennzeichnet ist« (S. 300), sind die beiden Aufgaben des Beurteilens und des Beratens als Basiskomponenten des beruflichen Leitbildes als diagnostische Kompetenz und Beratungskompetenz vertreten (vgl. S. 304). Auch in der Gemeinsamen Erklärung des Präsidenten der Kultusministerkonferenz und der Vorsitzenden der Bildungs- und Lehrergewerkschaften sowie ihrer Spitzenorganisationen, der sogenannten »Bremer Erklärung« (Bremer Erklärung 2000), werden Aufgaben von Lehrerinnen und Lehrern benannt, die die Berufsausübung heute prägen sollten. Diese werden begründet im Abschlussbericht der von der Kultusministerkonferenz eingesetzten Kommission »Perspektiven der Lehrerausbildung in Deutschland«, in dem ein Leitbild für den Lehrerberuf formuliert wird, das auf diese Aufgaben ausgerichtet ist und der »Bremer Erklärung« als Grundlage dient. In diesem Kontext wird als eine Kernkompetenz für die Tätigkeit von Lehrerinnen und Lehrern, die »Beurteilungsaufgabe«

Berufliche Kernkompetenzen

aufgeführt, die als notwendig erachtet wird, damit dem Lehrerberuf »Fachleute für das Lernen« (vgl. Bremer Erklärung 2000, S. 2) zur Verfügung stehen. Sie hat den Wortlaut: »Lehrerinnen und Lehrer üben ihre Beurteilungsaufgabe im Unterricht und bei der Vergabe von Berechtigungen für Ausbildungs- und Berufswege *kompetent, gerecht* und *verantwortungsbewusst* aus« (Bremer Erklärung 2000, S. 3 – Hervorhebungen E. J.)

Standards für die Lehrerbildung

Nur wenige Jahre später war es dann wiederum die Kultusministerkonferenz, die sich auf Standards für die Lehrerbildung in den Bildungswissenschaften geeinigt hat (Sekretariat der Ständigen Konferenz der Kultusminister 2004). Dabei handelt es sich erneut um die Konzipierung eines beruflichen Leitbildes, mit dem die für eine einheitliche Lehrerbildung in allen Bundesländern erforderlichen curricularen Schwerpunktsetzungen und spezifischen Basiskomponenten der Lehrerbildung festgeschrieben werden. Inhaltliche Grundlage ist das Berufsbild der »Bremer Erklärung« (2000). Als Standards werden Anforderungen an das Handeln von Lehrerinnen und Lehrern bezeichnet, über die diese als professionelle Grundbefähigungen verfügen sollten. Insgesamt werden vier Kompetenzbereiche als curriculare Schwerpunkte der Bildungswissenschaften für die Lehrerbildung herausgearbeitet, darunter jener, der auf die Beurteilungsaufgabe zielt (vgl. Sekretariat der Ständigen Konferenz der Kultusminister 2004, S. 10). Allerdings wird im Vergleich zu allen vorweg dargestellten konzeptionellen Anforderungen an die Lehrerbildung und den im Zusammenhang damit begründeten Berufsleitbildern der »Kompetenzbereich: Beurteilen« in diesem Dokument in zwei relativ komplexe Kompetenzfelder differenziert, und zwar erstens in einen stärker lern- und entwicklungsorientierten, auf die Diagnose, die Förderung und die Beratung ausgerichteten sowie zweitens in einen mehr methodischen, auf die Messung, Bewertung und Rückmeldung von Leistungen konzentrierten (vgl. ebenda). Veranschaulichen lässt sich das anhand des folgenden Schemas:

Kompetenzbereich: Beurteilen

Kompetenzbereich: Beurteilen

Kompetenzfeld I	Kompetenzfeld II
Lern- und entwicklungsorientiert	Methodischer Schwerpunkt
• Diagnose • Förderung • Beratung	• Messung • Bewertung • Rückmeldung

Abbildung 1: Grundlagen und Methoden der schulischen Beurteilungsaufgabe

Reform der Lehrerbildung

Die Synopse der wichtigsten Beschlüsse und Erklärungen, die im Zuge der Weiterentwicklung der Lehrerbildung in Deutschland in den zurückliegenden 40 Jahren vorgelegt wurden, hat deutlich gemacht, dass die »Beurteilungsaufgabe« schon immer zum Kerngeschäft beruflichen Handelns der Lehrkräfte gehörte, obschon im Laufe der Zeit veränderte gesellschaftliche Bedingungen modifizierte Anforderungen an deren Aus- und Fortbildung nach sich zogen. Was für die Reform der Lehrerbildung bezüglich konzeptioneller Um- und Neugestaltungen der Beurteilungsaufgabe kennzeichnend ist und wie sich Schwerpunktsetzungen innerhalb dieses Kompetenzbereichs gewandelt haben, dazu geben die nachfolgenden Ausführungen einen genaueren Einblick.

1.1 Standards zum Kompetenzbereich: Beurteilen

Komplexität der Beurteilungsaufgabe

Schule ist ein Ort, an dem vielfältige Beurteilungsprozesse stattfinden. »Beurteilen« als berufliche Tätigkeit der Lehrkräfte spielt in allen unterrichtlichen Bereichen eine wichtige Rolle. Daher rührt auch die Problemkomplexität, die mit der »Beurteilungsaufgabe« verbunden ist. Diese macht es deshalb notwendig, sich darüber im Klaren zu sein, was einerseits die »Beurteilungsaufgabe« umfassen soll und wie andererseits die an sie gestellten Anforderungen methodisch und instrumentell implementiert werden sollen. Der Deutsche Bildungsrat bezieht sich in seinen Ausführungen schwerpunktmäßig auf die Optimierung des diagnostischen Vorgehens, d.h. in Anlehnung an Hesse/Latzko (2009) auf Kriterien »der sachgemäßen Durchführung der Diagnose« (S. 160). Allerdings geschieht das weniger differenziert als vielmehr pauschal zusammengefasst in der Forderung, dass »angesichts der *Bedeutung des Lehrerurteils und* der Schwierigkeiten einer gerechten Beurteilung es erforderlich ist, sich intensiv um *Möglichkeiten einer Objektivierung* (Hervorhebung E. J.) des Lehrerurteils zu bemühen« (S. 219). Daran schließt sich der weitere Anspruch an, »die Anwendung von Methoden objektivierter Leistungsmessung« den Aufgaben von Lehrerinnen und Lehrern bindend zuzuschreiben. Dabei ist nicht nur »die möglichst objektive Messung des Ist-Zustandes von Bedeutung, sondern auch die Erfassung von Entwicklungs- und Entfaltungsmöglichkeiten« (ebenda), womit auf den lern- und fördertheoretischen Zusammenhang zwischen Diagnose, Prognose und pädagogischer Interventionsmaßnahme (vgl. Jürgens 2012b, S. 34) fokussiert wird. Bemerkenswert ist auch, dass der Deutsche Bildungsrat seine Argumentation für eine Verbesserung des Lehrerurteils durch eine stärkere Orientierung der Beurteilungsaufgabe an den Prinzipien der wissenschaftlichen Diagnostik (vgl. Hesse/Latzko 2009) auf das Dilemma stützt, dem Lehrerinnen und Lehrer in der

Schule nolens volens ausgesetzt sind: nämlich sowohl die Förder- als auch die Orientierungs- bzw. Allokationsfunktion erfüllen zu müssen. »Die Beurteilung von Lernerfolg bleibt in ihrer Bedeutung nicht auf das Lehrer-Schüler-Verhältnis beschränkt. Das Lehrerurteil wird vielmehr dann, wenn es sich in Zeugnisnoten oder auf andere Weise schriftlich niederschlägt, aus seinem ursprünglichen Zusammenhang losgelöst. Es stellt dann einen gesellschaftlichen Wert- oder Unwertfaktor dar« (Deutscher Bildungsrat 1970, S. 219). Kurzum: Weil Prüfungen, Zeugnisse und Zensuren der Zuordnung, Zulassung und umgekehrt der Verweigerung von Zugangswegen, d.h. der Auslese von Schülerinnen und Schülern, dienen, was aus mehreren Gründen höchst problematisch ist (vgl. Sacher 2009, S. 22), besteht zwingend die Notwendigkeit, wenigstens die Güte des diagnostischen Urteils zu sichern. Folglich sollten die Kriterien einer wissenschaftlichen bzw. wissenschaftsbasierten Diagnostik möglichst verbindlich eingehalten werden, wie beispielsweise das Gütekriterium der Objektivität. Noch ein weiterer Aspekt wird im Rahmen einer professionell wahrgenommenen Diagnostik vom Deutschen Bildungsrat hervorgehoben, nämlich jener der Gerechtigkeit. Erwähnenswert ist das nicht nur, weil ebenso in späteren Erklärungen zu den Berufsaufgaben von Lehrerinnen und Lehrern dieser Begriff verwendet und ihm damit ein wichtiger Stellenwert im Kontext schulischer Leistungsbeurteilung zugeschrieben wird, sondern vor allem deshalb, weil damit dem Objektivitätspostulat der Gerechtigkeitsanspruch zur Seite gestellt wird, und zwar in abstrakter und normativer Verallgemeinerung, indem die »Schwierigkeiten« einer gerechten Beurteilung hervorgehoben werden (vgl. ebenda). Darüber hinaus finden sich – weder unter gerechtigkeitstheoretischer noch diagnostischer Perspektive – keinerlei Erläuterungen dazu, wie das überhaupt gelingen kann, Gerechtigkeit und Objektivität miteinander zu verknüpfen. Zusammenfassend lässt sich lediglich konstatieren, dass es dem Deutschen Bildungsrat äußerst wichtig ist, die Beurteilungsaufgabe hauptsächlich auf die Begriffe »Gerechtigkeit« und »Objektivität« zu gründen.

Reichweite des Lehrerurteils

Gerechtigkeit

Diagnosekompetenz

In der Denkschrift »Zukunft der Bildung – Schule der Zukunft« geht die Beurteilungsaufgabe in der »diagnostischen Kompetenz« auf. Ihr wird ein eindeutig förderdiagnostischer Schwerpunkt zugeschrieben, und die ihr zugrunde liegenden Fähigkeiten sollen genutzt werden »zum Erkennen von Lernpotentialen, spezifischen Lernvoraussetzungen, Lernhindernissen sowie Prozessen und Reaktionen der Lernenden, (…), zum Erfassen von Möglichkeiten und Beschränkungen beim Erreichen pädagogischer Ziele (…) und zur Evaluation« (Bildungskommission NRW 19955, S. 305). Hingegen finden sich zum Know-how, d.h. zur Methodik der Diagnostik, keinerlei Hinweise. Demgegenüber dürfte die Tatsache beachtenswert sein, dass die »diagnostische Kompe-

Professionelle Selbstdiagnostik

tenz« von Lehrerinnen und Lehrern in der modernen Schule nach Auffassung der Verfasser der Denkschrift die professionelle Selbstdiagnostik einschließt, d.h. die »Analyse der eigenen Professionalität, der Bewältigung der Arbeitssituation und der beruflichen Entwicklungsmöglichkeiten« (S. 305). Doch allemal zu begründen und nachvollziehbar ist diese »Erweiterung« der Diagnosekompetenz vor dem schultheoretischen Hintergrund, den die Bildungskommission für ihre Argumentation gewählt hat. Perspektivisch entwickelt sich demnach die heutige Schule zur teilautonomen Schule, zur lernenden Organisation, in der sich die Rollen der dort Tätigen verändern und generell deren Selbstständigkeit gestärkt und vergrößert werden wird (vgl. Bildungskommission NRW 1995, S. 300). Damit gewinnen allerdings neben Fremdevaluationen auch zunehmend Selbstevaluationen an Bedeutung, mit denen Rechenschaft über das eigene pädagogische Handeln in unterschiedlichen beruflichen Tätigkeitsbereichen abgelegt werden kann und soll. Von daher ist die Aufnahme von Selbstdiagnostik in die diagnostische Kompetenz nur konsequent.

In der »Bremer Erklärung« (2000), die insgesamt unter der Leitidee steht, Lehrerinnen und Lehrer als Fachleute für das Lernen zu professionalisieren, wird davon ausgegangen, dass es zur Bewältigung der Beurteilungsaufgabe hauptsächlich auf das Zusammenwirken dreier Faktoren ankommt: Kompetenz, Gerechtigkeit und Verantwortungsbewusstsein. Es wird erwartet, dass die Lehrkräfte über Kompetenzen verfügen, die als Basisqualifikationen fundierter, aktueller Wissensorientierung und glaubwürdiger Professionsbewusstheit geprägt sind. Demgemäß sind nach Meinung der Kommission für die schulische Leistungsbeurteilung und »Vergabe von Berechtigungen für Ausbildungs- und Berufswege hohe pädagogische psychologische und diagnostische Kompetenzen von Lehrkräften erforderlich« (Bremer Erklärung 2000, S. 3). Wenn auch sowohl im Strukturplan für das Bildungswesen (Deutscher Bildungsrat 1970) als auch in der Denkschrift der Bildungskommission NRW (1995) »Schule der Zukunft – Zukunft der Bildung« immer wieder verschiedentlich auf die herausragende Relevanz des wissenschaftlichen Wissens für die Lehrerbildung und -berufstätigkeit hingewiesen wird, ist es dennoch äußerst bemerkenswert, mit welcher Ausdrücklichkeit der Erfolg sachgerechter pädagogischer Diagnostik mit dem Vorhandensein hoher (bildungs)wissenschaftlicher Qualifikation in Verbindung gebracht wird.

Funktionen schulischer Beurteilungen

Ebenso wird in eindeutiger Klarheit die Funktion von Beurteilungen für die Realisierung des Förderprinzips beschrieben. »Junge Menschen müssen in der Schule erfahren, dass sie fair und gerecht behandelt und beurteilt werden und sie ihre Bildungschancen voll ausschöpfen können. Lehrkräfte helfen ihnen, ihre eigene Leistungsfähigkeit und Anstrengungsbereitschaft (...) zu steigern« (Bremer Erklärung 2000, S. 3).

Bremer Erklärung

Da sich die »Vereinbarung zu den Standards für die Lehrerbildung: Bildungswissenschaft« unmittelbar auf die Standpunkte in der Bremer Erklärung bezieht, kann es gar nicht überraschen, wenn als übergreifendes Kriterium für die zweiphasige Ausbildung, die universitäre und den Vorbereitungsdienst, wiederum das professionsspezifische Postulat vorangestellt wird, dem gemäß sich Lehrerinnen und Lehrer als »Fachleute für das Lehren und Lernen« zu verstehen haben (vgl. Sekretariat der Ständigen Konferenz der Kultusminister 2004, S. 3). Die dann auf der Basis der übernommenen fünf Leitziele der Bremer Erklärung entwickelten inhaltlichen Schwerpunkte der Ausbildung verteilen sich, wie oben schon genannt, auf insgesamt vier Kompetenzbereiche, die sich wiederum in elf Kernkompetenzen differenzieren (vgl. Sekretariat der Kultusministerkonferenz 2004, S. 4 f.). Der Kompetenzbereich zur Leistungsbeurteilung wird fast wortwörtlich aus der »Bremer Erklärung (2000)« übernommen (vgl. S. 2 in diesem Text), woraus sich von vornherein inhaltlich übereinstimmende Perspektiven abzeichnen. Die Textpassage lautet entsprechend: »Kompetenzbereich: Beurteilen. Lehrerinnen und Lehrer üben ihre Beurteilungsaufgabe gerecht und verantwortungsbewusst aus« (vgl. Sekretariat der Ständigen Konferenz der Kultusminister 2004, S. 11, außerdem Abbildung 2 in diesem Text). Abermals bemerkenswert ist die Zentrierung auf die beiden Adjektive »gerecht« und »verantwortungsbewusst«. Obwohl sich daraus schlussfolgern und somit erwarten ließe, dass dem Gerechtigkeitsthema im Zusammenhang mit der Leistungsbeurteilung besondere erklärende Aufmerksamkeit zukäme, finden sich in den Textpassagen keinerlei Hinweise, weder dazu, »was« unter einer »gerechten« Leistungsbeurteilung zu verstehen ist, noch, wie diese instrumentell zu sichern sei. Der herausgehobene Hinweis auf die »gerechte« Wahrnehmung der Beurteilungsaufgabe findet somit keine explizite Konkretisierung in den Kompetenzbeschreibungen. Anscheinend wird angenommen, dass »gerechtes« Beurteilen ein Produkt »verantwortungsbewussten« Beurteilens sei und sich deshalb schon einstellt, wenn »fürsorglich« und »sachgerecht« mit der Leistungsthematik umgegangen werde, somit also die »Gerechtigkeit« immer irgendwie schon mitbedacht und mitbehandelt werde. Doch weil es unterschiedliche Gerechtigkeitskonzepte gibt (vgl. u.a. Rawls 1979), könnte diese Hoffnung trügerisch sein. Deshalb sollen dazu weiter unten noch einige Gedanken geäußert werden, nachdem zunächst die inhaltlichen Aussagen zum »Kompetenzbereich: Beurteilen« näher erläutert worden sind.

Förder- und Beratungsfunktion

Wie schon erwähnt wurde, erschließen sich die Anforderungen zum inhaltlichen Schwerpunkt der schulischen Leistungsbeurteilung durch zwei Kompetenzen (vgl. Abb. 1). Die erste ist auf die Förder- und Beratungsfunktion der Schule und damit auf das Verstehen und die Optimierung von Lernen zentriert. Demgegenüber zielt die zweite auf den Aufbau bereichsspezifischen Wissens zur zweckmäßigen und funktionsgerechten Handhabung von Beurteilungsformen, -konzepten, -verfahren und -instrumenten. Im Mittelpunkt der Beurteilungstätigkeit steht dabei die konkrete Anwendung theoretisch begründeter und schulpraktisch verwendbarer Evaluationsmittel. Hervorzuheben ist in diesem Zusammenhang noch die explizite Verknüpfung der Beurteilungs- mit der Beratungsfunktion, wodurch noch einmal unterstrichen wird, dass die schulische Diagnostik pädagogische und didaktische Interventionen impliziert. Eine systematische Leistungsbeurteilung bildet demnach die Voraussetzung dafür, gezielte Informationen zu erhalten, die als Ansatzpunkte zur erfolgreichen Erarbeitung intendierter Leistungszuwächse und Kompetenzveränderungen verwendet werden können.

Konnex von Beurteilungs- und Beratungsfunktion

Die Implementation der Beurteilungsaufgabe gemäß der ersten Kompetenz erfolgt, indem »Lehrerinnen und Lehrer Lernvoraussetzungen und Lernprozesse von Schülerinnen und Schülern« diagnostizieren und sie »Schülerinnen und Schüler gezielt« fördern und »Lernende und Eltern« beraten (Sekretariat der Ständigen Konferenz der Kultusminister 2004, S. 11, Abb. 1). Diesen Forderungen entsprechend, beziehen sich die Standards für die theoretische Ausbildung auf wissenschaftliche Erkenntnisse zur Problematik unterschiedlicher Lernvoraussetzungen der Heranwachsenden für die Gestaltung der unterrichtlichen Lehr- und Lernprozesse, zu Grundlagen der Lernprozessdiagnose sowie zu Prinzipien und Modellen der Beratung. Im beruflichen Handeln wird das Theoriewissen in systematische, wissenschaftsorientierte Praxis transformiert. Schwerpunktmäßig soll das geschehen, indem Lernpotenziale und Lernausgangslagen der Schülerinnen und Schüler erkannt, spezielle Fördermöglichkeiten eingesetzt und Lernanforderungen abgestimmt werden. Weiter soll auf unterschiedliche Beratungsformen situationsgerecht zurückgegriffen werden.

Wissenschaftlichkeit

Wissenschaftsorientiertes Praxishandeln

»Lehrerinnen und Lehrer erfassen Leistungen von Schülerinnen und Schülern auf der Grundlage transparenter Beurteilungsmaßstäbe« (Sekretariat der Ständigen Konferenz der Kultusminister 2004, S. 11), so wird die zweite Kompetenz beschrieben. Im Theorieteil enthält sie Aspekte wie das Kennenlernen unterschiedlicher Formen, Funktionen und Bezugssysteme der Leistungsbeurteilung sowie von Prinzipien der Rückmeldung von Evaluationsbefunden. Kennzeichnend für die praktische Ausbildung ist die Dominanz der fach- und situationsgerechten Anwendung von Bewertungsmaßstäben und -modellen. Darüber hinaus sollen Aufgabenstellungen kriterien- und adressatengerecht konzipiert bzw. formuliert werden. Ebenfalls adressatengerecht sollen die

Transparenz

Kriterien- und adressatengerecht

Kompetenzbereich: Beurteilen

Lehrerinnen und Lehrer üben ihre Beurteilungsaufgabe gerecht und verantwortungsbewusst aus.

Kompetenz 7:
Lehrerinnen und Lehrer diagnostizieren Lernvoraussetzungen und Lernprozesse von Schülerinnen und Schülern; sie fördern Schülerinnen und Schüler gezielt und beraten Lernende und deren Eltern.

Standards für die theoretischen Ausbildungsabschnitte	Standards für die praktischen Ausbildungsabschnitte
Die Absolventinnen und Absolventen ... • wissen, wie unterschiedliche Lernvoraussetzungen Lehren und Lernen beeinflussen und wie sie im Unterricht berücksichtigt werden • kennen Formen von Hoch- und Sonderbegabung, Lern- und Arbeitsstörungen • kennen die Grundlagen der Lernprozessdiagnostik • kennen Prinzipien und Ansätze der Beratung von Schülerinnen/Schülern und Eltern.	Die Absolventinnen und Absolventen ... • erkennen Entwicklungsstände, Lernpotenziale, Lernhindernisse und Lernfortschritte • erkennen Begabungen und kennen Möglichkeiten der Begabungsförderung • stimmen Lernmöglichkeiten und Lernanforderungen aufeinander ab • setzen unterschiedliche Beratungsformen situationsgerecht ein und unterscheiden Beratungsfunktion und Beurteilungsfunktion • kooperieren mit Kolleginnen und Kollegen bei der Erarbeitung von Beratung/Empfehlung • kooperieren mit anderen Institutionen bei der Entwicklung von Beratungsangeboten

Kompetenz 8:
Lehrerinnen und Lehrer erfassen Leistungen von Schülerinnen und Schülern auf der Grundlage transparenter Beurteilungsmaßstäbe.

Standards für die theoretischen Ausbildungsabschnitte	Standards für die praktischen Ausbildungsabschnitte
Die Absolventinnen und Absolventen ... • kennen unterschiedliche Formen der Leis- tungsbeurteilung, ihre Funktionen und ihre Vor- und Nachteile • kennen verschiedene Bezugssysteme der Leistungsbeurteilung und wägen sie gegeneinander ab • kennen Prinzipien der Rückmeldung von Leistungsbeurteilung	Die Absolventinnen und Absolventen ... • konzipieren Aufgabenstellungen kriteriengerecht und formulieren sie adressatengerecht • wenden Bewertungsmodelle und Bewertungsmaßstäbe fach- und situationsgerecht an • verständigen sich auf Beurteilungsgrundsätze mit Kolleginnen und Kollegen • begründen Bewertungen und Beurteilungen adressatengerecht und zeigen Perspektiven für das weitere Lernen auf • nutzen Leistungsüberprüfungen als konstruktive Rückmeldung über die eigene Unterrichtstätigkeit

Abbildung 2: Standards für die Lehrerbildung: Bildungswissenschaften (Beschluss der Kultusministerkonferenz vom 16.12.2004)

Beurteilungen vorgenommen werden und »*Perspektiven für das weitere Lernen*« aufzeigen (Hervorhebung – E. J.; Sekretariat der Ständigen Konferenz der Kultusminister 2004, S. 11). An den beiden zuletzt genannten Aspekten fällt auf, welche Bedeutung die Kultusministerkonferenz der Beurteilungsaufgabe für die Stärkung individuellen Lernens und individueller Kompetenzen beimisst. Demgegenüber bleiben die Orientierungs- und die Allokationsfunktion (bzw. Berechtigungsfunktion), die beispielsweise stets mit der Zensurengebung und den Ziffernzeugnissen in Verbindung gebracht werden (vgl. Zielinski 1975), unberücksichtigt. Das ist einerseits vollkommen konsequent, weil die Vergabe von Ziffernzensuren lediglich eine »Form« der Leistungsbeurteilung darstellt und erst am Ende eines Urteilsprozesses auf sie zurückgegriffen wird, nachdem die notwendigen Maßnahmen zur sachgerechten Diagnose durchgeführt worden sind. Das alles sind Maßnahmen, die ebenfalls mit gleicher Sorgfalt und Qualität durchgeführt werden müssten, wenn andere Formen der Beurteilung, z.B. Rasterzeugnisse oder Wortgutachten, verwendet würden. Andererseits ist die explizite Aussparung der Orientierungs- und Allokationsfunktion als Zielperspektive schulischer Leistungsbeurteilung durchaus ungewöhnlich, da diese Funktion stets mit dem gesellschaftlichen Auftrag der Schule verknüpft wird, nämlich über die Vergabe von Berechtigungen zu entscheiden (Auslesefunktion) und dabei hauptsächlich auf Ziffernzensuren zurückzugreifen (vgl. Jürgens/Sacher 2008, S. 54; Tillmann/Vollstädt 1999, S. 16 ff.). Denn nahezu das gesamte Prüfwesen im deutschen Schulsystem wird trotz Alternativen weiterhin überwiegend über Ziffernzensurenzeugnisse gesteuert. Äußerst beachtenswert ist auch, dass die Standards für die praktische Ausbildung die Qualitätssicherung der eigenen Lehrerarbeit als ein wichtiges Ziel begreifen und Lehrerinnen und Lehrer »Leistungsüberprüfungen als konstruktive Rückmeldung über die eigenen Unterrichtstätigkeit« nutzen sollen (ebenda).

Orientierungs- und Allokationsfunktion

Dominanz von Zensuren- und Ziffernzeugnissen

Fazit

Der Lehrerberuf hat sich in den letzten Jahrzehnten unter dem Einfluss der Impulse und Anforderungen einer sich kontinuierlich weiterentwickelnden Gesellschaft in vielerlei Hinsicht verändert. Sicherlich sind neue Aufgaben hinzugekommen. Auch sind bisherige Aufgaben heute anders zu betrachten und auszugestalten. Unübersehbar führen die veränderten Rahmenbedingungen, unter denen Schule heute stattfindet, ebenfalls dazu, die bisherigen Interpretationen der Aufgaben zu überprüfen und gegebenenfalls zu modifizieren. Ausgehend von den auf die

Gesellschaftlicher Wandel

Zukunft orientierten Prognosen, wird Schule auch hier und dort aufgefordert sein, eine neue Schwerpunktsetzung von Aufgaben vorzunehmen. Letztlich sind es ebenso die veränderten Aufwachsensbedingungen und Entwicklungsmöglichkeiten von Kindern und Jugendlichen, die zu einem Überdenken und einer Neu- bzw. Umstrukturierung der schulischen Aufgaben führen können (vgl. Bildungskommission NRW 1995, S. 21 ff.). Hinsichtlich der Beurteilungsaufgabe sind diese Einflüsse deutlich spürbar. Zwar haben sich die Erwartungen an die Qualität der schulischen Leistungsbeurteilung genauso wenig grundsätzlich geändert wie die Komposition der Aufgaben, die diesem Kompetenzbereich zugeordnet werden. Doch was einer auffallenden Akzentverschiebung unterworfen wurde, betrifft die »pädagogischen« Komponenten der Beurteilungssaufgabe. Der Aufbau von Lernkompetenz, die Ermöglichung von Könnenserfahrungen und Lernerfolg für alle Schülerinnen und Schüler, die Herausforderung zur Steigerung eigener Ansprüche und zur Überwindung von Lernschwierigkeiten, die Hilfe zur Erreichung höchstmöglicher persönlicher Leistungen – kurzum die »fördernde« Leistungsbeurteilung – dominieren heute die unterrichtliche Lernkultur und damit die Aufgabenpalette schulischer Diagnostik. Dem Umgang mit Heterogenität in der Lernentwicklung und den Lernvoraussetzungen, d. h. dem Prinzip individueller Förderung, wird klar konturiert Priorität eingeräumt (vgl. Arnold/Graumann/Rahkochkine 2008; Fischer/Mönks/Westphal 2008; Kunze/Solzbacher 2009). Die Wahrnehmung der schulischen Beurteilungsaufgabe dient vor diesem Hintergrund der kontinuierlichen lernbegleitenden Sicherung systematischen Feedbacks, um das individuelle Lernen der Heranwachsenden stetig ziel- und inhaltsorientiert zu verbessern. Alle weiteren Aufgaben haben sich auf diesen Schwerpunkt zu konzentrieren bzw. sind diesem unterzuordnen. Das gilt vor allem für methodische Aspekte, die überhaupt nicht zu vernachlässigen sind, die aber stets eine »dienende« Rolle einnehmen.

»Fördernde« Leistungsbeurteilung

1.2 Diagnostische Kompetenz versus diagnostische Expertise

Damit die Anforderungen an die Beurteilungsaufgabe zur Bewältigung des beruflichen Alltags mit der nötigen Qualität und wissenschaftsorientierten Professionalität bewältigt werden können, bedarf es des Erwerbs geeigneter Qualifikationen und des Aufbaus handlungsrelevanter Kompetenzen.

Kompetenzbegriff

In diesem Zusammenhang ist allerdings unübersehbar, dass in jüngster Zeit der Kompetenzbegriff selbst ebenso wie dessen mannigfaltige Verwendung im Zusammenhang von Bildungsansprüchen und der Beschreibung von bildungswirksamen Prozessen Konjunktur hat. Das sollte jedoch nicht darüber hinwegtäuschen, dass der Begriff – weder in den Sozialwissenschaften und noch weniger in schulpädagogischer Praxisliteratur – einheitlich definiert vorliegt. »Der Begriff der Kompetenz wird [...] innerhalb des breiten Spektrums pädagogischer Themen und erziehungswissenschaftlicher Forschung intensiv genutzt, nicht immer begrifflich scharf, häufig auch nur alltagssprachlich und in offener Form verwendet« (Tenorth/Tippelt 2007, S. 414). Vor diesem Hintergrund wird sofort einsichtig, warum es notwendig ist, eine Rahmung des Kompetenzbegriffs vorzunehmen, weil es sich nämlich um einen analytischen Begriff handelt (vgl. Haarmann 2002, S. 138), der vielschichtig ausgestaltet, gedeutet und verwendet werden kann. Offensichtlich basieren Kompetenzen auf »fachbezogenen und fachübergreifenden Fähigkeiten und Fertigkeiten zur Lösung bestimmter Probleme« (Tenorth/Tippelt 2007, S. 414). Allerdings ebenso unverkennbar korrespondiert Kompetenz mit »Wissen«- und »Handeln«-Können und -Wollen, d.h. Kompetenzen werden verbunden mit motivationalen und volationalen Bereitschaften. Beispielsweise im »Kompetenzmodell« der kritisch-konstruktiven Didaktik von Klafki (2007b) wird explizit auf diesen Bedingungskontext eingegangen, an den dann Weinert (2001) in seiner Definition anknüpft.

> Demnach sind Kompetenzen »die bei Individuen verfügbaren oder durch sie erlernbaren kognitiven Fähigkeiten und Fertigkeiten, um bestimmte Probleme zu lösen, sowie die damit verbundenen motivationalen, volationalen und sozialen Bereitschaften und Fähigkeiten, um die Problemlösungen in variablen Situationen erfolgreich und verantwortungsvoll nutzen zu können« (Weinert 2001, S. 27 f.).

Kompetenzen als funktionelles Gefüge

So sind Kompetenzen zu verstehen als ein funktionelles Gefüge zusammenwirkender Komponenten wie Wissen, Fähigkeit und Fertigkeit, Verstehen, Können, Handeln, Erfahrung, Motivation und Willenskraft (vgl. Klieme et al. 2003, S. 72 f.). Vor allem aufgrund der Kopplung von Kompetenzen an Wissensinhalte bei gleichzeitiger Verknüpfung mit der Befähigung und Bereitschaft, diese (sozial) verantwortlich einzusetzen (vgl. Tenorth/Tippelt 2007, S. 414), gewinnt die Relation von Bildung und Kompetenzen an Aufmerksamkeit.

Beziehung zwischen Bildung und Kompetenzen

Bildungsintentionen werden dann in Kompetenzzielen und Kompetenzstufen zum Ausdruck gebracht, d.h. »operationalisiert« (vgl. Klieme et al. 2003). Damit verbindet sich der nicht unumstrittene Versuch, den (schulischen) Bildungsbegriff bzw. (schulische) Bildungskonzepte inhaltlich in Kompetenzanforderungen aufgehen zu lassen, die sich in Performanzen, d.h. konkreten und überprüfbaren Leistungsergebnissen präsentieren. Da in der Schule, oder allgemeiner in allen – auch außerschulischen – Bildungs- und Ausbildungszusammenhängen, Bildungs- sowie Qualifizierungsprozesse erfolgen, bedarf es weiter einer genaueren Betrachtung des Verhältnisses zwischen diesen beiden Bewältigungsformen der Realität. Weil häufig die Begriffe »Kompetenz« und »Qualifikation« aufgrund umgangssprachlicher Laxheit synonym verwendet werden, ist es umso notwendiger, auf Differenzen einzugehen und beide Begriffe voneinander abzugrenzen. Während Hechenleitner/Schwarzkopf (2006) Qualifikation »als eine konkrete, personenunabhängige Befähigung bzw. Eignung« definieren, um »eine Tätigkeit regelmäßig auf einem bestimmten Niveau ausführen zu können« (S. 1), nehmen Arnold/Nolda/Nuissl (2001) einen sehr viel komplexeren Vergleich vor, was nicht zuletzt auch mit dem in diesem Kontext vorhandenen Kompetenzbegriff zusammenhängt. Danach lässt sich die Qualifikations- bzw. Kompetenzentwicklung wie folgt unterscheiden:

»Kompetenz« vs. »Qualifikation«

Qualifikation	Kompetenz
Q. ist immer auf die Erfüllung vorgegebener Zwecke gerichtet, also fremd organisiert.	K. beinhaltet Selbstorganisationsfähigkeit.
Q. beschränkt sich auf die Erfüllung konkreter Nachfragen bzw. Anforderungen, ist also objektbezogen.	K. ist subjektbezogen.
Q. ist auf unmittelbare, tätigkeitsbezogene Kenntnisse, Fähigkeiten und Fertigkeiten verengt.	K.-Lernen öffnet das sachverhaltszentrierte Lernen gegenüber den Notwendigkeiten einer Wertevermittlung; K. umfasst die Vielfalt der prinzipiell unbegrenzten individuellen Handlungsdispositionen.
Q. rückt mit ihrer Orientierung auf verwertbare Fähigkeiten und Fertigkeiten vom klassischen Bildungsideal (Humboldts »proportionaler Ausbildung aller Kräfte«) ab.	K. nähert sich dem klassischen Bildungsideal auf eine neue, zeitgemäße Weise.

Abbildung 3: Qualifikation und Kompetenz im Vergleich (nach Arnold/Nolda/Nuissl 2001)

Qualifikationen in diesem Sinne werden von der »Bildungsidee« weitgehend abgekoppelt und »als subjektiv gebundene Fähigkeiten, Kenntnisse, Fertigkeiten und Verhaltensmuster« definiert, die als »sachlich notwendige Voraussetzungen« fungieren, »um Anforderungen bestimmter Arbeitssituationen auf Dauer erfüllen zu können (Gmelch 2001)« (Bloemen/Schlömer 2013, S. 121).

Der ausschlaggebende Unterschied zwischen Qualifikation und Kompetenz besteht in der »Begrenztheit« und »Bekanntheit« der Anforderungen versus deren »Unbegrenztheit« und »Unbekanntheit«. Somit werden hiernach Kompetenzen insbesondere dann gebraucht, »wenn sich ein Mensch neuen, komplexen und nicht vorhersehbaren Anforderungen gegenübersieht, für die er detailliert – weil es eben um Unvorhersehbares geht – nicht vorbereitet werden konnte. Sollten dagegen bereits heute bekannte Anforderungen von morgen bewältigt werden können, so ist Qualifikationserwerb in einer zielorientierten institutionalisierten Weise durchaus sinnvoll« (Lang-von Wins/Rosenstiel 2005, S. 302). In der Kompetenzentwicklung geht es nicht nur in einem sehr viel stärkeren Maße als beim Qualifikationserwerb um Subjektbezug und Selbstbildungsprozesse, sondern vor allem um den sich immer weiter verbessernden Einsatz von Lern- und Handlungsstrategien, was u.a. auch erklärt, warum der Kompetenzerwerb vorzugsweise »in informeller Weise erfolgt, und zwar im Prozess der Arbeit und dabei insbesondere in der Auseinandersetzung mit neuen komplexen Herausforderungen« (ebenda, S. 303). Kompetenzerwerb und -entwicklung basieren zwar auf konkretem fachlichem und überfachlichem Sachwissen, das zumindest teilweise durchaus als Qualifikationen vorliegen kann, gehen aber weit darüber hinaus, weil sie an Offenheit und Handlungsspielräume gebunden sind. Demzufolge wird man dort kaum günstige Bedingungen für die Kompetenzentwicklung diagnostizieren können, wo alle Abläufe standardisiert, spezialisiert und formalisiert in einer fremdbestimmten Weise oder durch lang andauernde Routine festgelegt ablaufen« (ebenda, S. 304). Durch die Nähe der Kompetenzen zum »klassischen« Bildungsideal wird besonders – jedoch nicht nur – der Zusammenhang zwischen Kompetenzentwicklung und Werteorientierung herausgestrichen. Ebenfalls werden damit die strategischen bzw. metastrategischen Anteile betont. Welche Bereiche am Aufbau der Kompetenzen beteiligt sind, dazu hat Weinert (1998) eine differenzierte Übersicht gegeben. Somit handelt es sich bei der Kompetenzentwicklung »um den Erwerb inhaltlichen Wissens, um Strategien zur praktischen Nutzung dieses Wissens, um den Erwerb von Schlüsselqualifikationen, metakognitiven Kompetenzen und Strategien des Lernenlernens sowie ein System von kognitiv-motivationalen Handlungs- und Wertorientierungen, damit aus kognitiven Fähigkeiten gesellschaftlich wertvolle und individuell reflexive Handlungskompetenzen werden« (Weinert 1998, S. 115). Gerade die Tatsache, dass Schlüsselqualifikationen wie beispielsweise »das Denken in komplexen Zusammenhängen, Organisations- und Dispositionsfähigkeit, Kommunikations- und Kooperationsfähigkeit, Problemlösefähigkeit« (Bildungskommission NRW 1995, S. 52), Teil der Kompetenzentwicklung bzw. vermittelndes Element sind, verdeutlicht noch einmal den Zusammenhang, aber gleichfalls die Differenz zwischen »Kompetenz« und »Qualifikation«.

Kompetenzentwicklung vs. Qualifikationserwerb

»Klassisches« Bildungsideal

Schlüsselqualifikationen

Diagnosekompetenz

Nach diesen Vorklärungen wird es nun möglich, den Begriff der Diagnosekompetenz zu klären und einzugrenzen. Wenn Schrader (2001) mit diagnostischer Kompetenz »die Fähigkeit eines Urteilers, Personen zutreffend zu beurteilen« bezeichnet, die »damit Grundlage für die Genauigkeit diagnostischer Urteile oder Diagnosen« ist, dann dürfte diese Definition ohne zusätzliche Erklärungen zu kurz greifen, wird doch zentral und ausführlich auf die Objektivität der Aussagen abgehoben. Entsprechend repräsentieren »solche Diagnosen in der pädagogisch-psychologischen Diagnostik«, wie Hesse/Latzko (2009) erklären, »über Zustände, Prozesse und Merkmale von Personen, die in einem reflektierten und methodisch kontrollierten Prozess gewonnen werden« (S. 25). Schon weiter fasst Weinert (2000) diesen Begriff. Seiner Auffassung nach handelt es sich bei der Diagnosekompetenz von Lehrkräften »um ein Bündel von Fähigkeiten, um den Kenntnisstand, die Lernfortschritte und die Leistungsprobleme der einzelnen Schüler sowie die Schwierigkeiten verschiedener Lernaufgaben im Unterricht fortlaufend beurteilen zu können, sodass das didaktische Handeln auf diagnostischen Einsichten aufgebaut werden kann« (S. 2). Leitvorstellung ist ein orientierendes, entwicklungsbezogenes und fördernd-unterstützendes Vorgehen.

Regelmäßige und effektive Evaluation

Diagnosekompetenz von Lehrerinnen und Lehrern bedeutet im Rahmen von Schule und Unterricht, die im Kontext der Wahrnehmung der Beurteilungsaufgabe erfassten und nach rational begründeten Kriterien – wozu u. a. grundsätzlich sowohl testtheoretische als auch qualitative Gütestandards wie unterrichtsdidaktische und förderorientierte Merkmale zählen – ausgewerteten Informationen für pädagogische (Folge-)Maßnahmen zu nutzen. Grundlegend für Diagnosekompetenz ist die regelmäßige und wirkungsvolle Evaluation individueller Lern- und Leistungsentwicklungen mit dem Ziel, für jedes Kind und jeden Jugendlichen das »Recht auf Bildung« zu sichern.

Relation zwischen Diagnostik und Didaktik

Die von Weinert (2000) ins Spiel gebrachten »kognitiv-emotionalen Handlungs- und Wertorientierungen« beziehen sich somit auf die Verpflichtung und Verantwortung der Lehrkraft, durch die Qualität ihrer Arbeit den Heranwachsenden zur höchstmöglichen persönlichen Schulbildung zu befähigen. Daher ist es selbstverständlich notwendig, die Diagnosekompetenzen unbedingt mit didaktischen Entscheidungen zu verbinden, da eine Diagnostik ohne spezifische situations- und personenorientierte didaktische Konsequenzen »bei Kindern und Jugendlichen den Schluss nahelegen (kann), Lernen sei nur dazu da, damit seine Ergebnisse registriert, verglichen und bewertet werden können« (Bildungskommission NRW 1995, S. 87). Mithin würde eine Diagnosekompetenz, die sich hauptsächlich oder ausschließlich auf die Genauigkeit diagnostischer Urteile unter Einsatz wissenschaftlich geprüfter Methoden (vgl. Hesse/Latzko 2009, S. 25) beschränkte, den Anforderungen zur professionellen Bewältigung der schulischen Beurteilungsaufgabe nicht gerecht werden. Diagnosekompetenz umfasst mehr als die mentale Informiertheit und das instrumentelle Wissen zur Verwendung diagnostischer Verfahren und Materialien. Diagnostische Kompetenz soll deshalb unserer Auffassung nach das Können in den Vordergrund stellen, d.h. die Lehrkraft soll über Qualifikationen und Strategien sowie auch pädagogische Überzeugungen verfügen, die es ihr ermöglichen, die Beurteilungsaufgabe so wahrzunehmen, dass die schulische Förderfunktion allen Schülerinnen und Schülern zugute kommt und als pädagogisches Leitprinzip schulischer Bildung wirksam wird. Diagnostische Kompetenz basiert somit auf pädagogischen und fachlichen Fähigkeiten und Fertigkeiten sowie einer motivationalen und sozialen Haltung, die die Lehrkraft ebenfalls benötigt, um die Beurteilungsaufgabe sachangemessen, verantwortungsvoll und gerecht ausüben zu können (vgl. Abb. 4).

Relevanz pädagogischer Überzeugungen

Diagnostische Kompetenz der Lehrkraft

- Diagnosekompetenz basiert auf pädagogischen und fachlichen Fähigkeiten und Fertigkeiten sowie einer motivationalen und sozialen Haltung der Lehrkraft.
- Aufbau des didaktischen Handelns basiert auf diagnostischen Einsichten:
  - orientierendes, entwicklungsbezogenes und fördernd-unterstützendes Vorgehen
  - Ausgewertete Informationen werden für pädagogische Maßnahmen genutzt.
  - »Recht auf Bildung« der Schüler wird durch die Diagnose umgesetzt.
  - Verknüpfung diagnostischer Erkenntnisse und didaktischer Entscheidungen, Diagnose muss situations- und personenorientierte didaktische Konsequenzen haben.

Abbildung 4: Diagnostische Kompetenz der Lehrkraft

Damit schließt Diagnosekompetenz selbstverständlich mehr ein als die Urteilsgenauigkeit oder das instrumentelle Wissen, um die richtige Auswahl und den korrekten Einsatz diagnostischer Instrumente und Durchführungsverfahren gewährleisten zu können. Eine in dieser Hinsicht differenzierte Aufschlüsselung der diagnostischen Kompetenz hat Jäger (1999) vorgelegt, indem er dieser ein breites Spektrum von Wissens- und Handlungskomponenten zugrunde legt.

Wissens- und Handlungskomponenten

- »Psychodiagnostische Kompetenz: Eine globale Fertigkeit, welche sich auf die verschiedenen diagnostischen Perspektiven, ihre konzeptionellen und methodologischen Herausforderungen bezieht.

- Kompetenzwissen: Wissen, um eine Fragestellung überhaupt beantworten zu können. Im Zweifelsfall wird der Diagnostiker sein Wissen erweitern oder an eine kompetente Person verweisen.
- Bedingungswissen: Kenntnisse der Einflüsse, die Erleben und Verhalten der an der Interaktion Beteiligten bestimmen.
- Änderungswissen: Kenntnisse über Entwicklung und Einsatz von Strategien zur Veränderung des Erlebens und Verhaltens.
- Technologisches Wissen: Fähigkeit zur Auswahl der am besten geeigneten Erhebungs- und Auswertungsmethoden für eine diagnostische Fragestellung.
- Vergleichswissen: Einordnung des individuellen Verhaltens unter dem Blickwinkel einer Vergleichsgruppe« (S. 185).

Kriteriale und individuelle Bezugsnorm

Die Beschränkung des »Vergleichswissens« auf die soziale Bezugsnorm scheint weder hinreichend begründet noch unserer Auffassung nach gerechtfertigt zu sein, da es sich bei dieser Bezugsnorm um die vergleichsweise am wenigsten notwendige und nützliche handelt. Sehr viel wichtiger für die pädagogische Diagnostik im Wirkungskreis von Schule und Unterricht sind die kriteriale Bezugsnorm (Vergleich mit selbst- oder fremdgesetzten Anforderungen) und ebenso die individuelle Bezugsnorm (Vergleich mit den Lern- und Leistungsergebnissen ein und derselben Person). Vor allem der individuumszentrierte Maßstab hat sich als motivationsfördernd und leistungssteigernd erwiesen. Aufgrund empirischer Befunde kommt Rheinberg (2001a) zu der Erkenntnis, dass der individuelle Vergleich der aktuellen Lernleistung mit dem zuvor Erreichten dem Heranwachsenden einen realistischen Umgang mit eigenen Zielsetzungen ermöglicht, »wobei der deutlich werdende Lernzuwachs über die Zeit eine tendenziell optimistische Sicht auf die eigene Leistungsentwicklung und eigenen Leistungspotienziale nahelegt« (S. 41). Die Effektivität schulischer Leistungsbeurteilung als Rückmeldeverfahren zeigt sich im Aufbau von »Erfolgszuversicht, Kontrollüberzeugung und der Selbstzuschreibung von Kompetenz und wird durch die Beurteilungsperspektive (Bezugsnormorientierung) entscheidend beeinflusst. Ziel sollte es deshalb sein, individuelle und kriteriale Bewertungsmaße miteinander zu kombinieren. Zudem gewährleistet diese Kombination die Anerkennung persönlicher Leistungszuwächse unabhängig vom sozialen Vergleich.

Verzahnung von kriterialer und individueller Bezugsnorm

»Pädagogisch-didaktisches Wissen«

Außerdem schlagen wir vor, das Spektrum der von Jäger definierten Diagnosekompetenz noch um einen Aspekt zu erweitern, und zwar um den des »pädagogisch-didaktischen Wissens«, das sich aus sozialen und didaktischen Fähigkeiten und Fertigkeiten ergibt, die zur Ergreifung pädagogischer Maßnahmen und zur Lösung der sich in den Kontexten der Beurteilungsaufgabe stellenden Probleme wichtig ist.

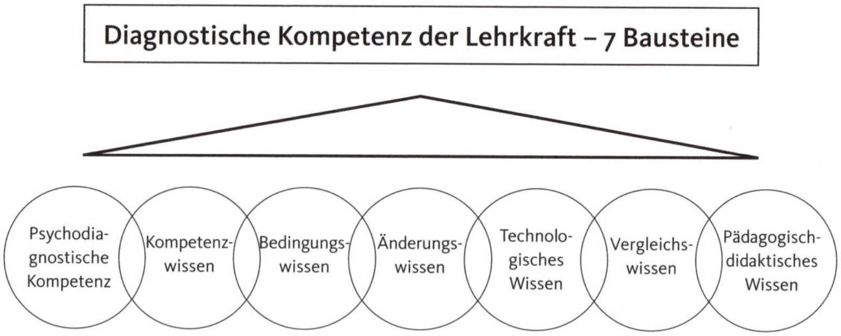

Abbildung 5: Diagnostische Kompetenz der Lehrkraft – 7 Bausteine

Verortung diagnostischer Expertise

Diese sich aus den bisherigen Ausführungen ergebende Erweiterung hätte zur Konsequenz, dass die von Helmke (2005) vorgenommene Unterscheidung zwischen »Diagnosekompetenz« und »diagnostischer Expertise« hinfällig würde. Die in der nun vorliegenden Form entwickelte Diagnosekompetenz berücksichtigt nämlich alle jene Merkmale, die Helmke (2005) bisher dem Konzept der diagnostischen Expertise zugeschrieben hat. Konsequenterweise stellt Diagnosekompetenz – so, wie wir sie verstehen wollen und begründet haben – eine umfassende Zielsetzung und ein domänenabhängiges Fähigkeitskonzept zur Bewältigung der schulischen Beurteilungsaufgabe dar, die sich sowohl aus methodischem, prozeduralem und konzeptionellem Wissen zusammensetzt als auch vor allem beeinflusst sein sollte vom pädagogischen Ethos oder, wie es Helmke (2005) formuliert, von einer »pädagogisch günstigen Voreingenommenheit« (vgl. S. 8). Darunter ist eine positive Erfolgserwartung der Lehrkraft zu verstehen. Auch die Forderung nach Theorie- und Handlungswissen zur Wirksamkeit von Urteilstendenzen, -verzerrungen und -fehlern, die Helmke (2005) ebenfalls explizit nur durch die diagnostische Expertise erfüllt sieht, lässt sich gut begründet ebenso sowohl der »psychodiagnostischen Kompetenz« als auch dem »Bedingungswissen«, beides Komponenten der Diagnosekompetenz nach Jäger (2007a), zuschreiben.

Diagnostische Expertise im Kontext der Diagnosekompetenz

Diagnostische Expertise unterscheidet sich also nicht länger zwingend von der Diagnosekompetenz, weil sie das umfassendere Konzept von beiden zu bieten hätte – die Diagnosekompetenz könnte, wie gezeigt, das im gleichen Maß mit identischen Inhalten leisten. Zu Recht erwartet Helmke (2005) von den Lehrkräften den Erwerb diagnostischer Expertise. Doch Diagnosekompetenz und diagnostische Expertise sollten nicht voneinander getrennt werden, sondern als zusammengehörend betrachtet werden. Die Bedeutung der effektiven Anwendung des bereichs- und aufgabenspezifischen Theorie- und Handlungswissens der Diagnosekompetenz zur Lösung der Probleme, die sich im

Kontext der Beurteilungsaufgabe stellen, setzt den Expertenstatus voraus, macht die Entwicklung diagnostischer Expertise erforderlich. Als Beleg dafür lässt sich übrigens ein Überblick zu Standards zur Diagnosekompetenz von Lehrkräften in den Vereinigten Staaten heranziehen, auf die sich drei bedeutende berufliche Organisationen verständigt haben (vgl. Helmke 2005, S. 86).

Standards for Teacher Competence in Educational Assessment of Students

1. Lehrer sollen aus dem verfügbaren Methodenarsenal jene Diagnoseverfahren auswählen können, die für anstehende Unterrichtsentscheidungen angemessen sind.
2. Lehrer sollen Diagnoseverfahren entwickeln können, die für anstehende Unterrichtsentscheidungen angemessen sind.
3. Lehrer sollen fähig sein, sowohl von Testexperten professionell konstruierte als auch unterrichtsbezogene, von Lehrern entwickelte Diagnoseverfahren anzuwenden, auszuwerten und zu interpretieren.
4. Lehrer sollen fähig sein, pädagogisch-diagnostische Informationen
   (a) in pädagogischen Entscheidungen, die einzelne Schüler betreffen,
   (b) für die Planung ihres Unterrichts,
   (c) im Rahmen der Curriculumentwicklung und
   (d) in Schulentwicklungsprozessen zu nutzen.
5. Lehrer sollen fähig sein, valide Verfahren der zusammenfassenden Beurteilung von Einzelbewertungen zu entwickeln (z. B. als Zensierungsmodell).
6. Diagnoseergebnisse sollen von Lehrern in verständlicher Weise den Schülern, Eltern oder anderen Laienpersonen mitgeteilt werden können.
7. Lehrer sollen fähig sein, ethisch inakzeptable oder ungesetzliche oder in anderer Weise unangemessene Diagnoseverfahren bzw. eine in dieser Weise problematische Anwendung von Verfahren zu erkennen.

Abbildung 6: Standards for Teacher Competence in Educational Assessment of Students

Ethische Grundsätze

Auch wenn insgesamt die in diesem Anforderungsprofil zutage tretende Diagnosekompetenz ihren Schwerpunkt im technologischen und methodischen Wissen hat, wird doch unübersehbar deutlich, dass von den Lehrerinnen und Lehrern erwartet wird, sich als Experten zu verstehen. Der Expertenstatus wird sogar so hoch angesetzt, dass »ethisch inakzeptable [...] oder in anderer Weise unangemessene Diagnoseverfahren« von der Lehrkraft erkannt und dann naheliegenderweise nicht eingesetzt werden sollen.

Zusammenfassend kann somit konstatiert werden: Die verantwortungsvolle Anwendung der Diagnosekompetenz ist auf diagnostisches Expertenwissen und -handeln angewiesen. Erst die Expertise bringt eine Kompetenz zur domänenspezifischen Entfaltung. So wird hier der Standpunkt vertreten, dass Lehrerinnen und Lehrer nicht nur diagnostisches Wissen und Können erwerben, sondern es auch beruflich hoch qualifiziert und engagiert anwenden sollten. Expertise in der pädagogischen Diagnostik schlägt sich im Sinne des weinertschen Kompetenzbegriffs – der weiter oben dargestellt wurde – in der Motivation zur systematischen Beschäftigung mit den sich im Kontext von Schule und Unterricht stellenden diagnostischen Fragen nieder. Dazu zählt auch die Bereitschaft zur Selbstdiagnose der eigenen diagnostischen Kompetenz. Mit selbstdiagnostischem Vorgehen können Lehrerinnen und Lehrer die Qualität ihrer diagnostischen Kompetenz überprüfen und aus den Ergebnissen »konkrete motivationale und inhaltliche Schlussfolgerungen für die weitere Beschäftigung mit theoretischen und praktischen Fragen« zur Beurteilungsaufgabe ziehen (Hesse/Latzko 2009, S. 54).

1.3 Der Urteilsprozess im Kontext korrelativer Faktoren von Schulleistung (Beeinflussungen und Störfaktoren im Urteilsprozess)

Ein Urteil über etwas zu fällen setzt verschiedene Denkoperationen und Handlungsschritte des Einschätzens, des Messens bzw. Ermessens, des Schlussfolgerns und des Wertens voraus. Der Urteilsprozess ist somit gebunden an eine Abfolge von Entscheidungen und Problemlösungen.

Urteil als Abschluss eines kognitiven Prozesses

Das Urteil stellt den Abschluss eines Denkvorgangs in Form einer gebündelten Aussage dar, beispielsweise als Satz oder als Ziffer, mitunter auch als ein mehrere Sätze umfassender Befund (u.a. als Gutachten). Die Urteilsbildung kann wiederum auf anderen Urteilen basieren, indem aus diesen Schlüsse für den infrage stehenden Gegenstand gezogen werden. Einem Urteilsprozess liegt stets eine Handlungsabsicht zugrunde. Zusammenfassend wird somit Urteilen als ein psychologischer Prozess bezeichnet, »der zugrunde liegt, wenn Menschen einem Urteilsobjekt einen Wert auf einer Urteilsdimension zuordnen und das daraus resultierende Urteil explizit zum Ausdruck bringen« (Betsch/Funke/Plessner 2011, S. 12). Dabei kann es sich um Urteile über »Personen, Objekte, das Selbst, Aussagen, innere Zustände, Situationen oder um abstrakte Konstrukte handeln« (ebenda). Die Eingrenzung auf den Aspekt des expliziten Urteils hat zur Folge, dass es sich hierbei um Urteile handelt, »bei denen sich der Urteilende bewusst ist, dass er ein Urteil trifft« (ebenda). Wenn sich Menschen ein Urteil bilden, fokussieren sie auf unterschiedliche Vorgehensweisen.

Heuristic-Systematic Model (HSM)

Als eines der am differenziertesten ausgearbeiteten Modelle zur Urteilsbildung stellt sich der als Heuristic-Systematic Model (HSM) bezeichnete Theorieansatz dar (vgl. Chaiken/Literman/Eagly 1989). Danach wird »unter systematischer Informationsverarbeitung eine umfassende analytische Orientierung verstanden, bei der Menschen alle zur Verfügung stehenden Informationen auf ihre Relevanz überprüfen und mithilfe von komplexen Entscheidungsregeln in ihr Urteil investieren. Bei der heuristischen Informationsverarbeitung handelt es sich um einen stärker begrenzten Urteilsmodus, der weniger kognitive Anstrengung und Kapazität benötigt« (Betsch/Funke/Plessner 2011, S. 43). Weil systematische Informationsverarbeitung datengeleitet ist, erfordert sie einiges an kognitiver Leistungsfähigkeit, was weiter sowohl eine entsprechende Motivation als auch die Fähigkeit voraussetzt, »diese Prozesse einzusetzen« (ebenda). Heuristische Verarbeitung begnügt sich hingegen mit den verfügbaren Informationen, ist stärker theoriegeleitet und benötigt somit geringe bzw. minimale kognitive Ressourcen und »kann sogar automatisch erfolgen« (ebenda). Informationsverarbeitung nach dem HSM zeigt, wie unterschiedliche Strategien gewählt werden können, um zu einem Urteil zu gelangen. Da diagnostische Urteile in der Schule für den Lernerfolg und die Bildungskarriere von Menschen wichtig, mitunter sogar entscheidend sind, sollte erwartet werden, dass diese auf dem systematischen Informationsverarbeitungsmodus beruhen. Das bedeutet aber auch, dass Lehrkräfte nicht nur alle zur Verfügung stehenden Informationen auf ihre Relevanz kontrollieren, sondern genauso bestrebt sein sollten, überhaupt so viele wesentliche Informationen wie möglich gewinnen zu wollen. Datenerhebung und -analyse gehören somit zusammen, weil die Qualität der geforderten »umfassenden analytischen Orientierung« (ebenda, S. 43) auch davon abhängig ist, welche und wie viele Informationen vorliegen. Übertragen auf die schulischen Beurteilungsprozesse hieße das weiter, dass einerseits für eine akkurate Diagnose von Lernleistungen aussagekräftige Verfahren und Instrumente zur Leistungsmessung und -beurteilung eingesetzt werden sollten und dass andererseits »pädagogisch-psychologisches Wissen über Lernprozesse und das Zustandekommen von Schulleistungen« vorhanden ist (Hesse/Latzko 2009, S. 94). Vom Grundsatz ist diese Forderung richtig, und doch sollte sie relativiert werden, weil das Unterrichtshandeln der Lehrkräfte aufgrund von Routinebildung (vgl. Meyer 2011, S. 45) in einem erheblichen Maße von permanenten, hoch automatisierten »Zustands-, Veränderungs- und Diskrepanzdiagnosen des Schülerverhaltens, des Unterrichtsverlaufs und der eigenen Handlungseffekte« geprägt wird (Helmke 2005, S. 85). Somit werden im Unterrichtsalltag implizite (subjektive) Diagnosen gestellt, bei denen es sich im Allgemeinen nicht um die absichtliche, methodisch kontrollierte Gewinnung und Verarbeitung aller relevanten Informationen, sondern häufig um das routinierte Registrieren und Vergleichen subjektiv bedeutsamer Indikatoren des pädagogischen Geschehens« handelt (Weinert/Schrader 1986, S. 118). Daneben werden explizite (»objektive«) Beurteilungen nötig,

Entscheidungsregeln

Optimierung des Prozesses der Informationsgewinnung und -verarbeitung

Unterrichtliche Routinebildung

Implizite Diagnosen

Explizite Diagnosen

die von der Lehrkraft als »bewusst reflektierte Formen des Diagnostizierens, wie z.B. systematischer Schülerbeobachtungen oder Leistungsbeobachtungen eingesetzt werden« (ebenda). Beiden Formen kommt für das Erreichen der Unterrichtsziele und individueller Lernerfolge große Bedeutung zu. Ergebnisse subjektiver Diagnosen können durchaus Auslöser für den Einsatz expliziter Diagnoseaufgaben sein. Zur Diagnosekompetenz gehört es allerdings auch, diese Zusammenhänge zu kennen und zu berücksichtigen, d.h. nicht bei den subjektiven Diagnosen stehen zu bleiben oder diese gegenüber den expliziten zu bevorzugen.

Schulleistung als gemeinsame Leistungen von Schule und Schülerinnen und Schülern

Wenn nämlich begründet anzunehmen ist, dass »Schulleistungen stets Leistungen der Schule und der Schüler« sind (Weinert 2001, S. 73), dann führt allein die Beachtung dieser beiden Hauptdeterminanten der Schulleistung, die sich in nahezu allen Modellen so finden, zur Auseinandersetzung mit darauf bezogenen Informationen. D.h. erstens auf »die relevanten Personenmerkmale des Lerners bzw. seine individuellen Lernvoraussetzungen und zweitens die Leistungen der Schule, die vor allem durch die Quantität und Qualität des unterrichtlichen Angebots bestimmt werden« (Hesse/Latzko 2009, S. 94). Hinzu kommt noch ein weiterer ausschlaggebender Faktor, und zwar der Einfluss »schulexterner und -interner Kontextbedingungen familialer, sozialer und organisatorischer Art« (ebenda). Insbesondere das Modell der »Produktivitätsfaktoren der Schulleistung« von Fraser et al. (1987), das auf der metaanalytischen Auswertung von mehr als tausend Einzelstudien fußt und insgesamt neun Faktoren aufweist, die unter den Kategorien Schülerkompetenz, Unterrichtsvariablen und psychologisches Umfeld subsumiert werden, dürfte für alle vergleichbaren Modelle richtungweisend gewesen sein (Hesse/Latzko 2009, S. 96). Doch über diese Tatsache hinausgehend, ist das Ungewöhnliche an diesem Modell dessen Exklusivi-

Produktivitätsfaktoren der Schulleistung

Schülerkompetenz
1. kognitive Fähigkeiten/Vorwissen 2. Entwicklungsstand 3. Motivation
Unterrichtsvariablen
4. Quantität des Unterrichts 5. Qualität des Unterrichts
Psychologisches Umfeld
6. häusliche Umwelt 7. Klassen- und Schulklima 8. außerschulische Peer-Beziehungen 9. Massenmediennutzung

Abbildung 7: Produktivitätsfaktoren der Schulleistung (vereinfachte Darstellung; nach: Hesse/Latzko 2009, S. 96)

tätsanspruch. »Denn es wird angenommen, dass kein weiterer Produktivitätsfaktor zu finden ist, der nicht unter einem der aufgelisteten zu subsumieren wäre oder zumindest mittelbar über diesen wirkt (Cortina 2006)« (Hesse/Latzko 2009, S. 97).

Unterrichtsqualität und -quantität

Wenn das wirklich so ist, würde dies bedeuten, dass Schulleistung allein mit dem spezifischen Zusammenwirken dieser Faktoren erklärbar wäre. Das hätte sicherlich für den Diagnostiker den Vorteil, seine Urteilsbildung auf eine überschaubare Anzahl von Einflüssen beschränken zu können. Allerdings stellt sich davon unabhängig die Frage, wie die Faktoren zusammenwirken. Tendenziell scheint viel dafür zu sprechen, dass den individuellen Lernvoraussetzungen der Schülerinnen und Schüler in der Erklärung von Schulleistungen höchste Priorität einzuräumen ist, und zwar noch deutlich vor deren Motivation und Durchhaltevermögen (vgl. Walberg 1986, Fraser 1991), jedoch in etwa auf gleicher Höhe mit den Variablen Qualität und Quantität des Unterrichts. Bei ausschließlicher Beachtung der mittleren Korrelationskoeffizienten würden demnach als Kernfaktoren für das Zustandekommen von Schulleistungen die kognitiven Fähigkeiten bzw. das Vorwissen, die Quantität des Unterrichts (sensu Unterrichtszeit) und die Qualität des Unterrichts (sensu Lernstrategien) den mit Abstand größten Einfluss ausüben. Mit Werten zwischen $r = 0.38$ und $r = 0.48$ bestehen die unverkennbar engsten Zusammenhänge zwischen diesen Produktionsfaktoren und der Schulleistung. Als Konsequenz für die Wahrnehmung der Beurteilungsaufgabe ergibt sich daraus zweierlei: Zum einen wird damit unverkennbar bestätigt, dass die Leistungen von Schülerinnen und Schülern tatsächlich ein Gemeinschaftsprodukt verschiedener Akteure bzw. Wirkkräfte darstellen und deshalb nicht allein von den Heranwachsenden zu verantworten sind. Es sind Erzeugnisse, die stets durch das Zusammenwirken von Lernenden und Lehrenden entstehen. Diese Sachlage macht ebenfalls deutlich, dass Lernerfolge wie auch -misserfolge genauso ein Gemeinschaftsprodukt von Schule und Heranwachsendem sind. Wenn es somit in den »Standards für die Lehrerbildung: Bildungswissenschaften« u.a. heißt: »Lehrerinnen und Lehrer üben ihre Beurteilungsaufgabe verantwortungsbewusst aus«, dann ist darin die professionelle Verpflichtung eingeschlossen, begründete Vermutungen über das Zustandekommen von Schulleistungen vor allem aus deren zentralen (proximalen) Produktivitätsfaktoren herzuleiten (das sind die fünf Kernfaktoren, die zusammen durch die »Schülerkompetenz« und die »Unterrichtsvariablen« repräsentiert werden). Das bedeutet auch, stets die Qualität der eigenen Unterrichtstätigkeit in der Leistungsbeurteilung angemessen zu berücksichtigen, schon deswegen, weil diese Einflussgröße innerhalb aller Produktivitätsfaktoren der Schulleistung am bedeutsamsten ist. Diagnostische Verfahren und Instrumente zur Erfassung von Lernausgangslagen, Entwicklungsverläufen, Lernprozessen und Lernprodukten etc. bilden fraglos einen günstigen Orientierungs- und Informationsrahmen für die Planung und Ergreifung pädagogischer und didaktischer Interventionen. Doch als isolierte Einzelbefunde reichen sie für eine »kohärente Diagnose« (Hesse/Latzko 2009, S. 97) nicht aus. Eine schlüssige Diagnose entsteht gemäß diesem Modell nämlich nur dann, wenn die Einzelfaktoren in Beziehung zueinander gebracht werden, d.h. nicht additiv, sondern multiplikativ miteinander verbunden werden (ebenda). Die herausgehobene Wichtigkeit der Unterrichtsqualität für die Generierung von Schülerleistungen findet im Schulalltag, d.h. im Bewusstsein der Akteure und in den Reflexionen über ihr Handeln, bisher keine angemessene Entsprechung. »Insbesondere wenn es sich um schlechte Leistungen und nicht ausreichende Lernergebnisse handelt. Diese generelle Unterschätzung des Zusammenhangs von Qualität des Unterrichts und Qualität der Schulleistung zeigt sich auch darin, dass nur relativ wenige Lehrer ihren Unterricht regelmäßig und systematisch reflektieren bzw. Feedback einholen« (Hesse/Latzko 2009, S. 167). Vor diesem Hintergrund ist es allerdings nicht überraschend, wenn einige frühere empirische Studien schon darauf verweisen, dass Lehrerinnen und Lehrer sogar mehrheitlich »ihren eigenen Unterricht nicht als eine wichtige Quelle für die Lernfortschritte und die Lernunterschiede der Schüler« betrachten (Weinert 2001, S. 75). Von vielen Lehrkräften »werden nämlich Begabungsdifferenzen, Motivationsunterschiede und außerschulische Einflüsse als entscheidende Lernfaktoren genannt« (ebenda). Heute sollten jedenfalls solche Positionen als überwunden gelten, zumal zwischenzeitlich die empirischen Belege aufgrund umfangreicher und genauerer Untersuchungen den höchst wirksamen und erheblichen Anteil der Lehrerinnen und Lehrer am Lernerfolg ihrer Schülerinnen und Schüler bestätigen. Als besonders eindrucksvoll dürfte in diesem Kontext die viel beachtete Publikation »Visible Learning« von Hattie (2013) gelten, die auf 800 Variablen aus 736 Metaanalysen und insgesamt 50 000 Studien fußt. Doch ebenso kann die Überblicksstudie von Lipowsky (2006) als ein weiterer Beleg herangezogen werden, um die positive Beziehung zwischen dem Lehrerhandeln und der Unterrichtsqualität zu untermauern. Weil trotz dieser erdrückenden Fülle von Ergebnissen erst relativ langsam die Einsicht in die Notwendigkeit der Diagnostik von Unterrichtsqualität steigt, sollten Lehrerinnen und Lehrer dazu ermutigt werden, immer wieder Rückmeldungen über ihre Tätigkeit einzuholen. Lehrerevaluationen sollten demnach genauso wie Lernerevaluationen zum festen integralen Bestandteil der Beurteilungsaufgabe von Lehrerinnen und Lehrern gehören. Auch wenn Selbstevaluationen eine besondere und vorrangige Bedeutung als

Unterschätzung des Faktors Unterrichtsqualität

Reflexion des eigenen Unterrichts

Grundlage kritischer (Selbst-)Reflexionen des Unterrichtshandelns zugeschrieben werden kann, bleiben die Erfassung und Beurteilung der Unterrichtsqualität in Form von Fremdevaluationen ein wesentlicher und unverzichtbarer Bestandteil schulischer Qualitätssicherung. »Diese Beurteilung der eigenen Möglichkeiten, Handlungen und Fähigkeiten zur Überwindung von Hindernissen gewinnt ihre besondere Bedeutung in Form von Selbst- und Fremdevaluationen. Dies gilt für Lehrerinnen und Lehrer ebenso wie für Schülerinnen und Schüler« (Bildungskommission NRW 19959, S. 97). Ein systematisches datengestütztes Feedback dient als Vorbedingung für die Ermittlung von Ursachen für Erfolg und Misserfolg. Hattie (2013): »Als ich die erste Synthese von 134 Metaanalysen aller möglichen Einflüsse auf die Lernleistung fertiggestellt hatte (Hattie 1992), wurde mir schnell klar, dass Feedback zu den stärksten Einflüssen auf die Leistung zählt« (Hattie 2013, S. 206).

»Guter« Unterricht

Wenn danach gefragt werden soll, durch welche unterrichtlichen Faktoren die Leistungsprozesse von Schülerinnen und Schülern »begünstigt oder erschwert werden« (Weinert 2001, S. 85), dann wird man unmittelbar vor die Frage gestellt, was überhaupt ein »guter« Unterricht ist und worin er sich von einem weniger guten oder gar »mangelhaften« Unterricht unterscheidet. Das heißt, zur Qualitätssicherung der eigenen Arbeit gehört es, sich wissenschaftsorientiert über den Stand des Diskurses zur Unterrichtsentwicklung zu informieren und dessen Ergebnisse für das eigene Handeln zu nutzen. Auch wenn es den einen »guten« Unterricht gar nicht geben kann, können demnach sehr wohl »Qualitätsprinzipien des Unterrichts, die allgemein gültig sind«, bestimmt werden (Hesse/Latzko 2009). Darüber kann in der einschlägigen Wissenschaftsliteratur ein umfassender Überblick gewonnen werden (vgl. Fischer/Schilmöller 2010; Helmke 2010; Jürgens/Standop 2010; Meyer 2004; Oser 2001).

Diskurs zur Unterrichtsqualität

Im Kontext dieser Ausführungen soll nicht auf die Breite des derzeitigen theoretischen Diskussions- und Erkenntnisstandes eingegangen werden. Doch exemplarisch lässt sich andeuten, mit welchen erprobten Zugangsformen und tauglichen Erhebungsmethoden die Güte des eigenen Unterrichts auf der Grundlage diagnostisch relevanter Unterrichtskriterien überprüft werden kann.

Überprüfung der eigenen Unterrichtsqualität

Ein sehr konstruktiver Vorschlag, wann und in welchen Situationen sich die Frage nach der Überprüfung der eigenen Unterrichtsqualität auf jeden Fall stellt, findet sich bei Hesse/Latzko (2009). Die Annahme, »dass die eigene Unterrichtsqualität möglicherweise mit dem anstehenden, zu diagnostizierenden Problem in Beziehung stehen könnte«, sollte immer explizit Anlass zur Evaluation sein bei Vorkommnissen wie

- »Disziplinproblemen im Unterricht
- Lernunlust und Motivationsproblemen mehrerer Schüler der Klasse

- überwiegend schlechten Leistungen in Klassenarbeiten/Tests
- Lernschwierigkeiten eines/mehrerer Schülerinnen oder Schüler
- zurückhaltender Mitarbeit der Schülerinnen und Schüler im Unterricht
- quälender eigener Unzufriedenheit, Unsicherheit der Lehrkraft im Unterricht« (ebenda, S. 180).

Kriterium für die Durchführung (selbst)evaluativer Maßnahmen sollte allerdings die regelmäßige Auseinandersetzung mit der eigenen Berufstätigkeit sein. Selbstverständlich können »auffällige« Ereignisse den Handlungsdruck verstärken oder überhaupt erst die besondere Bedeutung systematischer Rückmeldungen für die Qualitätssicherung des eigenen beruflichen Handelns in den Fokus der Selbstwahrnehmung rücken. Dennoch sollte eigentlich klar sein, dass zur Sicherung und Verbesserung der Unterrichtsqualität kontinuierliche Kontroll- und Auswertungsprozesse unverzichtbar sind. Evaluationen im schulischen Berufsfeld ermöglichen nicht nur das notwendige Feedback über die Effekte eigener Berufsleistungen, sondern sind ebenso unerlässlich für die eigene berufliche und persönliche Weiterentwicklung. Sie geben Orientierung für die Wahrnehmung ihres Berufes als »ständige Lernaufgabe« (vgl. Sekretariat der Kultusministerkonferenz 2004, S. 12). Welche diagnostischen Verfahren und Instrumente zur Erfassung spezifischer Merkmale der Unterrichtsqualität geeignet sind, darüber haben Hesse/Latzko (2009) einen gut gemachten Überblick geliefert. So finden sich beispielsweise »Checklisten zur Wirkung des eigenen Unterrichts«, »Fragebögen zur Selbstdiagnose des eigenen Unterrichtstils«, »Audioprotokolle von Unterrichtsstunden«, »Unterrichtshospitationen kooperierender Kolleginnen oder Kollegen«, »Schülerbefragungsinstrumente zur Unterrichtsqualität bzw. zum Unterrichtsklima und zur Klassenführung« (S. 181 ff.).

Lehrerberuf als ständige Lernaufgabe

Aufgrund der Tatsache, dass pädagogische Diagnostik zum Lernerfolg der Schülerinnen und Schüler beitragen soll, besteht die professionelle diagnostische Tätigkeit u.a. in der planmäßigen und systematischen Erfassung, Analyse und Bewertung sowie Reflexion von Lernprozessen und -produkten. Kurzum: in der Diagnostik von Kompetenzentwicklungen.

Informelle Testverfahren

In diesem Feld nehmen vor allem »informelle« Testverfahren eine Hauptrolle ein (vgl. Ingenkamp/Lissmann 2008, S. 172 ff.; Jürgens 2010b, S. 116 ff.). Es handelt sich dabei um Lernkontrollverfahren, die durch Lehrerinnen und Lehrer entwickelt werden können und demgemäß auch als »teacher made tests« bezeichnet werden. Der methodische Konstruktionsaufwand orientiert sich am Kompetenzrahmen der Ausbildung von Lehrerinnen und Lehrern. Dementsprechend sind Ein-

»teacher made tests«

schränkungen in der Testkonstruktion und in der Sicherung der testtheoretischen Gütekriterien einzukalkulieren. Dennoch unterscheiden sich informelle Testverfahren gravierend von subjektiven Methoden der Leistungsüberprüfung (vgl. Ingenkamp/Lissmann 2008, S. 173), denn mit ihnen wird intendiert, Lernleistungen von Schülerinnen und Schülern »möglichst objektiv zu erfassen« und für das pädagogische Handeln der Lehrkraft nutzbar zu machen. Bei sorgfältiger Testkonstruktion können für diese Art schulischer Testverfahren ebenfalls Zuverlässigkeit und Gültigkeit relativ gut gesichert werden (vgl. ebenda).

Definition: Informelle Testverfahren
Informelle Tests sind Verfahren, die die Lehrkräfte auf der Basis gültiger Lehrpläne und fachlicher Standards selbst erstellen können und die so angelegt sind, dass die Hauptgütekriterien von Objektivität, Reliabilität und Validität und deren Nebengütekriterien, soweit es unter den schulisch gegebenen Bedingungen pädagogisch sinnvoll und diagnostisch begründet ist, gesichert werden.

Valide Informationsbasis

Anders als in Prozessen intuitiver oder automatisierter Urteilsbildung sollten sich die im Zusammenhang der schulischen Beurteilungsaufgabe anstehenden Urteile sowohl in der Lehr- als auch in der Lernevaluation auf die Nutzung und Auswertung valider Informationen stützen. Entsprechend dem vereinfachten Rahmenmodell für den Prozess des Urteilens, das sich an dem allgemeinen Informationsansatz orientiert (vgl. Plessner 2011, S. 21), bilden die gesammelten Informationen die Urteilsgrundlage. Doch entscheidend ist, »wie Menschen diese Informationen auswählen und wie sich diese Informationen im Laufe des Auswahlprozesses oder durch ihn verändern können« (ebenda). An die Entscheidung darüber, ob genügend Informationen vorliegen, schließt sich die Phase der Informationsintegration an, in der es darum geht, die Vorinformationen »zu einem kohärenten Bild zusammenzusetzen, das sich in einem Urteil ausdrückt« (ebenda). Weil Urteile in der pädagogischen Diagnostik für die betroffenen Personen mitunter weitreichende Konsequenzen haben, stellt sich umso drängender die Frage, wie die erhobenen Informationen zu einem Urteil zusammengefügt werden und »welche Fehler dabei vorkommen können« (ebenda). Darüber hinaus wird ebenso wichtig sein, danach zu fragen, von welchen Einflüssen der Prozess der Urteilsbildung begleitet wird und was das für das Zustandekommen des Urteils bedeutet. Neben Vorwissen und Erwartungen dürften auch Motivation und Stimmungen in diesem Kontext eine wichtige Rolle spielen, aber sicherlich auch Metakompetenzen bzw. metakognitive Strategien der Urteilsbildung. Auch sollte die Frage nach den Regeln, die herangezogen werden können, um zu entscheiden, welche der gesammelten Informationen für die Urteilsbildung ausgewählt werden

Phase der Informationsintegration

Urteilsfehler

Regeln der Urteilsbildung

sollen, belangvoll sein. Bei der Beantwortung dieser Fragen, die in den weiteren Ausführungen hauptsächlich im Kapitel 3.3 erfolgen wird, wird sich zeigen, dass die Aufgaben der pädagogischen Diagnostik nicht losgelöst von der »Bildungsidee« bzw. vom Erziehungs- und Bildungsauftrag der Schule und vom Wandel dieser Institution zu einem Lern-, Arbeits- und Lebensraum mit einer veränderten Lern-, Leistungs- und Prüfungskultur betrachtet werden können.

2 Sinn und Weiterentwicklung der schulischen Lern-, Leistungs- und Prüfungskultur

Ziel und Aufgabe: Bildung

Bildung in der Schule lässt sich nach wie vor als ein »zentriertes und übergeordnetes Orientierungs- und Beurteilungskriterium für alle pädagogischen Einzelmaßnahmen« (Klafki 1980, S. 33) auffassen, das im Sinne von Kulturaneignung darauf abzielt, Mündigkeit als rationales Grundprinzip der Demokratie zu ermöglichen. Bildung ist ebenso universell wie Kultur. Schulisches Lernen und Leisten können deshalb nicht auf eine Auffassung von Bildung verzichten, »deren emanzipatorischer Gehalt sich gegen eine Beschränkung von Bildungsprozessen auf den Erwerb von gesellschaftlich nützlichen Qualifikationen sperrt« (Bildungskommission NRW (Hrsg.) 1995, S. 31). Zeitgemäße und zukunftsfähige schulische Bildung basiert auf Kompetenzen, »die den Anforderungen an einen vernünftigen Umgang mit den Entwicklungschancen und den Problemen der modernen Welt genügen« (ebenda, S. 32). Für die Schule bedeutet dies, überfachliche und fachliche, soziale und moralische Befähigungsprozesse in Gang zu setzen, in denen individuelle Selbstgestaltung und Selbstbestimmung in Relation zu Kooperation, Mitverantwortung und Solidarität gebracht werden können. Das Konzept öffentlich verantworteter Bildung ist heute somit einerseits unter den geltenden gesellschaftlichen Anforderungen breiter auszulegen und andererseits mit neuen Schwerpunkten zu versehen. Dazu gehören langfristige Orientierungen wie das »lebenslange Lernen«, das »systematische, planvolle Lernen zu lernen« und das »nachhaltige Lernen«, um nur einige Stichpunkte zu nennen (vgl. Jürgens 2013a, S. 53 ff.; Bildungskommission NRW 1995, S. 30 ff.).

Konzept öffentlich verantworteter Bildung

2.1 Erweiterter Lernbegriff und erweitertes Bildungsverständnis

Lernkompetenz

Schulisches Lernen hängt funktionell eng mit dem Entwicklungsprozess der Selbstbildung zusammen (vgl. Messner 2004, S. 36). Lernkompetenz aufzubauen ist deshalb die zentrale didaktische Aufgabe von Schule, weil Kompetenzen sowohl Voraussetzung als auch Gegenstand von Bildung sind.

> Lehrerinnen und Lehrer sollen gemeinsam mit den Schülerinnen und Schülern auf die Ausgestaltung und Formung einer Lernkultur bedacht sein, in der es weniger um den Aufbau trägen Wissens und stattdessen stärker um Handlungsbezug und Könnerschaft geht.

Ein diesen Grundgedanken aufgreifender Lernbegriff lässt sich gegenüber dem traditionellen schulischen Lernverständnis als erweitert charakterisieren, weil vor allem die Reorganisation und Reproduktion überprüfbaren Wissens deutlich zugunsten eines Wechselbezugs von fachlichem und überfachlichem, sozialem und methodischem, emotionalem und persönlichem Lernen zurückgedrängt wird.

Erweiterung des Lernbegriffs

Der erweiterte Lernbegriff verbindet zudem schulisches mit außerschulischem Lernen, indem »Alltagsfragen, Alltagserfahrungen und Lebensproblemen, die die Schülerinnen und Schüler mitbringen« (S. 83), sowie überhaupt der »Einbeziehung des gesellschaftlichen Umfeldes« (Bildungskommission NRW 1995, S. 82) eine größere Bedeutung zugestanden wird. Da Lernen und Lernkultur aufeinander angewiesen sind, konstituiert das erweiterte Lernverständnis nolens volens eine »neue« Lernkultur.

»Neue« Lernkultur

Kennzeichnend für die Argumentation zu einer »neuen« Lernkultur sind eine Neubestimmung des Verhältnisses von Lehren und Lernen, die im Zuge damit anders gestalteten Lernsituationen und der wissenschaftliche Bezug auf Grundannahmen der psychologischen und neurowissenschaftlichen Lerntheorien.

Psychologische und neurowissenschaftliche Lerntheorien

Neben der lerntheoretischen Verkürzung des Lernbegriffs gilt es gleichfalls, eine schulische Verengung zu revidieren. Lernen ist mehr als die Generierung von Anpassungs- und Reproduktionsleistungen (vgl. Gasser 1999, S. 107; Arnold/Schüßler 1998). Im Hinblick auf die methodische Verflechtung von Lehren und Lernen findet in der

Fokussierung auf Lernprozesse und Lernerzentrierung

»neuen« Lernkultur eine stärkere Hinwendung zu den Lernprozessen und den entsprechenden »Kompetenzen zu ihrer Steuerung (damit ist die Aufmerksamkeit der Didaktik auf das Lernhandeln konzentriert, und es werden veränderte Bildungsziele formuliert)« (Winter 2004, S. 6) statt. Diese Perspektivenverschiebung, statt des Lehrens das Lernen ins Zentrum der Didaktik zu rücken und noch weitergehenden Lernprozessen im Verhältnis zu den Lernprodukten besondere Aufmerksamkeit zu widmen, ergibt sich – wie schon angedeutet – den aus neuen wissenschaftlichen Erkenntnissen zur Psychologie und Neurobiologie des Lernens (vgl. Braun/Meier 2006; Holzkamp 1995; Lefrançois 2006; Roth 2003; Spitzer 2002). Danach ist Lernen als ein »aktiver, konstruktiver, selbstgesteuerter, sozialer, emotionaler und situativer Prozess« zu begreifen (Mandl 2010, S. 23), was zu der Einsicht führt, dass das Individuum der eigentliche »Akteur seines Lernens« ist. Zwar kann die Initiative zum Lernen von anderen ausgehen bzw. von anderen der Anstoß dazu gegeben werden, »letztlich aber nicht von außen bewirkt werden.

Lernen als »autopoietischer Prozess«

Ob, was und wie gelernt wird, hängt vom Lerner ab. Lernen ist ein ›autopoietischer Prozess‹« (Sacher 2009, S. 203). Wenn also Lernen in hohem Maße auf Eigenaktivität und Selbststeuerung angewiesen ist, sind Lernumgebungen demnach so zu modellieren, dass Aktivität, Selbstständigkeit und Eigenverantwortung zur Entfaltung gebracht werden können.

Modellierung von Lernumgebungen

Ein weiterer Befund aus der Lernforschung vermittelt noch einen abermals veränderten Blick auf das Lernen. Irgendwie lernt nämlich jeder anders. »Ob, was und wie gelernt wird, hängt ab von der individuellen Lernbiographie, von den besonderen Lernstilen und Lernstrategien, von den Motivlagen usw., mit einem Wort: von den individuellen ›Anschlussmöglichkeiten‹ « (ebenda). Aus solch einer Perspektive wird einsichtig, warum die unterrichtliche Gleichbehandlung aller Schülerinnen und Schüler einer Lerngruppe kein gängiges didaktisches Muster sein kann, sondern in großem Maße differenzierte und individualisierte Lernangebote und Arbeitsmöglichkeiten, wozu selbstverständlich auch individuelle Lernzeiten und unterschiedliche Anschlussvoraussetzungen gehören, bereitgehalten werden sollten.

Individuelle »Anschlussmöglichkeiten« erfordern differenzierte und individualisierte Lernarrangements

So ist es ein wesentliches Merkmal der »neuen« Lernkultur, dass nicht nur das Lernen eine Erweiterung erfährt, sondern ebenso die Lernorganisation. Die zentrale Bedeutung des Aktivitätsparadigmas (vgl. Jürgens 2010a, S. 64 ff.) akzentuiert das selbstständige Lernen. Das macht es zwingend erforderlich, Lernangebote so zu arrangieren, dass in hohem Maße Mitwirkungs- und Selbstbestimmungsmöglichkeiten vorhanden sind. Wie das konkret aussehen kann, dafür gibt es verschiedene Lösungen. Nach Sacher (2009) setzt selbstständiges Lernen »Offenheit der Aufgabenstellungen, Lernumgebungen und Lernsituationen voraus«. Außerdem ergibt sich die Notwendigkeit, »Fremdkontrolle und Vorstrukturiertheit« zu reduzieren, weil Selbstständigkeit sich in einem Handlungsrahmen »mit ausgeprägter Außensteuerung und zahlreichen Vorabfestlegungen, wie es im herkömmlichen Unterricht an der Tagesordnung ist«, nicht entfalten kann (S. 204 f.). Ähnlich argumentiert Winter (2004), wenn er zusammenfassend erklärt, dass die Lernenden bei der Umsetzung des selbstständigen Lernens »in allen Phasen eines vollständigen Lernaktes Einfluss auf dessen Verlauf nehmen können. Das heißt, sie von der Planung des Vorhabens bis zur Darstellung der Ergebnisse und Auswertung des Vorgangs zu beteiligen« (S. 21).

Mitwirkungs- und Selbstbestimmungsmöglichkeiten für die Lernenden

Genau genommen umfassen vollständige Lernprozesse bis zu ihrem Abschluss fünf Schritte:

Vollständiger Lernprozess

»(1) Aufgaben- und Problemorientierung,
(2) genaue Formulierung von Absichten und Zielen,
(3) klare Definitionen der Aufgaben oder Probleme,

(4) zielorientierte Bearbeitungsprozesse und
(5) Überprüfung von Lösungen« (Bildungskommission NRW 1995, S. 83).

»9-Punkte-Programm« für selbstständiges Lernen

Die bisher in der Schule vorherrschenden Vermittlungsformen hingegen begünstigen »bruchstückhafte und isolierte Lernprozesse«, die sich »zu einem reflektierten und selbstverantworteten Lernen kontraproduktiv« verhalten (ebenda). Bis in welche Dimensionen das selbstständige Lernen in der Schule entwickelt werden kann, hat Sacher (2009) in einem »9-Punkte-Programm« zusammengetragen. Danach soll schulisches Lernen ausgehend vom Ziel der Selbstständigkeitserziehung »nach Möglichkeit inszeniert werden als ein Lernen

- für selbst gewählte Ziele,
- an selbst gewählten Inhalten,
- mit selbst gewählten Methoden und Strategien, die bewusst eingesetzt und ständig optimiert werden (Metakognitionen!),
- mit selbst gewählten Informationsquellen und Medien,
- in selbst gewählten Sozialformen (d. h. in Gruppen, mit Partnern, in Alleinarbeit, im Plenum, in spielerischen Inszenierungen wie Rollenspielen, Plan- und Entscheidungsspielen etc.),
- mit selbst festgelegter oder zumindest variabler Reihenfolge der Arbeitsschritte,
- mit selbst festgesetzten Lernzeiten, sowohl den Zeitpunkt als auch die Dauer der Lernprozesse betreffend,
- in dem Fehler als in allen Lernprozessen zunächst auftretende natürliche und unvermeidliche Unvollkommenheiten und als Lernchancen begriffen werden,
- das die Lerner selbst kontrollieren und evaluieren, zu dem also auch die Selbstbeurteilung der Schülerinnen und Schüler gehört« (S. 204).

Genese einer eigenen Lern- und Ich-Identität

Unbestritten werden Schülerinnen und Schüler in der damit einhergehenden »Demokratisierung der Lernorganisation« (Winter 2004, S. 21) die Erfahrung machen, dass selbstständiges Lernen den Erwerb eines umfangreichen Repertoires von individuellen Kompetenzen, Arbeitsmethoden und Techniken sowohl voraussetzt als auch gleichermaßen fördert. Indem Schülerinnen und Schüler zu Subjekten des eigenen Lernens werden und sich immer weniger in der Rolle von »Objekten der Belehrung« befinden, können sie schulisches Lernen viel stärker und viel bewusster auf die eigene Persönlichkeitsentwicklung und -bildung beziehen (vgl. Klafki 2007a). Schon allein die Tatsache, dass die Schülerinnen und Schüler »in der neuen Lernkultur ein Stück demokratische Verfügungsgewalt über ihr Lernen« erhalten, hat maßgeblichen Einfluss auf die Genese der eigenen Lern- und Ich-Identität. Denn wie zugegebenermaßen Winter (2004) zutreffend feststellt, wäre die »Individualisierung des Lernens allein ein zu enges Konzept von Demokratisierung. Unter der Erziehungsperspektive kann Demokratisierung der Lernorganisation nicht lediglich bedeuten, mehr individuelle Entscheidungsfreiheit zu geben. Verbunden damit müssen die Forderungen gestellt sein, sich auch an der gemeinsamen Gestaltung des Unterrichts zu beteiligen, ihn als sozialen Prozess zu organisieren, bereit zu sein, Verantwortung zu übernehmen und auch Rechenschaft über das eigene und gemeinschaftliche Handeln abzulegen« (S. 22). Diese gemeinsame Verantwortung sowohl der Schülerinnen und Schüler untereinander als auch der Heranwachsenden und ihrer Lehrkräfte wird nicht nur in den Organisationsformen des Lehrens und Lernens in der neuen Lernkultur sichtbar, sondern ebenso in den veränderten Gelingensbedingungen für die Sicherung der Qualität und des Erfolgs des Unterrichts. Unter der Perspektive der verstärkten Mitwirkung und zunehmenden Eigenverantwortlichkeit wird Unterricht immer mehr zu einer Koproduktion aller beteiligten Akteure, wobei es stets zur Verflechtung von konstruktiven Lernprozessen und instruktiven Lehrprozessen kommt (Mandl 2010, S. 23; Reinmann-Rothmeier/Mandl 2001). Mit dieser Sicht überwindet die »neue« Lernkultur die Einseitigkeit selbstgesteuerten oder fremdgesteuerten, »paidotropen« (d.h. schülerzentrierten) oder »logatropen« (d.h. stoffzentrierten) Unterrichts (vgl. Gasser 1999, S. 110). Somit verändern sich in der neuen Lernkultur sowohl die Rollenprofile der Schülerinnen und Schüler sowie der Lehrkräfte als auch die Schwerpunkte der Bildungsarbeit. Der schulische Erziehungs- und Bildungsauftrag wird insofern »erweitert«, als Wissensaufbau und Persönlichkeitsbildung sowie fachliches, überfachliches und außerschulisches Lernen in ein neues Verhältnis zueinander gebracht werden und Selbstständigkeitserziehung mit sozialen und kooperativem Lernen verbunden wird. »Fachliches Lernen wird zwar in der Schule wichtig bleiben, aber es muss sich auch verändern« (Jürgens 2012a, S. 53). Bildung macht nicht an den Fächergrenzen halt, und sie stellt »schulisches Lernen in den größeren Sinnzusammenhang der Entwicklung und Biographie von Lernenden sowie der Welt und der Gesellschaft, in der sie leben« (Messner 2004, S. 38). Bildung ist auch mehr als die Aneignung enzyklopädischen Wissens (vgl. Kößler 1997, S. 13) und mehr als die Ansammlung nützlicher Qualifikationen. »Ein weitgreifendes Konzept von Bildung muss darauf abzielen, das kreative Potential in jedem Einzelnen zu entdecken, hervorzubringen und zu bereichern. Dieser verborgene Reichtum in jedem von uns soll entdeckt werden. Das bedeutet, Abschied zu nehmen von einer rein nutzenorientierten Bildung, die erworben wird, um ein spezielles Ziel zu erreichen (Fertigkeiten, Qualifikationen oder wirtschaftlich nutzbares Potential), und Aufbruch zu einer

Unterricht als sozialer Prozess

Verflechtung von konstruktiven Lernprozessen und instruktiven Lehrprozessen

Absage an nutzenorientierte Bildung

Bildung, welche die Entwicklung der ganzen Persönlichkeit betont – kurz gesagt, für das Leben lernen« (Delors 1997, S. 7). Um das umzusetzen, bedarf es einer »Reform der schulischen Unterrichts- und Lernkultur« (vgl. Herrmann 2003, S. 630) (vgl. Abb. 5). Mit einer veränderten Unterrichts- und Lernkultur kann den Heranwachsenden besser als im traditionellen Unterricht vermittelt werden, dass schulische Bildung heute mehr denn je dazu beitragen soll, zur mündigen Lebensführung zu befähigen. »Als ethisch-politische Idee konkretisiert sich Mündigkeit eines Menschen als Selbstständigkeit im Denken, Urteilen und Handeln, die jedoch soziale Vernunftfähigkeit und Moralität einschließt. Die Fähigkeit zur Wahrnehmung individueller Freiheiten findet ihre Grenzen und ihre Ergänzung im Gemeinschaftswohl und in den Freiheitsrechten anderer« (Jürgens 2013a, S. 52).

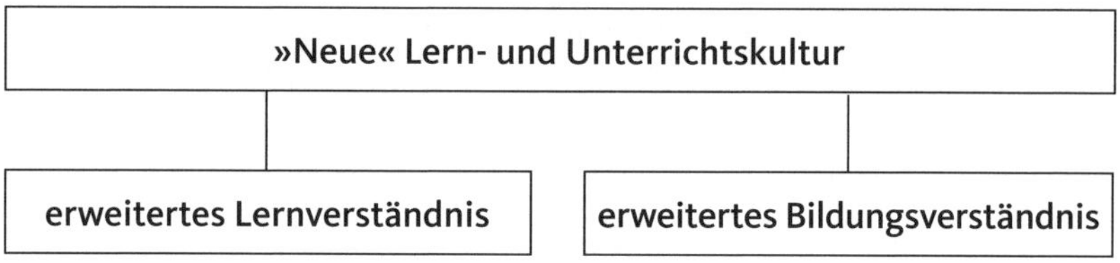

Abbildung 8: »Neue« Lern- und Unterrichtskultur

2.2 Reformtendenzen in der Leistungsbeurteilung

Neues Verständnis des schulischen »Befähigungsparadigmas«

Wie in dem zuvor Dargestellten schon angeklungen ist, verbinden sich mit der Verwendung des Begriffs »neue Lernkultur« sehr unterschiedliche Reformansätze und Entwicklungsrichtungen. Vor allem scheint allerdings im schulischen Bereich dann von »neuer Lernkultur« die Rede zu sein, wenn über ein verändertes Verhältnis von Lehren und Lernen, die Reaktion der Praxis auf neue wissenschaftliche Befunde und Einsichten zum Lernen sowie einem zeitgemäßen Bildungsverständnis gesprochen wird und alles zusammen zu einem neuen Verständnis des schulischen »Befähigungsparadigmas« führt (vgl. Sacher 2009, S. 203 ff.; Jürgens 2008a, S. 98 ff.). Unstrittig gehört zur »neuen« Lernkultur auch der Umgang mit einem »erweiterten« Lernbegriff (vgl. Bildungskommission NRW 1995, S. 53 ff.), wozu schon zuvor grundlegende Überlegungen angestellt wurden und die in der These zusammengefasst werden können, dass die Umsetzung der Idee vom mündigen Individuum den Erwerb eines Repertoires von »Kompetenzen« voraussetzt, die auf einem veränderten »Wissensbegriff« gründen und deshalb selbst über das hinausgehen, was traditionell in der Schule mit der Vermittlung von »Fähigkeiten« und »Fertigkeiten« gemeint war. Gegenüber früheren

Neubestimmung des (schulischen) Wissensbegriffs

Zeiten führt der veränderte und erweiterte Lernbegriff nolens volens zu einer Neubestimmung des (schulischen) Wissensbegriffs. »Es geht nicht mehr um ›Vorratswissen‹, das geschlossen ist und abrufbar wird, es geht vielmehr

- um aktives und intelligentes Wissen, das auf Zuwachs und Veränderung ausgerichtet ist,
- um Wissen, das immer in den Zusammenhang von Handlungsmöglichkeiten und Handlungsverantwortung hineingestellt wird« (Arbeitsstab Forum Bildung 2001, S. 33)

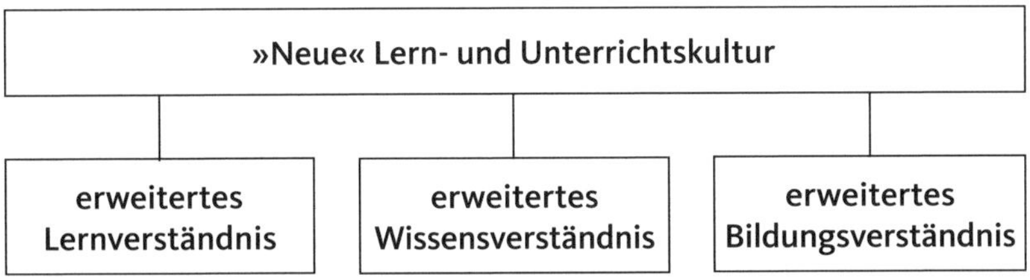

Abbildung 9: »Neue« Lern- und Unterrichtskultur

Umgestaltung des Prozesses der Wissensaneignung

Die Entstehung einer neuen Lernkultur macht es notwendig, insgesamt die »Wissensaneignung« und damit den Umgang mit Informationen sowie deren kritische und reflexive Verarbeitung zu Wissen anders zu gestalten. »Mit zunehmendem Lebensalter bedeutet dies, dass Klärung, Systematisierung und Klassifizierung von Informationen und Wissen sowie die Lernfähigkeit selbst zum Zentrum des Lernens werden. Damit rücken sukzessive beim Entstehen einer neuen Lernkultur die Sicherung von Grund- und Orientierungswissen, der Aufbau von Fähigkeiten und Befähigungen sowie die Übernahme von Bewertungs- und Handlungsverantwortung in den Mittelpunkt des Lernens« (ebenda, S. 34). Auffällig an der neuen Sicht auf den Erwerb von Wissen und das in diesem Zusammenhang sich ereignende Lernen sind die Ausrichtung auf »den Hinzugewinn von *anwendungsbezogenem* Wissen und die Zunahme von *Handlungs*kompetenz« (Bildungskommission NRW 19959, S. 82; Hervorhebungen – E. J.) (vgl. Abb. 7). Mit der Erweiterung bzw. Neuausrichtung schulischen Wissens auf die Handlungsfunktion werden auch die Weichen für ein »verändertes« schulisches Bildungsverständnis gestellt. Demzufolge ist Bildung *»in erster Linie ein Können, kein bloßes Sich-Auskennen in Bildungsbeständen«* (Bildungskommission NRW 1995, S. 30; Hervorhebung – E. J.). Schulisches Lernen und das »Sichbilden« stehen somit im Fokus der Kompetenzorientierung. Kompetenzen treten als Ziele und Gegenstände von Bildung auf, sind zugleich aber ebenso Voraussetzungen von schulischen Lern- und Arbeitsprozessen. Innerhalb der bildungsrelevanten schulischen

Bildung als Können

Lernkompetenz als Schlüsselkompetenz

Kompetenzen nimmt vor allem die Lernkompetenz eine besondere Rolle ein, die deshalb im Zentrum der neuen Lernkultur steht und als Schlüsselkompetenz zur Stärkung von Selbstständigkeit, Mit- und Selbstbestimmung und Eigenverantwortlichkeit verstanden wird.

Kompetenzbegriff

Gültiger Kompetenzbegriff

Kompetenzen enthalten zwar »Fähigkeiten« als wichtige Elemente ihrer Operationalisierung, umfassen aber auch weiter greifende Handlungsanlässe. Am häufigsten wird sich derzeit auf den Kompetenzbegriff Weinerts (2001) bezogen, auf den schon oben eingegangen wurde (vgl. S. 18) und der u. a. den nationalen Bildungsstandards zugrunde liegt. Demgemäß sind Kompetenzen zu verstehen als »die bei Individuen verfügbaren oder durch sie erlernbaren kognitiven Fähigkeiten und Fertigkeiten, um bestimmte Probleme zu lösen, sowie die damit verbundenen motivationalen, volitionalen und sozialen Bereitschaften und Fähigkeiten, um die Problemlösungen in variablen Situationen erfolgreich und verantwortungsvoll nutzen zu können« (S. 27 f.). Danach bezeichnen Kompetenzen nicht nur erlernbare kognitiv verankerte fachbezogene und fachübergreifende Fähigkeiten und Fertigkeiten, die eine erfolgreiche Bewältigung bestimmter Anforderungssituationen innerhalb einer Wissensdomäne ermöglichen (vgl. Landesinstitut für Schulentwicklung 2009, S. 3), sondern auch »Bereitschaften« zum Lernen und Handeln. Außerdem umfasst der Begriff u. a. auch Motivationen, Entschlossenheit, Ausdauer und Werthaltungen wie Kooperationswillen und Gemeinschaftssinn (vgl. Abb. 8). In einem solchen Kompetenzbegriff verschmelzen sogenannte »kognitive« und »nicht kognitive« Merkmale miteinander, sodass der Beitrag der Schule darin besteht, den jungen Menschen viele Anstöße und Gelegenheiten zu geben, damit eigene Interessen entwickelt, Handlungsmöglichkeiten erprobt und z. B. Formen der »Einmischung« und »Widerstandsfähigkeit« als positiv erfahren werden können (vgl. Jürgens 2008b, S. 55).

Kompetenzen sind keine persönlichkeitsneutralen Dispositionen

Kompetenzen werden nach diesem Verständnis von unterschiedlich stark entfalteten Facetten bestimmt, die in ihrem Zusammenwirken von der Erkenntnis geprägt sind, dass es sich bei Kompetenzen, nicht um »persönlichkeitsneutrale« Dispositionen handelt. Kompetenzaufbau und -anwendung haben demnach immer mit »Fragen der Grundorientierung, der Identitätsfindung und der Befähigung zur Auseinandersetzung mit Grundwerten und Normen« zu tun (Bildungskommission NRW 1995, S. 84; Landesinstitut für Schulentwicklung 2009, S. 3).

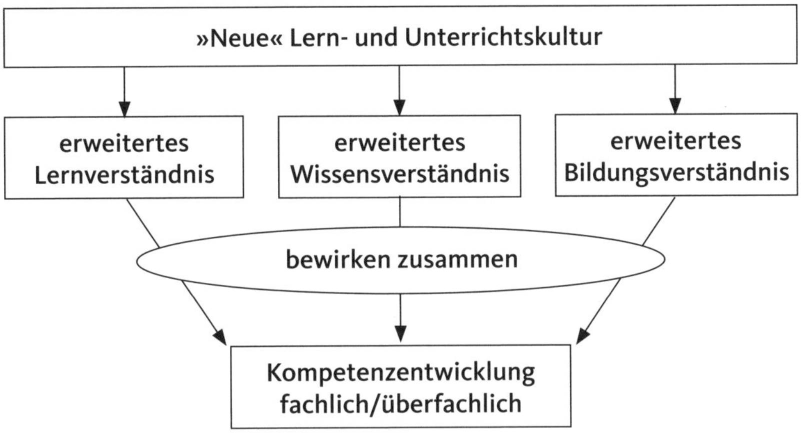

Abbildung 10: »Neue« Lern- und Unterrichtskultur

Fachliche Kompetenzen

Überfachliche Kompetenzen

Im schulischen Bereich wird im Allgemeinen zwischen fachlichen und überfachlichen Kompetenzen differenziert. Während sich fachliche Kompetenzen als Fähigkeiten und Bereitschaften zeigen, »Aufgaben und Probleme mithilfe fachlicher Kenntnisse und Fertigkeiten zielorientiert, sachgerecht und selbstständig zu bewältigen sowie das Ergebnis zu beurteilen, gelten Selbst- und Personalkompetenz, Methodenkompetenz, soziale bzw. kommunikative Kompetenz als sogenannte überfachliche Kompetenzen. Diese werden in der Schule in der Regel im Kontext fachlicher Lehr- und Lernprozesse erworben« (Landesinstitut für Schulentwicklung 2009, S. 4). Allerdings ist diese Form der Unterscheidung nicht unproblematisch, wie sich am Beispiel der Methodenkompetenz zeigen lässt. Es gibt sowohl fachspezifische als auch überfachliche Methoden, sodass beide Arten nebeneinander auftreten und ggfs. gleichzeitig gebraucht werden können.

Fachspezifische und überfachliche Methodenkompetenz

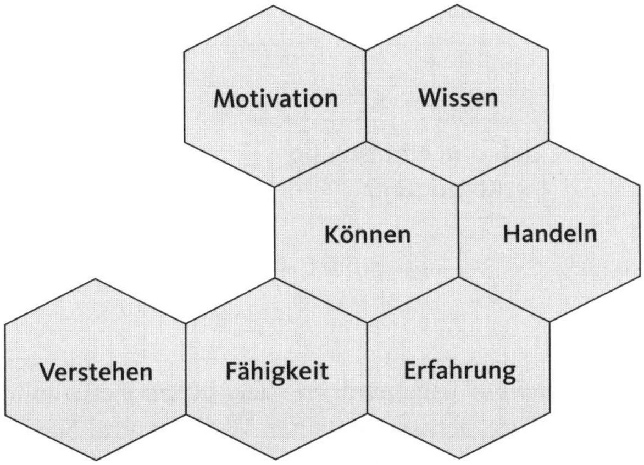

Abbildung 11: Facetten der individuellen Kompetenzausprägung (nach: Landesinstitut für Schulentwicklung 2009, S. 3)

Demnach liegen »überfachliche« Kompetenzen bzw. »Querschnittskompetenzen« vor, wenn es sich um »Fähigkeiten« und »Bereitschaften« handelt, »die vom fachlichen Kontext ablösbar sind, deren jeweilige Bedeutung und Ausprägung aber immer in Verbindung mit der konkreten Situation bzw. dem konkreten fachlichen Zusammenhang bestimmt werden müssen« (Sachsenröder 2011, S. 131).

»Kompetenzorientierte« Lernkultur

Im Zuge der veränderten Sicht auf die Begriffe von Lernen, Wissen und Bildung wie auch auf den schulischen Zusammenhang zwischen diesen kommt es zu einem Wandel der unterrichtlichen Lernkultur, die hauptsächlich dem Aufbau und der Weiterentwicklung von Kompetenzen dient. Deshalb spricht man von der »neuen« Lernkultur auch als einer »kompetenzorientierten«, sodass (schulische) Bildung in Kompetenzen sichtbar wird. Ein Kennzeichen kompetenzorientierten Unterrichts ist deshalb auch die betonte Förderung überfachlicher Kompetenzen im Zusammenwirken mit fachlichen Fähigkeitsdimensionen.

Allgemeines Kompetenzmodell

Begründet wird diese Entwicklung mit dem den nationalen Bildungsstandards zugrunde liegenden allgemeinen Kompetenzmodell (vgl. Abb. 12).

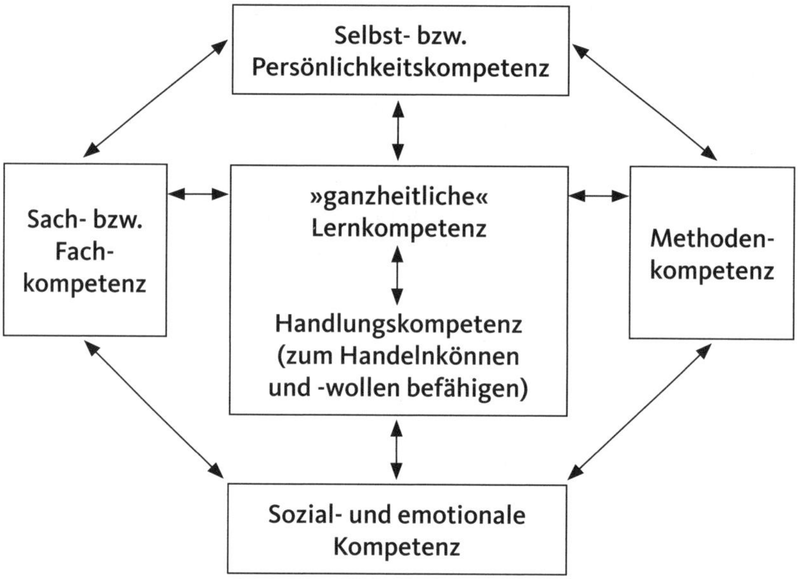

Abbildung 12: Die »ganzheitliche« Lernkompetenz im Feld ihrer Basiskompetenzen (nach: Jürgens/Sacher 2008, S. 41)

- *Sach- bzw. Fachkompetenz:* Ausgehend von fachlichen Lern- und Handlungszielen, äußert sie sich in fachlichen Wissens- und Handlungszusammenhängen. Ihre Sachgerechtigkeit und Tragfähigkeit zeigen sich in situationsangemessener und anforderungsgemäßer Bewältigung von fachlichen Aufgabenstellungen.

- *Methodenkompetenz:* Sie basiert auf der Kenntnis und Befähigung zur Anwendung geeigneter Instrumente und Verfahren, deren Einsatz der Planung, Bewältigung und Reflexion einer Lernproblematik zugutekommt. Je breiter das individuelle Methodenrepertoire ausgelegt ist, desto adäquater wird es gelingen, auf die richtigen Instrumente zur Aufgaben- und Problembearbeitung zurückzugreifen. In weitem Sinne werden unter Methodenkompetenz Lern-, Arbeits- und Lösungsstrategien ebenso eingeordnet wie metakognitive Strategien, die zur eigenen Bewertung des realisierten Lernprozesses unerlässlich sind. Auch Denkmethoden sind dazuzurechnen.
- *Selbst- bzw. Persönlichkeitskompetenz:* Sie ist als Fähigkeit und Bereitschaft zu verstehen, eigene Stärken und Schwächen zu erkennen und daran zu arbeiten. Weiter ist damit gemeint, bereit und fähig zu sein, eigene Lebenspläne zu entwerfen und zu verfolgen. Kritik- und Selbstkritikfähigkeit unterstützen diesen Prozess ebenso wie kommunikative Fähigkeiten, die zur gedanklichen und sprachlichen Auseinandersetzung mit Arbeits- und Handlungszielen, Lernsituationen und begründeten Entscheidungen unverzichtbar sind. Die reflektierte Entwicklung von Wertvorstellungen und die Entfaltung von Identität gehören ebenso dazu wie Leistungsbereitschaft und individuelles sowie soziales Verantwortungsbewusstsein.
- *Sozial- und emotionale Kompetenz* Sie umschreiben ein Fähigkeitsbündel, das sich auf das Leben, Arbeiten und Lernen in gemeinsamer Verantwortung bzw. in gemeinsamer Auseinandersetzung mit anderen bezieht. Das Tätigwerden im Miteinander und für die Gemeinschaft sind Ausdruck von Kooperations- und Teamfähigkeit, von Einfühlungsvermögen, Solidarität und emotionaler Authentizität. Soziales Lernen und Handeln werden getragen vom Gemeinschaftssinn und der Verantwortung der Beteiligten, die mit ihrem Recht auf demokratisch legitimierte Entscheidungsfreiheit und ihrem emotionalen Potenzial gleichermaßen besonnen wie selbstbewusst umgehen. Eng verbunden mit der Sozialkompetenz ist die kommunikative Kompetenz (vgl. Jürgens/Sacher 2008, S. 41 ff.; Sekretariat der Kultusministerkonferenz 2004).

Merkmale kompetenzorientierten Unterrichts

Zusammenfassend stehen im Zentrum schulischer Kompetenzvermittlung die Vernetzung und das Zusammenspiel von Wissen, Können und Wollen (vgl. Weinert 2001). Daraus lassen sich auf dem Hintergrund des ganzheitlichen Lernkompetenzmodells (vgl. Abb. 12) sechs Merkmale kompetenzorientierten Unterrichts ableiten (vgl. Feindt 2010; Stock/Riebenbauer/Winkelbauer 2012, S. 263 f.):

(1) *Kognitive Aktivierung:* Schülerinnen und Schüler nutzen aktiv und kreativ vorhandenes Wissen und Können zur Bearbeitung neuer Problem- und Aufgabenstellungen.
(2) *Vernetzung von Wissen und Fertigkeiten:* »Um komplexe und neuartige Anforderungssituationen« bewältigen zu können, ist es notwendig, Zusammenhänge und Vernetzungen im Blick zu behalten. »Dabei ist es erforderlich, einerseits die vertikalen Verbindungen, durch die einzelne Wissensfelder und Fähigkeiten systematisch aufeinander aufgebaut werden, und andererseits die horizontalen Verbindungen, durch die Wissen und Können auf andere Bereiche transferiert werden, herauszuarbeiten« (ebenda).
(3) *Übung und Überarbeitung:* »Der Lernprozess und die Weiterentwicklung der Lernprodukte werden in den Fokus gerückt, und Unterricht ist nicht primär auf Ergebnisse und deren Beurteilung ausgerichtet. Ein konstruktiver Umgang mit Fehlern ist in diesem Zusammenhang unerlässlich« (ebenda).
(4) *Lebensweltliche Anwendung:* Die Qualität des Unterrichts dokumentiert sich in den Kompetenzen und Kompetenzprofilen, die die Schülerinnen und Schüler entwickeln. Von daher gilt es, »immer wieder Anforderungssituationen zu schaffen, die gleichzeitig Anwendungssituationen sind, in denen die Lernenden ihre Kompetenzen zeigen können« (ebenda).
(5) *Individuelle Lernbegleitung:* »Lernende sollen noch gezielter als bisher in ihren individuellen Lernprozessen unterstützt und begleitet werden. Für das didaktische Handeln im Unterricht gilt somit, dass durchdachte Lernangebote gemacht werden müssen, die auf die individuellen Kompetenzstufen der Schülerinnen und Schüler ausgerichtet sind. Ein genaues Hinschauen und pädagogisches Beobachten im Sinne eines Prozesses sind für die individuelle Lernbegleitung unverzichtbar« (ebenda).
(6) *Metakognition:* Weil im kompetenzorientierten Unterricht dem selbstgesteuerten und mit- bzw. selbstbestimmten Arbeiten eine zentrale Rolle eingeräumt wird, ist es unbedingt notwendig, sein eigenes Lernen überdenken zu können, d.h. über »das Wissen um die eigenen Stärken und Schwächen im Lernprozess« zu verfügen (Feindt 2010, S. 86). Schülerinnen und Schüler brauchen dabei die Unterstützung ihrer Lehrerinnen und Lehrer. »Lerntagebuch, Kompetenzraster oder Portfolios sind mögliche Instrumente, mit denen Lehrende und Lernende gemeinsam Lernfortschritte reflektieren können« (ebenda).

Im Kontext des Einhaltens und Umsetzens verbindlicher Lehrpläne bzw. schuleigener Kernlehrpläne ist noch die Anmerkung wichtig, dass

Kompetenzen über Lernziele hinausgehen, aber diese nicht substituieren. Kompetenzen und Lernziele sind in der Weise strukturell miteinander verbunden, als Lernziele Kompetenzen unterrichtlich »greifbar« machen, indem sie den inhärenten Aufbau von Kompetenzen in Teilschritten bzw. Kompetenzabstufungen operationalisieren. Zwischen Lernzielen und Kompetenzen werden deshalb die Übergänge fließend sein.

Kompetenzen gehen über Lernziele hinaus

Kompetenzorientiertes Unterrichten stellt nicht nur neue Anforderungen an die Arbeits- und Berufssituation der Lehrkräfte aus erzieherischer, bildungstheoretischer und didaktischer Perspektive, sondern gleichfalls mit Blick auf die Implementation der Beurteilungsaufgabe.

Auf der einen Seite sind verschiedenartige Lernleistungen diagnostisch zu erfassen. Auf der anderen Seite sind Kompetenzüberprüfungen komplexer und benötigen den Gebrauch entsprechender Verfahren und Instrumente. Zwar werden Lern(ziel)kontrollen weiterhin ihre Berechtigung behalten, aber neben klassischen werden ebenfalls vermehrt »neue« Formen der Diagnostik ergänzend zum Einsatz kommen. In Anlehnung an Sacher (2009, S. 211) lässt sich darstellen, welche Erweiterungen die Leistungsbeurteilung in der neuen Lernkultur erfährt (vgl. Abb. 13), die von ihm als »Anforderungen an eine neue Prüfungskultur« unter dem Stichwort »Förderdiagnose« zusammengefasst werden. Im Grunde wird damit noch einmal hervorgehoben, dass fördernder Bewertung das Hauptaugenmerk gilt und diese das »Pädagogische« der Diagnostik ausmacht.

Neue Formen der Diagnostik

Förderdiagnose

Inhaltliche Bezüge:
- Fachkompetenzen/fächerübergreifende und überfachliche Kompetenzen
- Lernprodukte und Lernprozesse
- metakognitive Kompetenzen

Methodische Bezüge:
- Erhebungsformen: schriftlich, mündlich und praktisch
- testtheoretische und qualitative Gütekriterien: Objektivität, Valididät, Reliabilität sowie kommunikative Validierung und intersubjektiv kontrollierte Subjektivität
- Fremdanforderungen und Fremdbeurteilungen/Selbstanforderungen und Selbstbeurteilungen
- kriteriale und individuelle Bezugsnorm
- individuumszentrierte Diagnose, Prognose und pädagogisches Treatment
- Kontinuität der Informationsrückkopplung/längsschnittliche Lernentwicklungsdiagnostik

Abbildung 13: Diagnostisch-pädagogische Anforderungen an die Beurteilungsaufgabe in der neuen Lernkultur

Die »Neuverortung« der pädagogischen Diagnostik in der »neuen« Lernkultur erfordert, wie Sacher (2009) zu Recht konstatiert, ein mehrfaches Umdenken: »Leistungsfeststellung und Leistungserbringung müssen ebenso wie Formen und Dokumentationsweisen der Beurteilung liberaler, offener, vielfältiger und flexibler werden. Es muss für alle Beteiligten, insbesondere aber für den Lerner, mehr Transparenz und mehr Partizipation hergestellt werden« (S. 211).

Transparenz und Partizipation in der Leistungsbeurteilung

Reformtendenzen in der Leistungsbewertung beziehen sich auf ein breiteres Lernspektrum, eine förderdiagnostische Zentrierung und Adaptivität sowie den verstärkten Einsatz dialogischer Verfahren (vgl. Feindt 2010, S. 86), um vor allem die Komplementarität zwischen Fremd- und Selbstdiagnostik pädagogisch zu nutzen.

2.3 Leistungsbeurteilung in einer weiterentwickelten »neuen« Lernkultur

Diagnostik als »Hilfe zur Selbsthilfe«

Die Tätigkeit des Diagnostizierens, also des Erkennens und Unterscheidens von Sachverhalten, ist in der Schule primär als Lernhilfe bzw. Lernentwicklungshilfe zu verstehen, und zwar durchaus im Sinn der »Hilfe zur Selbsthilfe«. Der Lehrkraft dient die Diagnostik ebenso wie dem Kind als Mittel (kontinuierlicher) Informationsrückkopplungs- und Feedbackprozesse, um erfolgreiches Lernen zu bewirken. Diagnostik als Fremd- und Selbstbeurteilung liefert die gleichermaßen wichtigen wie nötigen Hinweise, die gebraucht werden, damit das »Nachdenken über das Lernen« so konkret, valide und konstruktiv wie möglich in Gang gesetzt werden kann. Weil die »Verbesserung des Lernens« nicht allein auf interne Bedingungen auf Schülerseite, sondern gleichfalls auf externe und moderierende Bedingungen wie beispielsweise die Unterrichtsqualität zurückzuführen ist, schließt die pädagogische Diagnostik die »Verbesserung des Lehrens« ein. Diagnostik als »Lernhilfe« ist also – sich gegenseitig ergänzend – an Diagnostik als »Lehrhilfe« gebunden, sodass beide Seiten zusammen ihr konstruktives Potenzial in Unterrichtsentwicklungsprozessen entfalten können (Jürgens 2013b).

Diagnostik als Lern- und Lehrhilfe

Pädagogische Diagnostik bezieht sich auf alle Tätigkeiten und Maßnahmen, durch die dem Lernenden Informationen zur Verfügung gestellt werden können, um sowohl Voraussetzungen des Lernens als auch das Lernen selbst analysieren, steuern, überprüfen, korrigieren und optimieren zu können (vgl. Abb. 13). Genauso wird die pädagogische Diagnostik von der Lehrkraft gebraucht, um dem Lernen von Schülerinnen und Schülern auf die Spur zu kommen. Je gezielter, detaillierter und differenzierter Rückmeldungen erfolgen, desto besser gelingt die »Lernhilfe«. Es gehört nun einmal zur Natur von Förderprozessen, über zuverlässige Stärken-und-Schwächen-Analysen zu verfügen. Zwar wird oft darauf verwiesen, dass eine gut gemachte Eingangsdiagnostik zur Erfassung des Vorwissens Dreh- und Angelpunkt erfolgreichen Lernens sei. Doch in der Praxis wird deren Relevanz oft unterschätzt. Dabei muss diese Diagnostik gar nicht besonders aufwendig sein. Wichtig ist lediglich, dass die geeigneten Instrumente gewählt werden (vgl. Hesse/Latzko 2009). Wenn dies in der bisherigen Argumentation über den Zusammenhang zwischen pädagogischer Diagnostik und dem schulischen Förderprinzip hervorgehoben wurde, dann ist das hauptsächlich auf zwei Gründe zurückzuführen:

Stärken- und Schwächenanalyse

erstens auf die »Standards für die Lehrerbildung: Bildungswissenschaften«, die verbindlich für die gesamte Lehrerbildung in Deutschland sowohl für die 1. als auch für die 2. Phase gelten und in denen die diagnosegestützte Förderfunktion breiten Raum einnimmt und gegenüber allen weiteren Aspekten eindeutig priorisiert wird.

Stärkung des Förderprinzips

Zweitens auf die erweiterte Sicht auf Lernen, Wissen und Bildung mit der Konsequenz der Entstehung einer neuen Lern- und Unterrichtskultur, in der der Umgang mit der Heterogenität der Schülerschaft durch gezielte Unterstützung und Begleitung individueller Lernprozesse (vgl. Feindt 2010) den Kern der Kompetenzentwicklung ausmacht.

Doch damit sollte nicht der Eindruck hervorgerufen werden, dass die zweite Funktion der pädagogischen Diagnostik – die Qualifikations- und Berechtigungsfunktion – unbedeutend oder hinfällig geworden wäre. Nach wie vor nimmt die Diagnostik von Qualifikationen eine Schlüsselrolle in dem weiterhin durch Transitionen gekennzeichneten Schulsystem ein. Diese gesellschaftlich orientierte Funktion zur Steuerung des Bildungsnachwuchses und zur Erteilung von Befähigungsnachweisen (vgl. Ingenkamp/Lissmann 2008, S. 27) scheint allerdings zunehmend kritischer betrachtet zu werden, wodurch Anstrengungen zur verbesserten Umsetzung der Förderfunktion zusätzlichen Auftrieb erhielten. Demgemäß dürfte sich an der Situation, dass »die Methoden des Berechtigungswesens (...) in Deutschland die Methoden der Optimierung des Lernens im letzten Jahrhundert völlig überwuchert und eine Weiterentwicklung didaktisch orientierter pädagogischer Diagnostik stark behindert (hätten)« (ebenda), in den letzten zwanzig Jahren einiges zugunsten der Förderfunktion verändert haben. Wie Jürgens/Sacher (2008) feststellen, profitiert letztlich auch die Qualifikationsfunktion von der nunmehr gestiegenen bzw. vorrangigen Beachtung der Förderfunktion, und zwar durch die Güte ihrer Urteile (S. 62).

Nachrangigkeit der Qualifikations- und Berechtigungsfunktion

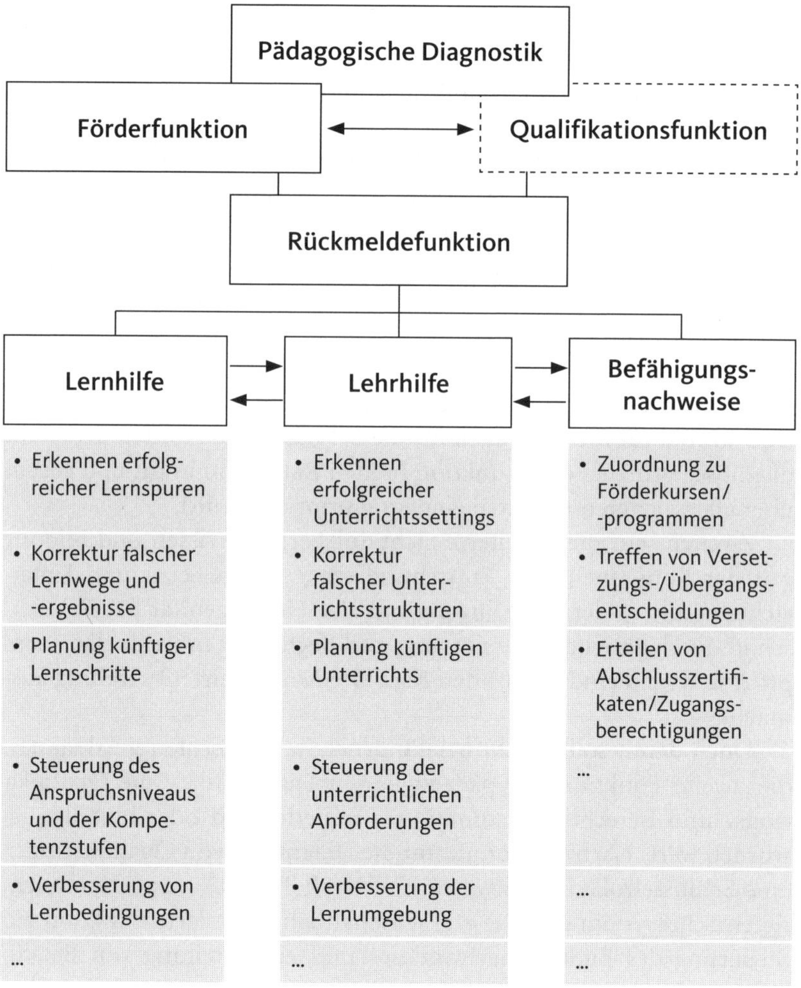

Abbildung 14: Pädagogische Diagnostik im Feld ihrer Teilaufgaben

Prozessmodell diagnostischen Entscheidungshandelns

Im Sinne der Förderfunktion (vgl. Abb. 14) wird pädagogische Diagnostik mit didaktischer Diagnostik verbunden. Die gewonnenen Ergebnisse und vor allem Erkenntnisse über das Schülerlernen bedürfen der Spiegelung an der Unterrichtswirklichkeit. Gewissermaßen kann das Lernen der Schülerinnen und Schüler nur so gut sein, wie es der Unterricht zulässt. Wie das zusammen abläuft, dazu lässt sich das Prozessmodell diagnostischen Entscheidungshandelns heranziehen.

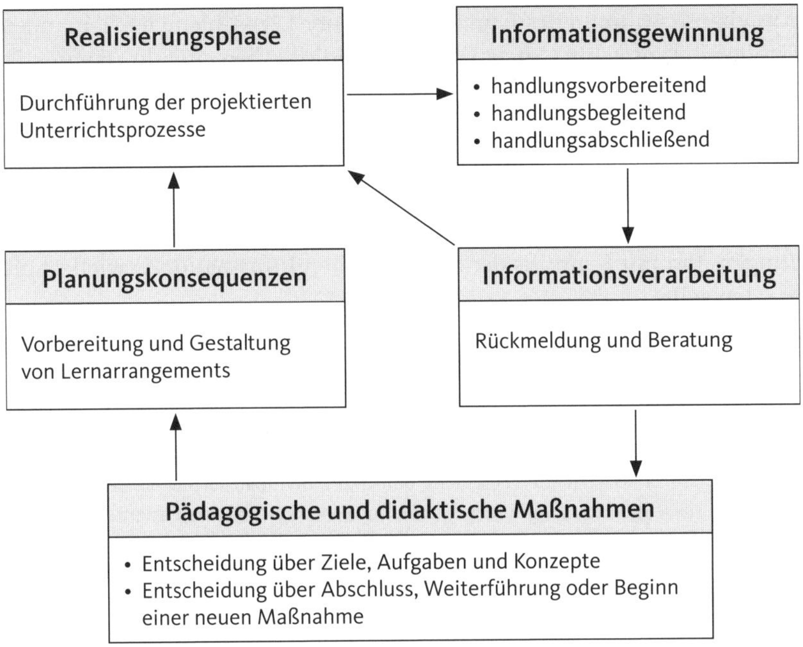

Abbildung 15: Prozessmodell diagnostischen Entscheidungshandelns

Effektives Feedback

Anhand eines einfachen Grundmodells diagnostischen und pädagogisch-didaktischen Handelns (vgl. Abb. 15) kann verdeutlicht werden, wie schulische Lernprozesse der Heranwachsenden als aufeinander aufbauende Könnenserfahrungen durch effektives Feedback unterstützt und erleichtert werden können (vgl. hierzu auch Wild/Krapp 2006, S. 531). Wissensaneignung und -verarbeitung sowie die konsekutive Kompetenzentwicklung unterliegen stets der »Passungsproblematik«. Kurz gesagt: Anforderungen müssen so abgestimmt und gesetzt werden, dass sie aufgrund der individuellen Lernvoraussetzungen und Lernfähigkeiten bewältigbar sind. Weder überfordern noch unterfordern, sondern herausfordern heißt demzufolge die pädagogische Devise. Diagnose und Feedback sind in diesem Zusammenhang der Schlüssel zum Erfolg und sollten als ein ineinander verschränktes Kontinuum erfolgen. Formative und summative Beurteilungen sowie die daraus hervorgegangenen Einsichten und Standpunkte gewährleisten sachangemessene reflexive Feedback- und Beratungsverläufe, wenn sowohl die Lehrkraft als auch das Schulkind über zutreffende Informationen verfügen, um die Differenz zwischen aktueller Aufgabenstellung und erfolgreicher Aufgabenlösung zu verringern, nach Möglichkeit zu schließen. Gemäß dem Prozessmodell des »diagnostischen Entscheidungshandelns« dient die Diagnostik der Vorbereitung, Begleitung oder dem Abschluss einer Handlungsmaßnahme (Treatment). Im Allgemeinen werden alle drei

Vorbereitende, begleitende und handlungsabschließende (summative) Diagnostik

Aktivitäten während des Durchlaufens einer Lernschleife nacheinander erfolgen. Dazu gehört auch, dass die handlungsbegleitende Diagnostik Informationen bereitstellt, die während der Realisierungsphase für Steuerungsentscheidungen genutzt werden können. Die handlungsabschließende (summative) Diagnostik gibt Aufschluss darüber, ob der erfolgte Lernprozess beendet und mit einer neuen Problem- oder Aufgabenstellung fortgesetzt werden kann oder unter veränderten Voraussetzungen und mit Kenntnis der ausgewerteten Informationen wiederholt werden sollte.

Internes und externes Feedback

Internes und externes Feedback

> »Der gemeinsame Kern von Feedbackarbeit und Individualisierung ist das unbeirrbare Interesse des Lehrers und des Schülers an einer am Einzelnen orientierten Gestaltung des Lernens in der Lerngemeinschaft. Ebenso bedeutsam ist die Methodisierung dieses Interesses mit Hilfe sich wechselseitig ergänzender Instrumente und Methoden zur eigenständigen Gestaltung von Feedback und Selbstregulation des Lernens« (Bastian/Combe 2008, S. 173).

Feedback als gemeinsame Reflexion

Diagnostische Informationsrückkopplungsvorgänge werden sowohl in der curricularen als auch der allokativen Funktion der Leistungsbeurteilung als internes und externes Feedback wirksam. Externes – vom Lehrer gegebenes – und internes – vom Schüler sich selbst gegebenes – Feedback dienen der gemeinsamen Reflexion von Lern- und Kompetenzgewinnen wie auch von Lernschwierigkeiten und des Verfehlens von Zielen. Sachdienliches Feedback beantwortet somit drei Fragen (vgl. Hattie/Timperley 2007, S. 88 ff.):

(1) Was sind die Ziele? Gehe ich in die richtige Richtung?
(2) Welchen Fortschritt habe ich auf dem Lernweg in Richtung Ziel(e) gemacht? Wie erfolgreich bin ich auf diesem Weg?
(3) Was muss ich tun, um meinen Lernweg zu verbessern? Welches ist der nächste Schritt, sind die nächsten Schritte?

Adaptive pädagogische Diagnostik

Da pädagogische Diagnostik Passung erzeugt, d.h. Informationen liefert, um für das Individuum geeignete Lernwelten zu finden, versteht es sich eigentlich von selbst, dass sie über Verfahren und Instrumente verfügt, die auf diese Aufgabe genau zugeschnitten sind. In so verstandener adaptiver pädagogischer Diagnostik sollte der Einsatz selbstevaluativer Verfahren breiten Raum einnehmen. Unterrichtskulturen, in denen die (Weiter-)Entwicklung autonomen Lernens von Anfang an den notwendigen Raum einnimmt, sind ohne Selbstbeurteilungsprozesse nicht realisierbar. Pädagogische und didaktische Diagnostik greifen deshalb auf

Instrumente und Verfahren zurück, die den »kompetenten« Lerner in schüleraktiver Unterrichtskultur zum Gegenstand haben (vgl. Jürgens 2010a).

Schüleraktive Unterrichtskultur

Zur Auswahl steht entsprechend eine breite Palette diagnostischer Methoden (vgl. Jürgens 2012b, S. 32).

- Informelle Tests zur Lernstandsdiagnostik
- Beobachtung / Schülerbeobachtungsbogen
- Diagnosebogen (fachlich/überfachlich)
- Selbstbeurteilungsbogen, Selbsteinschätzung, Lerninventar
- Bewertungsbogen für schüleraktive Unterrichtsformen (Projekt, Freiarbeit etc.)
- Lern- und Leistungsjournal (Lerntagebuch)
- Diagnose- und Entwicklungsportfolio (Direkte Leistungsvorlage)
- Kompetenzraster (fachlich/überfachlich)

Abbildung 16: Verfahren und Instrumente pädagogischer Diagnostik (nach: Jürgens 2012a, S. 32)

Lernkompetenz ist eines der zentralen Ziele der »neuen« Lernkultur. Dazu ist es notwendig, sich – wie bereits an anderer Stelle herausgearbeitet wurde (vgl. S. 42 im Text) – verstärkt den Lernprozessen zuzuwenden, und zwar ihren Verlaufsformen, Teilkomponenten und Teilresultaten (vgl. Arnold 1997). Die konkrete Verwirklichung des »Paradigmas des Lernprozesses« erfordert den vermehrten Einsatz sogenannter neuer Formen der Leistungsbeurteilung, die systematisches, lernbegleitendes Feedback ermöglichen. Prozessbezogene Befunde treten damit viel stärker in den Vordergrund als bisher. Solche als formative Beurteilung bezeichnete Prozessdiagnostik hat den unstrittigen Vorteil gegenüber summativer Beurteilung (Ergebnis- oder Produktdiagnostik), Unterrichts- und Lernprozesse direkt im Zustand des Entstehens und des Tätigseins des Lernenden zu beeinflussen, d.h. ggf. modifizierend oder korrigierend eingreifen zu können. Es wird mit der Beurteilung nicht so lange gewartet, bis ein »fertiges« Produkt vorliegt, sondern es werden frühzeitig »Zwischenevaluationen« vorgenommen. Genau genommen werden keine Prozesse erfasst, sondern Zwischen- und Teilergebnisse im Verlauf des Unterrichts. Somit unterscheiden sich formative und summative Beurteilungsvorgänge verfahrenstechnisch in der Taktung der Kontrollinterventionen. Während bei der summativen Beurteilung die Zeiträume (Takte) bis zur Durchführung einer Lernleistungskontrolle relativ weit gesteckt sind – in der Regel werden derartige Überprüfungen erst zum Ende oder nach Beendigung einer mehrwöchigen Unterrichtsreihe vorgenommen –, verhält es sich bei der formativen Beurteilung genau umgekehrt. Evaluationen im Rahmen der Prozessdiagnostik werden zeitlich eng gesetzt, sodass ähnlich einer Perlenkette sich meh-

Formative vs. summative Beurteilung

Taktung der Kontrollinterventionen

rere Kontrolldurchgänge »nahtlos« aneinanderreihen und dadurch Entwicklungen dokumentiert und entschlüsselbar werden. Doch dieses Bild vermittelt möglicherweise einen falschen Eindruck von der Ausgangssituation schulischer Leistungsbeurteilung. Es wiederholen sich nämlich nicht unbedingt gleiche Beurteilungsformate, sondern es werden viel mehr ganz unterschiedliche miteinander kombiniert und aufeinander bezogen, wie Recherchen, Dokumentationen, Präsentationen, Projektbeschreibungen, Materialerstellung und vieles mehr, d.h. die Kette setzt sich aus einer Vielfalt breiter, unterschiedlich großer Perlen zusammen, die zwar alle zum Lernprozess beitragen, aber unterschiedlich zu betrachten sind.

Entschlüsselung und Dokumentation von Entwicklungen

Vielfalt der Beurteilungsformate

Weil Lernprozesse verschiedenen Einflüssen unterworfen sind und es zu unvorhergesehenen Verläufen kommen kann, ist es wichtig, einerseits die Kontrollabstände klein zu halten und andererseits Verfahren zur Hand zu haben, die mit einem geringen methodischen Aufwand in den Unterricht integriert werden können, um trotzdem die gewünschten Informationen mit einer gewissen Genauigkeit und Gültigkeit zu erhalten. Prozessdiagnostik wird planmäßig und kriteriengeleitet als Fremd- und Selbstbeurteilung durchgeführt und ermöglicht aufgrund mehrfacher Kontrollen das Sammeln und Auswerten vielfältiger Informationen, wodurch die Feedbacks sowohl besonders situationsnah als auch personenzentriert ausfallen.

Situationsnahe und personenzentrierte Feedbacks

Leistungsfeststellungen

Formative Diagnostik besteht somit aus zwei Komponenten: Zum einen beinhaltet sie Leistungsfeststellungen im Laufe eines Lernprozesses und zum anderen die Rückmeldung der Leistungsergebnisse an den Lernenden (vgl. Rakoczy 2012, S. 76). Durch die Leistungsdiagnose bekommen die Lehrkräfte einen Überblick darüber, wo die Lernenden im Lernprozess stehen, was sie schon können und was es noch zu bewältigen gibt, um entsprechende Maßnahmen zu ergreifen. »Die Lernenden profitieren durch die Rückmeldung von der Leistungsdiagnose« und erfahren, wie sie am besten weiterarbeiten können (ebenda).

Formative Diagnostik hat einen positiven Einfluss auf die Motivation und die Lern- und Leistungsentwicklung des Heranwachsenden, weil sie die individuelle Bezugsnorm berücksichtigt. Beurteilen findet durch Vergleichen eines Verhaltens bzw. Handlungsresultats mit einer Norm statt (vgl. Kap. 5.4). Bei Anwendung der individuellen Bezugsnorm werden der Lern- und Leistungszuwachs mit dem eigenen bisherigen Lern- und Leistungsstand verglichen, indem gefragt wird, wie viel mehr gelernt wurde und was gegenüber früherem Lernen besser geworden ist. Und auch: Wie groß ist der individuelle Leistungsanstieg? Auf diese Weise können selbst noch so kleine Erfolgsschritte registriert werden, die sich auf die Anstrengungsbereitschaft, das Durchhaltevermögen und die Selbstüberzeugung, etwas positiv beeinflussen zu können, (Selbstkonzept) günstig auswirken (vgl. Holodynski/Oerter 2008, S. 550 ff.; Lindenberger/Schäfer 2008, S. 398 ff.).

Sachliche (kriteriale) Bezugsnorm

Parallel zum individuellen Maßstab kommt die sachliche (kriteriale) Bezugsnorm zur Geltung. Mit ihr wird ebenso regelmäßig der Abgleich des individuellen Lern- und Kompetenzzuwachses mit den lehrplanbezogenen Lern- und Kompetenzanforderungen durchgeführt.

Die individuelle Bezugsnorm ist im Grunde nämlich nichts anderes als die individuelle Differenzierung der sachlichen Bezugsnorm, d. h. die konsekutive Stufung eines Lernziels, von Standards oder einer Kompetenzanforderung, um die Passung mit dem Vorwissen, dem Fähigkeitsniveau bzw. den Lernvoraussetzungen des Lernenden sicherzustellen.

Lernkontrollen als curriculare Verbindungen zwischen individueller und kriterialer Bezugsnorm

Somit eröffnen formative Lernkontrollen den Lehrenden und Lernenden die Möglichkeit, fortlaufend curriculare Verbindungen zwischen individueller und kriterialer (lernzielbezogener) Bezugsnorm herzustellen, indem nunmehr gefragt wird, was hat die Schülerin oder der Schüler dazugelernt und welches Lernziel wurde damit erreicht bzw. wie weit wurde auf dem Weg zum Lernziel vorangeschritten? Die individuell differenzierte Verknüpfung der individuellen mit der kriterialen Bezugsnorm eröffnet einen fließenden Übergang zum kompetenzorientierten Unterricht und zum Einsatz diagnostischer und didaktischer Kompetenzraster. Außerdem bietet der Konnex von individueller und kriterialer Normkategorie in formativen Lernkontrollen dem Kind den Vorteil, Transparenz bezüglich der Anforderungen für die summative Diagnostik am Ende eines größeren Unterrichtsabschnittes zu erhalten. Das ist deshalb wichtig, weil formative Beurteilungsprozesse letztlich die summative Beurteilung vorbereiten.

Transparenz der Anforderungen

Qualitätssicherung der Leistungserbringung

Lernprozessdiagnostik liefert Informationen, um die Qualität der Leistungserbringung zu sichern, und ist demzufolge an didaktische Konzeptionen der »neuen« Lernkultur gebunden, die den selbstständigen Lerner zum Ziel und Gegenstand haben. Das hat u. a. damit zu tun, dass die Fähigkeit, eigene Lernprozesse zu kontrollieren, zu dokumentieren und zu reflektieren, vergleichbare Strategien und operative Maßnahmen voraussetzt, die der Selbststeuerung und dem Selbstmanagement der eigenen Lerntätigkeit dienen (vgl. Winter 2004, S. 95 ff.; Bildungskommission NRW 1995, S. 91).

Selbststeuerung und Selbstmanagement

Zwischenzusammenfassung

Fremd- und Selbstbeurteilung

Prozessdiagnostik beinhaltet Fremd- und Selbstbeurteilung und bietet aufgrund mehrfacher Kontrollen vielfältige Informationen, die ein situationsnahes und personenzentriertes Feedback erlauben.

Prozessdiagnostik beinhaltet Fremd- und Selbstbeurteilung und bietet auf Grund mehrfacher Kontrollen vielfältige Informationen, die ein situationsnahes und personenzentriertes Feedback erlauben.

↓ Leistungsfeststellung im Laufe des Lernprozesses

↓ Rückmeldung der Leistungsergebnisse an den Lernenden

Individuelle Bezugsnorm

↓

- Vergleich mit dem bisherigen eigenen Lern- und Leistungsstand
- Würdigung auch kleinster Erfolgsschritte
- Steigerung der Motivation
- Positiver Einfluss auf Lern- und Leistungsentwicklung
- Steigerung des Durchhaltevermögens
- Entwicklung eines positiven Selbstkonzepts

Sachliche Bezugsnorm

↓

- Abgleich der Lernergebnisse mit den lehrplanbezogenen Lern- und Kompetenzanforderungen

Prozessdiagnostik ermöglicht

- die Herstellung der Verbindung zwischen der individuellen und der sachlichen Bezugsnorm und somit
- einen fließenden Übergang zum kompetenzorientierten Unterricht und zum Einsatz diagnostischer und didaktischer Kompetenzraster,
- Transparenz bezüglich der Leistungsbeurteilung am Ende eines größeren Unterrichtsabschnittes und somit auch
- Selbststeuerung und Selbstmanagement der eigenen Lerntätigkeit.

Lehrer-Schüler-Beziehung

Wenn formative Beurteilungen in der Schule an Bedeutung gewinnen, bleibt das nicht ohne Auswirkungen auf das Lehrer-Schüler-Verhältnis bzw. die Definition der Lehrer- und der Schülerrolle. Lernprozessdiagnostik dient – wie schon begründet – primär der Förderung und macht eigene Leistungen für die Lernenden sichtbarer und transparenter. Fremdanforderungen und Selbstansprüche werden »sinnvoll« aufeinander bezogen. Schülerinnen und Schüler bestimmen ihr Lernen – zumindest bestimmen sie es mit. Das geht aber nur, wenn die Lehrkraft ihr

Anpassung des Schülerbilds

Schülerbild diesem Verständnis anpasst. Zum selbstgesteuerten und (mit)verantworteten Lernen gehört zweifellos die Selbstbeurteilung von

Lernleistungsprozessen und ebenso -produkten (vgl. Sacher 2009, S. 231). Auch das hat weitere Auswirkungen auf die Gestaltung der Lehrer-Schüler-Beziehung. Je höher der Selbstständigkeitsgrad der Schülerinnen und Schüler im Unterricht ist, desto größer wird ihr Anteil an der Mitgestaltung und Mitverantwortung. Vor allem in schüleraktiven, offenen Unterrichtsformen (vgl. Jürgens 2010a; Bohl/Kucharz 2010) werden die Kinder und Jugendlichen zu verantwortlichen Koproduzenten des Unterrichts, und zwar in einem »weit höherem Maß als bei herkömmlichem Unterricht und herkömmlicher Leistungskontrolle« (Winter 2004, S. 102). Die Stärkung von und die systematische Einführung in Selbstbeurteilungsprozesse bilden die Voraussetzung für den Aufbau der Fähigkeit, den Sinn und den Wert des eigenen Lernens und Leistens zu verstehen, aber auch einschätzen zu können, wie und warum es zu den vorliegenden Lernleistungen gekommen ist und wie diese im Vergleich zu den unterrichtlichen Herausforderungen einzuordnen sind. Selbstverständlich muss die Selbstdiagnostik erlernt werden. Doch entscheidend ist, wie dieses Lernen angelegt ist, denn nach Winter (2004) ist es nicht zu erwarten, »dass Schülerinnen und Schüler durch singuläres Training die Fähigkeit erwerben, die Bewertung ihrer Leistungen eigenständig oder in dialogischen Prozessen zu übernehmen und so die Qualität des Lernens dauerhaft zu steigern (vgl. Weinert 1994, 1996 und 1997)« (S. 102). Das spricht noch einmal dafür, bildungstheoretische, unterrichtstheoretische und beurteilungstheoretische Aspekte des Unterrichtens in ihrem wechselseitigen Zusammenhang zu betrachten, d.h. Lern- und Beurteilungskultur sind aufeinander verwiesen und voneinander abhängig.

Lernende als »Koproduzenten« des Unterrichts

Interdependenz von Lern- und Beurteilungskultur

Im Rahmen der »neuen« Lernkultur sind Lernen und Prozessdiagnostik (ebenso wie Lernen und Selbstdiagnostik) didaktisch miteinander verbunden, sodass die angewandten Unterrichtsformen den verstärkten Einsatz selbstdiagnostischer und dialogischer Beurteilungsverfahren und -instrumente erfordern. Dafür geeignet sind beispielsweise Lerntagebücher, Arbeitsjournale, Portfolios, Reflexionsbögen und Lerninventuren (Checklisten). Genauer wird darauf noch im Laufe der weiteren Ausführungen eingegangen.

Selbstdiagnostische und dialogische Beurteilungsverfahren und -instrumente

3 Grundlagen der pädagogischen Diagnostik

3.1 Pädagogische Diagnostik

3.1.1 Verständnis der pädagogischen Diagnostik

Der Begriff »pädagogische Diagnostik« wurde 1968 von Ingenkamp in Anlehnung an die medizinische und psychologische Diagnostik geprägt. Bei der pädagogischen Diagnostik handelt es sich mehr um eine Methode als um eine wissenschaftliche Teildisziplin. Pädagogische Diagnostik betreiben heißt Tätigkeiten ausführen, um für Lernende begründete Entscheidungen zu treffen. Diese pädagogischen Entscheidungen sind sehr vielfältig, die Leistungsbeurteilung gehört dazu, ebenso die Planung des Unterrichts, die Evaluation von Lernmedien und die Beratung von Schülern.

Definition PD

Dieser Vielfalt der Entscheidungsfelder ist auch die folgende Definition verpflichtet: »Pädagogische Diagnostik umfasst alle diagnostischen Tätigkeiten, durch die bei einzelnen Lernenden und den in einer Gruppe Lernenden Voraussetzungen und Bedingungen planmäßiger Lehr- und Lernprozesse ermittelt, Lernprozesse analysiert und Lernergebnisse festgestellt werden, um individuelles Lernen zu optimieren. Zur pädagogischen Diagnostik gehören ferner die diagnostischen Tätigkeiten, die die Zuweisung zu Lerngruppen oder zu individuellen Förderungsprogrammen ermöglichen sowie die mehr gesellschaftlich verankerten Aufgaben der Steuerung des Bildungsnachwuchses oder der Erteilung von Qualifikationen zum Ziel haben« (Ingenkamp/Lissmann 2008, S. 13).

Zusammengefasst sind in der Definition Aussagen getroffen zum einen über den Gegenstand der pädagogischen Diagnostik – PD untersucht die Voraussetzungen des Lernens, die Lernprozesse und die Ergebnisse des Lernens –, zum anderen über die Aufgaben der pädagogischen Diagnostik – um individuelles Lernen zu optimieren, um Individuen in bestimmten Lerngruppen zu platzieren und um den Bildungsnachwuchs zu qualifizieren. Die pädagogische Diagnostik erfüllt Aufgaben für das Individuum und die Gesellschaft, die nicht frei von Widersprüchen sein können, wie weiter unten ausgeführt wird.

Diagnostische Tätigkeiten

Was unter diagnostischen Tätigkeiten zu verstehen ist, von denen in der Definition die Rede ist, wird ebenfalls präzisiert. Demnach werden in der pädagogischen Diagnostik wissenschaftliche Gütekriterien beachtet und wissenschaftliche Methoden, wie z. B. die Beobachtung und Befragung, verwendet.

»Unter diagnostischer Tätigkeit wird dabei ein Vorgehen verstanden, in dem (mit oder ohne diagnostische Instrumente) unter Beachtung wissenschaftlicher Gütekriterien beobachtet und befragt wird, die Beobachtungs- und Befragungsergebnisse interpretiert und mitgeteilt werden, um ein Verhalten zu beschreiben und/oder die Gründe für dieses Verhalten zu erläutern und/oder künftiges Verhalten vorherzusagen« (Ingenkamp/Lissmann 2008, S. 13).

Aufgabenfelder

Die Definition der pädagogischen Diagnostik durch die Angabe ihrer Aufgabenfelder blieb nicht unwidersprochen. So bemängelte Klauer schon bald, dass die Klassifikation der Aufgaben nicht geleistet werden könne, und verzichtete in seiner Definition auf konkrete Aufgabenfelder: »Pädagogische Diagnostik ist das Insgesamt von Erkenntnisbemühungen im Dienste aktueller pädagogischer Entscheidungen« (Klauer 1982, S. 5). Dass die Definition in dieser Form mit dem Aufgabenbereich der pädagogischen Forschung zusammenfällt, nämlich allgemeingültige, nicht individuelle Erkenntnisse zu gewinnen, machte es notwendig, sie auf den Einzelfall zu beziehen. Das wurde von Ingenkamp akzeptiert, und mit dem Hinweis auf die relative Stabilität der Aufgabenfelder war der Disput beigelegt.

3.1.2 Aufgaben- und Entscheidungsfelder

Wenn also die Nennung pädagogischer Aufgaben- oder Entscheidungsfelder grundsätzlich bejaht wird, dann stellt sich die Frage, wie Aufgaben systematisch abgeleitet werden können. Tatsächlich können die Aufgabenfelder pragmatisch oder theoriegeleitet gewonnen werden.

Pragmatische Bestimmung der Aufgabenfelder

Da im pragmatischen Ansatz Ingenkamps von konkreten Entscheidungssituationen ausgegangen wird, beginnt die Klassifikation mit der Unterscheidung von Verhaltensdimensionen, Zielsetzungen und Adressaten.

Zum einen können sich diagnostische Aufgaben auf kognitives und nicht kognitives Verhalten beziehen. Die Leistungen in Mathematik und Deutsch sind Beispiele für kognitive Verhaltensdimensionen, während Leistungsmotivation, Prüfungsangst, Empathie und prosoziales Verhalten Beispiele für nicht kognitive Verhaltensdimensionen sind.

Zum anderen können diagnostische Aufgaben unter verschiedenen Zielsetzungen angegangen werden:

- Im Rahmen des *Vergleichs* können die Bezugspunkte das eigene Verhalten, das Verhalten anderer Personen oder vorgegebene Verhaltensnormen sein. Damit werden die verschiedenen Bezugsnormen bei Leistungsvergleichen angesprochen, in der genannten Reihenfolge die individuelle, soziale und kriteriale Bezugsnormorientierung.
- Der Gegenstand der *Analyse* ist es, die Stärken und Schwächen des Gelernten aufzudecken, um gezielt pädagogische Maßnahmen, wie z. B. Stütz- und Liftkurse, anbieten zu können.
- Bei der *Prognose* werden Schlussfolgerungen von einem Verhalten auf zukünftiges Verhalten gezogen. Diese Zielsetzung kann eingesetzt werden, um Schul- und Studienerfolg zu optimieren sowie Schulversagen und Studienabbruch zu minimieren. Die sogenannte Grundschulempfehlung am Ende der Primarstufe enthält Prognosen des voraussichtlichen Erfolgs in weiterführenden Schularten.
- Die *Interpretation* hat zum Ziel, die diagnostischen Informationen zu ordnen, zu bewerten und gegebenenfalls zu gewichten, um eine Beratung oder Fördermaßnahme einleiten zu können.

Des Weiteren beziehen sich diagnostische Aufgaben auf die verschiedenen Adressaten als die Abnehmer der Information: die Lernenden, die Lehrpersonen, die Eltern, die Wirtschaft und den Staat. Dabei geht es um so vielfältige Fragen wie Leistungsrückmeldung, Versetzung, Anstellung und Rechenschaftslegung.

Theoriegeleitete Bestimmung der Aufgabenfelder

Der Ansatz von Krapp/Prell wird theoriegeleitet genannt, weil sie ein Modell vorgeben, das fünf Dimensionen mit bipolaren Beschreibungen enthält, die schließlich auf konkrete Entscheidungssituationen anzuwenden sind. Angelehnt an die Aussagen von Krapp/Prell sind folgende Beschreibungsdimensionen vorgegeben (Krapp/Prell 1982, S. 833).

1. **Entscheidungsobjekt**
   a. Personalentscheidungen
   b. Organisatorische und curriculare Entscheidungen
   Bezüglich des Entscheidungsobjekts geht es um die Frage, worüber entschieden werden soll. Geht es um personelle Entscheidungen oder um organisatorische und curriculare Entscheidungen, wie z. B. bei Kursen, Curricula und Methoden?

2. **Orientierungsrichtung der Bewertung**
   a. Institutionelle Entscheidungen
   b. Individuelle Entscheidungen
   Gefragt wird: Woran orientiert sich die Entscheidung? Orientiert sie sich an institutionellen Zielen, oder ist sie an Individuen orientiert, z. B. zwecks Beratung?

3. **Handlungsstrategie**
   a. Zuordnungs- und Selektionsstrategie
   b. Modifikationsstrategie
   Die Frage nach der Handlungsstrategie steht im Vordergrund. Wenn Personen für ein pädagogisches Treatment, wie z. B. Nachhilfekurse, gesucht werden sollen, dann wird man eine Zuordnungsstrategie einsetzen, damit niemand zurückgewiesen werden muss. Steht dagegen die Übergangsentscheidung für weiterführende Schulformen an, dann empfiehlt sich eine Selektionsstrategie, weil eine Schulform nicht alle Personen aufnehmen kann. Im Rahmen einer Modifikationsstrategie wird versucht, pädagogische Maßnahmen und Personen gleichzeitig zu verändern, z. B. bei Therapie und Training.

4. **Handlungsebene**
   a. Schulorganisation und Schulsystem
   b. Interaktion in der Schule
   Im Hinblick auf die Handlungsebene bewegen sich die Entscheidungen zwischen den beiden Polen System- und Interaktionsebene. Beispielsweise hängt die Schullaufbahnentscheidung vom Schulsystem ab, sie ist bildungsstrukturbedingt. Didaktische und therapeutische Entscheidungen sind dagegen von der Interaktion in der Schule abhängig, sie sind lernprozessbedingt.

5. **Wertigkeit der Entscheidungsalternativen**
   a. bezüglich eines definierten Ziels gleich oder gleichwertig
   b. bezüglich eines definierten Ziels ungleichwertig
   Besteht das Ziel beispielsweise darin, im Bachelorstudiengang Sport studieren zu wollen, kann eine Person angenommen oder zurückgewiesen werden. Die Alternative ist in diesem Fall ungleichwertig. Wenn beispielsweise eine Klassenfahrt nach Berlin oder München geplant wird und wenn eine Person beide Städte attraktiv findet, dann ist die Entscheidungsalternative gleichwertig.

Wie nun das Modell auf konkrete Entscheidungssituationen anzuwenden ist, soll an zwei Beispielen verdeutlicht werden.

Schullaufbahnentscheidung, wie z. B. Besuch des Gymnasiums:
Es handelt sich um eine personelle Entscheidung (1 a) auf der Ebene der Bildungsorganisation (4 a), die sich bestimmter Zuordnungs- bzw. Selektionsstrategien bedient (3 a). Es ist in der Regel eine institutionelle Entscheidung (2 a), wobei die Laufbahnalternativen im Allgemeinen nicht gleichwertig sind (5 b).

Didaktisch-therapeutische Entscheidung, wie z. B. Präventions- und Interventionstrainings zu Mobbing:
Entscheidungsobjekte sind wieder Personen (1 a). Die Entscheidung ist eher an individuellen als an institutionellen Zielen orientiert (2 b). Man bedient sich einer Modifikationsstrategie (3 b), die an der sozialen In-

teraktion ansetzt (4 b). Die zugewiesene Maßnahme (Treatment) und entsprechende Alternativen sollen vergleichbare bzw. gleiche Ergebnisse liefern (5 a).

Das Modell ermöglicht die Einordnung aktueller diagnostischer Aufgaben, was beispielhaft illustriert werden sollte. Kritisch sei hinzugefügt, dass die fünf Beschreibungsdimensionen weder erschöpfend noch unabhängig voneinander sind und dass zwischen den beiden Polen a und b ein Kontinuum angenommen werden muss.

3.1.3 Entwicklungsschritte der pädagogischen Diagnostik

Die Geschichte der pädagogischen Diagnostik ist eine Geschichte der Spannung zwischen ihrer pädagogischen und ihrer gesellschaftlichen Aufgabe. Wie schon in der angeführten Definition zum Ausdruck kommt, soll zum einen Lernen optimiert, zum anderen sollen Qualifikationen erteilt und der Bildungsnachwuchs gesteuert werden.

Pädagogische Funktion

Lernen zu optimieren beinhaltet die diagnostischen Tätigkeiten:

- Falsche Ergebnisse korrigieren
- Lerndefizite erkennen
- Feedback bei erfolgreichen Lernschritten geben
- Motivieren durch Lob und Tadel
- Nachfolgende Lernschritte in der Schwierigkeit an vorhergehende anpassen

Die Aufgabe, Lernen zu optimieren, gehört zu den mehr didaktisch orientierten Aufgaben der pädagogischen Diagnostik, und die vorstehend genannten diagnostischen Tätigkeiten finden sich in didaktischen Modellen und Theorien wieder. Die Lehrplanung und -prozesse beabsichtigen, Lernende individuell nach ihren Möglichkeiten zu fördern. Um dieses Ziel zu erreichen, wurden mit der Zeit immer stärker verfeinerte didaktische Vorgehensweisen, wie z.B. Gruppenunterricht (Gudjons 2003), adaptiver Unterricht (Schwarzer/Steinhagen 1975) und offener Unterricht (Bohl/Kucharz 2010) entwickelt, die wiederum verfeinerte diagnostische Methoden erforderten. Beispielsweise werden im adaptiven Unterricht möglichst präzise diagnostische Verfahren benötigt, während im offenen Unterricht Verfahren erwünscht sind, die nicht punktuell, sondern kontinuierlich Lernvorgänge und Leistungen erfassen. Aus diesem Grund ist eine moderne, wissenschaftlich ausgerichtete Didaktik auf ein reichhaltiges Instrumentarium möglichst objektiver Verfahren angewiesen. Es geht dabei nicht allein um Tests, sondern auch um Schätzskalen zur Messung emotionaler und sozialer Kompetenzen.

Obwohl man die pädagogische Diagnostik zunächst als »educational measurement«, später mehr im Sinne von »educational assessment« verstanden hatte, sind die Ziele vergleichbar geblieben: … Sammeln und Bewerten von Informationen zum Zweck (a) der Diagnose von Stärken und Schwächen des Lernens, (b) der Planung und Verbesserung des Unterrichts und (c) der Evaluation von Leistung einschließlich Platzierungsentscheidungen (Phye 1997, S. 10). Das beweist, welches Gewicht die Förderung des Lehrens und Lernens in einer wissenschaftlich begründeten pädagogischen Diagnostik einnimmt.

Gesellschaftliche Funktion

Die Kompetenz, Qualifikationen zu erteilen, ist historisch eng mit dem Prüfungswesen verknüpft. Die ersten Examina lassen sich auf das Jahr 1000 vor Christus datieren. Sie fanden im kaiserlichen China statt und qualifizierten für den öffentlichen Dienst. Sie waren notwendig geworden, weil die Besetzung der zahlreichen Beamtenstellen nicht mehr allein vom Adel geleistet werden konnte.

Solange die Führungsrollen durch Geburt, Ämterkauf oder Religion festgelegt wurden, brauchte man keine pädagogische Diagnostik. Auch das Benefizienzeugnis des Mittelalters diente lediglich dazu, ein Stipendium zu erhalten. Das änderte sich jedoch in den absolutistischen Staaten Europas. Die zunehmende Bürokratisierung und Militarisierung weckte ab 1700 den Bedarf nach qualifiziertem Personal. In den meisten europäischen Staaten wurden deshalb zwischen 1790 und 1870 Examina für den öffentlichen Dienst eingeführt. Einerseits wurde auf diese Weise mehr Chancengleichheit realisiert, andererseits war der soziale Aufstieg zunehmend vom individuellen Lernerfolg abhängig. Im Zuge des Berechtigungswesens repräsentierten Zensur und Zeugnis zunehmend die individuellen Leistungen einer Person und wurden zur Selektion verwandt.

Selektion vs. Förderung

Im 20. Jahrhundert standen zunächst ebenfalls Selektionsaufgaben im Vordergrund. Das gilt für die Schulreifeuntersuchungen von Bobertag zu Beginn des 20. Jahrhunderts ebenso wie für die Institutionalisierung der Übertrittsauslese ab 1919/1920 durch die Etablierung der vierklassigen Grundschule. Eine pädagogische Rückbesinnung lässt sich jedoch schon in den 1920er-Jahren in den Erziehungsideen Montessoris, Freinets und Petersens erkennen. Der Leistungsbegriff wurde an der individuellen Entwicklung orientiert, die pädagogische Diagnostik war ganzheitlich auf die Entfaltung der individuellen Möglichkeiten ausgerichtet. Im Dritten Reich fand diese Entwicklung ein jähes Ende, weil diagnostische Methoden unerwünscht waren. Nach dem Zweiten Weltkrieg wurde das pädagogische Anliegen wieder aufgegriffen. Die Berücksichtigung emotionaler und sozialer Schülermerkmale in der Lern- und Leistungsdiagnostik und die Entwicklung neuer Schätzskalen zur Schülerbeobachtung waren Kennzeichen dieser Entwicklung. Am Testangebot der Verlage lässt sich dieser Trend belegen. Wenn man die angebotenen Fragebogen ohne die Tests heranzieht, dann stieg die Anzahl der Fragebogen von 5 im Jahr 1970 auf 20 im Jahr 1980, von 32 im Jahr 1990 über 40 im Jahr 2000 auf 47 im Jahr 2010 (Lissmann 2010a, S. 85).

Förderung und Qualifikation

Das pädagogische Ansinnen setzt sich zu Beginn des 21. Jahrhunderts weiter durch. Besonders in den Schularten, die dem Fördergedanken am meisten verpflichtet sind, wie Grundschule, Förder- und Gesamtschule, wird das Thema Leistungsbeurteilung kritisch diskutiert (vgl. Kap. 3.2). Sichtbare Anzeichen sind neben den Berichtszeugnissen in den Anfangsklassen, dem Wegfall des Übertrittsgutachtens und der Einrichtung zensurenfreier Modellschulen die alternativen Beurteilungsverfahren, wie z.B. Portfolios und Lerntagebücher (vgl. Kap. 4).

Aber auch die Aufgabe der pädagogischen Diagnostik, den Bildungsnachwuchs zu qualifizieren und zu requirieren, erhielt zu Beginn des 21. Jahrhunderts neue Impulse. Die Repräsentativerhebungen mit Schulleistungstests, wie z.B. TIMSS (Baumert/Bos/Lehmann 2000a, b) und PISA (Deutsches PISA-Konsortium 2001), deckten mittelmäßige bis unterdurchschnittliche Schulleistungen in Deutsch, Mathematik und den Naturwissenschaften auf. Sie waren der Anlass, ab 2004 bundesweit Bildungsstandards zu etablieren und deren Einhaltung mit überregionalen Tests zu kontrollieren. Diese sollen zukünftig an den Nahtstellen des Schulsystems – Schuleintritt, Übergang in weiterführende Schulen und Übergang in den Berufsbereich – eingesetzt werden.

Die pädagogische Diagnostik steht heute zwar immer noch im Spannungsfeld ihrer pädagogischen und gesellschaftlichen Aufgaben, aber man kann sie nicht auf die Optimierung individuellen Lernens reduzieren, wie das im alternativen Ansatz der Förderdiagnostik (Eberwein/Knauer 1998; Mutzeck 1998) geschehen war. Die Aufgaben Fördern, Qualifizieren und Auslesen sind heute keine Gegenpole mehr, sondern einander ergänzende Aufgaben, die unterschiedliche methodische Vorgehensweisen erfordern.

3.2 Schulleistungen

3.2.1 Schulleistungsbegriff

Nachdem das Leistungsprinzip zum bestimmenden Faktor für den sozialen Aufstieg geworden war, geriet der Leistungsbegriff ab 1970 in die öffentliche Kritik. Zum einen wurde Leistung als zu bejahender Ausdruck einer demokratischen Leistungsgesellschaft, zum anderen als Instrument eines einseitig nach Gewinn strebenden Herrschafts- und Wirtschaftssystems gesehen (Lichtenstein-Rother 1971; Twellmann

1981). Die von Furck genannte gesellschaftliche Relevanz des Leistungsbegriffs führte dazu, dass auch der Schulleistungsbegriff in diese Diskussion mit einbezogen wurde. Seine Analyse ließ erkennen, dass der Begriff »Schulleistung« in vierfacher Bedeutung gebraucht wird: Leistung als schulische Forderung an den Schüler, Leistung als Tätigkeit des Schülers, Leistung als Ergebnis der Tätigkeit des Einzelnen innerhalb der verschiedenen Leistungsbereiche und Leistung als besonderer Beitrag der Schule für andere, wie z.B. Gesellschaft, Staat, Wirtschaft und Wissenschaft (Furck 1975). Die polarisierende Betrachtung wird jetzt dadurch vermieden, dass weitere Perspektiven hervorgehoben werden. Der Mehrdimensionalität schulischer Leistungen wird auch in der folgenden Definition Aufmerksamkeit geschenkt:

Definition Schulleistung

»Unter Schulleistung versteht man zusammengefasst die von der Schule initiierten Lernprozesse und Lernergebnisse der Schüler. Diese Lernleistungen können im Hinblick auf verschiedene Verhaltensdimensionen beschrieben und unter Bezug auf verschiedene Normen eingeordnet werden« (Ingenkamp/Lissmann 2008, S. 131).

Schulleistungen sind also nicht die Leistungen einer Schule, sondern die Lernleistungen an einer Schule. Sie umfassen kognitive Leistungen, wie z.B. Lesen, Schreiben und Rechnen, und grundsätzlich auch emotional-soziale Leistungen, wie z.B. Mitarbeit und Arbeitsverhalten.

Des Weiteren wird auf die Bedeutung der Bezugsnorm für die Anerkennung einer Leistung hingewiesen. Eine Leistung kann sich am Lernenden selbst orientieren, wenn die jetzige Leistung mit den früheren Leistungen verglichen wird. Außerdem kann sie sich am Lernenden im Vergleich zu einer Gruppe von Lernenden und am Lernenden in Relation zu curricularen Zielen bzw. Kriterien orientieren. Als individuelle, soziale und kriteriale Bezugsnorm liefern sie den Bewertungsmaßstab für Schülerleistungen. Die Bezugsnormen entscheiden maßgeblich darüber, ob eine schulische Leistung als Leistung wahrgenommen wird.

3.2.2 Erweiterter Schulleistungsbegriff

Schulleistung in der Diskussion

Die Angemessenheit der Lern- und Leistungskultur ist eine der zentralen Fragen, der sich die Institution Schule gegen Ende des 20. Jahrhunderts gegenübersieht. Auf der einen Seite hatten die internationalen Schulleistungsstudien TIMSS (Third International Mathematics and Science Study) und PISA (Programme for International Student Assessment) seit 1990 enthüllt, dass deutsche Jugendliche in Mathematik, Lesen und in den Naturwissenschaften bestenfalls Mittelmaß waren (Baumert, Bos/Lehmann 2000a, b; Deutsches PISA-Konsortium 2001). Auf der anderen Seite galt es, dem durch die Informations- und Kommunikationstechnologien hervorgerufenen gesellschaftlichen Wandel Rechnung zu tragen. Vom sozialen Wandel sind u.a. das Erziehungsverhalten, das Spiel- und Freizeitverhalten, die Zukunftsplanung und die Lebensgestaltung betroffen (Jürgens/Sacher 2000). Von beiden Seiten wurden Bildungsauftrag und Leistungsverständnis der Schule kritisch hinterfragt.

Ergebnisse der Diskussion

Als Ergebnis der Diskussion kann Folgendes festgehalten werden (Bartnitzky 2005; Bohl 2004; Jürgens/Sacher 2000, 2008; Sacher 2009; Winter 2004):

- Wenn die Schule den handlungsfähigen Jugendlichen im Blick haben will, dann muss sie sich den neuen Herausforderungen stellen.
- Zu diesem Zweck ist der Lernbegriff neu zu fassen bzw. zu erweitern, z.B. als lebenslanges Lernen.
- Dadurch dass Lern- und Leistungsbegriff miteinander gekoppelt sind, geht mit der Erweiterung des Lernverständnisses auch eine Erweiterung des Leistungsverständnisses einher.

Kompetenzen und Schlüsselqualifikationen

Lernbereiche des erweiterten Schulleistungsbegriffs

Diese Rolle kann von Kompetenzen und Schlüsselqualifikationen übernommen werden (vgl. auch Kap. 2.2). Seit den 1990er-Jahren lösen sie die überwiegend fachlichen Lernziele als Anforderungen des Lernens ab. Die TIMS-Studie ist eines der ersten Beispiele dafür, weil sowohl mathematische Fachleistungen als auch mathematische Kompetenzen gemessen wurden.

Weinert hat sich 1999 in einem Gutachten für die OECD (Organisation for Economic Co-operation and Development) mit dem Kompetenzbegriff befasst. Danach sind Kompetenzen »die bei Individuen verfügbaren oder durch sie erlernbaren kognitiven Fähigkeiten und Fertigkeiten, um bestimmte Probleme zu lösen, sowie die damit verbundenen motivationalen, volitionalen und sozialen Bereitschaften und Fähigkeiten, um die Problemlösungen in variablen Situationen erfolgreich und verantwortungsvoll nutzen zu können« (Weinert 2001, S. 27 f.). Nach Erpenbeck/Rosenstiel organisieren sich Kompetenzen selbst, um gegenwärtige und zukünftige Probleme bewältigen zu können: »... sind Kompetenzen Dispositionen selbstorganisierten Handelns, sind Selbstorganisationsdispositionen« (Erpenbeck/Rosenstiel 2003, S. XI). Qualifikationen werden nicht im selbstorganisierten Handeln sichtbar, sondern in normierten und zertifizierten Situationen, z.B. als gelernter Multimediadesigner mit sehr guter Abschlussnote.

Lernbereiche des erweiterten Schulleistungsbegriffs

Die vermutlich erste Übersicht über den erweiterten Schulleistungsbegriff stammt von Klippert (1994, S. 31, gekürzt). Er spricht von Lernbereichen, nicht von Leistungsbereichen, und bezeichnet die vier Bereiche als Bildung schlechthin. Die vier Lernbereiche sind jedoch unschwer in der heute gängigen Formulierung als Sach-, Methoden-, Sozial- und persönliche Kompetenz wiederzuerkennen.

Inhaltlich-fachliches Lernen

- wissen (Fakten, Regeln, Begriffe ...)
- verstehen (Phänomene, Argumente, Erklärungen ...)
- erkennen (Zusammenhänge)
- urteilen (Thesen, Themen, Maßnahmen) usw.

Methodisch-strategisches Lernen

- exzerpieren
- nachschlagen
- strukturieren
- organisieren
- planen
- entscheiden
- gestalten
- Ordnung halten
- visualisieren usw.

Sozial-kommunikatives Lernen

- zuhören
- begründen
- argumentieren
- fragen
- diskutieren
- kooperieren
- integrieren
- Gespräche leiten
- präsentieren

Affektives Lernen

- Selbstvertrauen entwickeln
- Spaß an einem Thema/an einer Methode haben
- Identifikation und Engagement entwickeln
- Werthaltungen aufbauen

Bedingt durch die Kopplung von Lernen und Leisten, entstehen auf diese Weise viele neue Leistungsbereiche. Die Sozialkompetenz setzt beispielsweise voraus, dass Lernende fragen, diskutieren und kooperieren können. Um methodenkompetent zu sein, müssen Lernende exzerpieren, nachschlagen und strukturieren können, usw. Diese neuen Leistungsbereiche implizieren viele neue Beurteilungsmethoden (vgl. Kap. 2.3).

Kritik am erweiterten Schulleistungsbegriff

Am erweiterten Schulleistungsbegriff wird Folgendes kritisiert (Bohl 2005): Erstens sei die Trennung in die vier Lernbereiche künstlich. Beispielsweise enthalte »argumentieren« auch methodische Aspekte, wie z. B. einleiten, argumentieren und abschließen, soziale Aspekte, wie z. B. auf jemanden eingehen und konstruktiv formulieren, sowie fachliche Aspekte, wie z. B. Wissen und Zusammenhänge erkennen. Zweitens werde der künstlerisch-ästhetische Lernbereich, also Sport, bildende Kunst und Musik, vernachlässigt. Drittens sei der Medienbereich ausgeklammert worden, obwohl er Zukunft habe. Man muss aber Bohl zustimmen, der im erweiterten schulischen Leistungsbegriff ein großes Potenzial für die Unterrichtsentwicklung sieht.

3.2.3 *Erweiterter pädagogischer Leistungsbegriff*

Funktion des pädagogischen Leistungsbegriffs

Die Kernaufgabe eines pädagogischen Leistungsbegriffs besteht darin, zwischen gesellschaftlichen und individuellen Bedürfnissen zu vermitteln. »Ein expliziter pädagogischer Leistungsbegriff soll der Tatsache Rechnung tragen, dass zwischen den legitimen Leistungsansprüchen der Gesellschaft an die Schülerinnen und Schüler via Schule einerseits und den jeweils individuellen Entfaltungsmöglichkeiten andererseits aus pädagogischer und demokratischer Verantwortung zu vermitteln ist…« (Jürgens/Sacher 2008, S. 46 f.).

Funktionen des erweiterten pädagogischen Leistungsbegriffs

In differenzierter Form beinhaltet der pädagogische Leistungsbegriff die folgenden Merkmale (Jürgens/Sacher 2008, S. 47–50):

- Leistung umfasst produkt- und prozessorientiertes Lernen. Nicht nur die Lernergebnisse sind dann wichtig, sondern auch die Umwege, Fehler und verwendeten Strategien.
- Leistung ist individuelles und kooperatives Lernen. Zum einen fordert die Gesellschaft kooperatives Lernen, zum anderen ist Kooperation zur Lösung komplexer Aufgaben nötig.
- Leistung ist problemmotiviertes und vielfältiges Lernen. Dient ein Problem z. B. der Lebensbewältigung, dann entsteht Motivation aus der Sache heraus. Die Vielfalt beim Lernen entsteht dadurch, dass mehrere Kompetenzbereiche einbezogen werden.
- Leistung ist herausforderndes und gekonntes Lernen, wenn es die Bedingungen für erfolgreiches Weiterlernen fördert, z. B. Lernfreude, Anstrengungsbereitschaft und Durchhaltewillen.

Nach Jürgens/Sacher stehen die Merkmale in Beziehung zueinander und können nur zusammen wirksam werden. Gegen die Annahme eines geschlossenen Systems spricht jedoch, dass in der einschlägigen Literatur beliebig viele Merkmale hinzugefügt wurden, wie z. B. Norm-/Zweckgebundenheit, Anlage-/Umweltbedingtheit (Jürgens 2000), Kommunikation/Reflexion, Fremd-/Selbstbeurteilung (Bohl 2001), Kritik-/Urteilsfähigkeit, solidarisches Handeln (Klafki 2007b). Die Aufgabe des Beurteilungswesens wird es zukünftig sein, die Ziele des erweiterten pädagogischen Leistungsbegriffs auf eine empirische Grundlage zu stellen.

3.3 Leistungsbeurteilung

Die schulische Leistungsbeurteilung dient der adäquaten Beschreibung und Bewertung einer schulischen Leistung. Sie verfolgt unterschiedliche Zielsetzungen (s. u.) und verwendet unterschiedliche Beurteilungsmethoden (vgl. Kap. 4). Sie manifestiert sich überwiegend in Form einer Zensur oder im Zeugnis.

3.3.1 Begriffsklärung

In der Literatur findet man zwar weitaus differenziertere Betrachtungsweisen des Beurteilungsverfahrens, wie z.B. die Unterscheidung von Leistungsvereinbarungen mit den Lernenden, den Prozess der Leistungserbringung sowie die Beobachtung und Beschreibung des Lernergebnisses (Bohl 2004, S. 60), aber eine Einengung auf häufig gebrauchte und oft verwechselte Begriffe erscheint sinnvoll. Häufig wird der Begriff der Leistungsbeurteilung gleichbedeutend mit Leistungsfeststellung, Leistungsmessung und Leistungsbewertung verwendet, obwohl es einige Unterschiede gibt.

Leistungsfeststellung

Der *Leistungsfeststellung* liegt die Beobachtung oder die Abfrage eines Schülerverhaltens zugrunde, wie sie meist bei tagtäglichen Lernkontrollen erfolgt. Das Ziel ist die Beschreibung eines Verhaltens ohne Bewertung.

Leistungsmessung

Die *Leistungsmessung* hat einen höheren methodischen Anspruch als die Leistungsfeststellung. Sie impliziert Leistungskontrollen, die unter Beachtung testtheoretischer Gütekriterien entwickelt wurden.

Im Rahmen der Leistungsbewertung wird dem Leistungsergebnis ein Bewertungsmaßstab, z.B. eine Zensur, zugewiesen (»Wertziffer«, vgl. Klein 2009, S. 19).

Leistungsbeurteilung

Die *Leistungsbeurteilung* umfasst in der Regel mehrere Bewertungen. Häufig sind es die Bewertungen für einen größeren Zeitabschnitt, wie z.B. das Zeugnis, wobei sie oft an juristische Vorgaben gebunden sind (Bohl 2004, S. 61). Klein versteht unter Leistungsbeurteilung eine umfassende Stellungnahme, d.h. unter Einbezug mehrerer Bezugsnormen und möglicher Ursachen der festgestellten Leistung (Klein 2009, S. 19). Winter versteht unter Leistungsbeurteilung den tradierten Umgang mit Leistungen, während er den Begriff der Leistungsbewertung für reformierte Konzepte bevorzugt (Winter 2004, S. 1). Trotz der verschiedenen Akzente erscheint es angemessen, die Begriffe Leistungsbewertung und -beurteilung synonym zu verwenden.

3.3.2 Aufgaben der Leistungsbeurteilung

Die Aufgaben der Leistungsbeurteilung sowie die Aufgaben von Zensuren und Zeugnissen stimmen weitgehend überein. Diese Aufgaben bzw. Funktionen sind überaus vielfältig und zahlreich, wie bei mehreren Autoren nachgelesen werden kann (Bartnitzky 2005; Jürgens/Sacher 2000; Kleber 1992; Ziegenspeck 1999). Die Anzahl der Funktionen wurde aus Praktikabilitätsgründen auf fünf reduziert.

Selektionsfunktion

Mit Selektionsfunktion wird die Aufgabe bezeichnet, Lernende mit besonders guten oder schlechten Leistungen auszuwählen und Letzteren z.B. den Besuch des Gymnasiums zu verwehren. Die Begriffe »Zuteilungsfunktion«, »Berechtigungsfunktion für sozialen Aufstieg« und »rechtliche Funktion« werden als synonym angesehen.

Qualifikationsfunktion

Die zweite Aufgabe ist die Qualifikationsfunktion. Lernende qualifizieren heißt, sie zur Ausführung einer konkreten Tätigkeit zu befähigen. Synonym verwendet wird der Begriff »Vorsorgefunktion« des Staats.

Informationsfunktion

Die Informationsaufgabe besteht gegenüber Eltern, Lehrpersonen und Gesellschaft, die gegebenenfalls eine Rückmeldung über die Lernergebnisse erhalten. In erster Linie ist die Informationsfunktion jedoch für den Lernenden da, sie soll den Lernstand beschreiben und ihm zur Orientierung für das weitere Lernen dienen. Synonyme Begriffe für die Informationsfunktion sind die Begriffe »Orientierungsfunktion« und »Berichtsfunktion«.

Anreiz- und Sanktionsfunktion

Die Anreiz- und Sanktionsfunktion der Beurteilung soll motivational wirken, z.B. als Belohnung für eine gute Leistung oder als Ansporn bei einer schlechten Leistung. Die Begriffe »Disziplinierungsfunktion« und »pädagogische Funktion« aus der Literatur werden dieser Funktion zugeordnet. Die pädagogische Funktion wird hier unter Vorbehalt genannt, denn sie passt besser zur Entwicklungsfunktion.

Entwicklungsfunktion

Bei der Entwicklungsfunktion werden die individuellen Entfaltungsmöglichkeiten besonders hervorgehoben. Beispielsweise werden erreichbare Ziele vereinbart und individuelle Fortschritte anerkannt. Außerdem kann die Anzahl der Beurteilungen individuell verschieden sein. Die Entwicklungsfunktion ist die vorrangig pädagogische Funktion mit der Aufgabe, den individuellen Lernerfolg zu optimieren.

Wie an anderer Stelle ausgeführt wurde (vgl. Kap. 3.1), ist die Geschichte der pädagogischen Diagnostik geprägt von dem Spannungsfeld zwischen der gesellschaftlichen und der pädagogischen Aufgabe. Zum einen sollen der Bildungsnachwuchs gesteuert und Qualifikationen erteilt werden, zum anderen soll Lernen optimiert werden. Vorstehend genannte Aufgaben der Leistungsbeurteilung wurden so angeordnet, dass sie diese Bipolarität widerspiegeln. In der Selektionsfunktion kommt die gesellschaftliche Aufgabe am meisten zum Tragen, gefolgt von der Qualifikationsfunktion. Den Gegenpol bildet die Entwicklungsfunktion, bei der das Individuum im Mittelpunkt steht. Die gesellschaftliche im Vergleich zur pädagogischen Aufgabe erfordert grundsätzlich andere Beurteilungsmethoden. Der Informationsfunktion kommt die Rolle zu, die neutrale Mitte zu sein, weil sie für die Gesellschaft *und* das Individuum von Interesse ist. Man kann die beiden Pole anstatt mit Gesellschaft vs. Individuum auch mit Auslesen vs. Fördern bezeichnen, da Auslese und Selektion bedeutungsgleich sind und die Optimierung des Lernerfolgs Fördermaßnahmen einschließt.

Rolle der Didaktik

In das Spannungsfeld zwischen der gesellschaftlichen und der pädagogischen Aufgabe der Leistungsbeurteilung ist auch die wissenschaftliche Didaktik einbezogen, weil die Optimierung von Lernerfolgen instruktionale Maßnahmen bedingt. Auch hier gilt, dass die gesellschaftlichen Ziele einerseits und die didaktischen Ziele der Leistungsbeurteilung andererseits grundsätzlich andere Vorgehensweisen erfordern. In der folgenden Tabelle wird dieser Sachverhalt veranschaulicht, wobei die »gesellschaftlich geforderten Qualifikationen« der »Optimierung der Lehr- und Lernprozesse« gegenübergestellt wurden (Ingenkamp/Lissmann 2008, S. 135).

Pol: Gesellschaftlich geforderte Qualifikationen	Pol: Optimierung des Lehr- und Lernprozesses
Gesellschaftlicher Konsens über Zielkriterien notwendig	Gruppeninterner und vorwiegend vom Lehrer bestimmter Konsens über Zielkriterien reicht aus
Curriculare Grobziele praktikabel und ausreichend	Curriculare Feinziele günstig
Seltene Diagnose reicht aus	Häufige Diagnose erwünscht
Interesse an Endergebnissen	Interesse an Prozessen und Zwischenergebnissen
Erfassung überdauernder Merkmale notwendig	Erfassung situationsabhängiger Merkmale möglich
Geringe Beachtung der Lernbedingungen erforderlich	Hohe Beachtung der Lernbedingungen notwendig
Überregionale Vergleichbarkeit der Messergebnisse notwendig	Gruppeninterne Vergleichbarkeit reicht oft aus
Langfristige Prognose erwünscht	Kurzfristige Prognose reicht aus
Hohe Objektivität notwendig	Geringere Objektivität akzeptabel
Hohe Reliabilität erforderlich	Geringe Reliabilität reicht meist aus

Tabelle 1: Abhängigkeit der Leistungsbeurteilung von unterschiedlichen Zielsetzungen

Die einzelnen Zielsetzungen haben unterschiedliche Konsequenzen für die Aspekte der Leistungsbeurteilung. Dies wurde in der Tabelle an einigen Aspekten demonstriert. Beispielsweise betrifft die vierte Zeile das

Messergebnis. Für gesellschaftlich orientierte Qualifikationen ist man nur oder zumindest überwiegend am Endergebnis von Lernsequenzen interessiert, weil bei der »Sortierung« sehr vieler Individuen auf neue Bildungswege, in Berufe, zur Praxisausübung nicht mehr die Kapazität vorhanden ist und auch nicht die Notwendigkeit gesehen wird, sich damit zu befassen, ob und an welcher Stelle des Lernprozesses Schwierigkeiten auftraten. Das aber muss vor allem den Lehrenden interessieren, der Lehr- und Lernprozesse optimieren will. Darum braucht er vor allem Informationen über den Prozess des individuellen Lernens und damit zwangsläufig auch über die Zwischenergebnisse.

Aus der Tabelle ist ersichtlich, dass es keine Einheitsmethode schulischer Leistungsbeurteilung geben kann, die allen Zielsetzungen gerecht wird. Je nach Zielsetzung und Inhaltsbereich werden ganz unterschiedliche Verfahren benötigt.

Verschiedene Beurteilungsmethoden

Der erweiterte Schulleistungsbegriff bildet keine Ausnahme. Wenn man die Forderung akzeptiert, dass »neue Formen der Leistungsbewertung … sich auf Leistungen von Schülerinnen und Schülern [beziehen], die über den fachlich-inhaltlichen Bereich hinausgehen und auch methodisch-strategische, sozial-kommunikative und persönliche Leistungen berücksichtigen« (Bohl 2005, S. 9), dann werden vielfältige Beurteilungsmethoden benötigt. Aus welchen Komponenten sich die Gesamtleistung der Lernenden zukünftig zusammensetzen könnte, soll die folgende Tabelle verdeutlichen (in Anlehnung an Paradies/Wester/Greving 2009, S. 47).

Schriftliche Leistungen	und »sonstige Leistungen«	
Klassenarbeiten, Klausuren, Lernkontrollen	Heft- und Mappenführung	Lerntagebücher, Portfolios
	Tests, kurze schriftliche Arbeiten	Präsentationen, Moderationen
	mündliche Mitarbeit im Unterricht	schriftliche Ausarbeitungen: Referate, Protokolle
	Leistungsprodukte: Experimente, Modelle, szenische Darstellungen	

Tabelle 2: Beurteilungs- und Dokumentationsmethoden schulischer Leistungen

Alternative Beurteilungsmethoden

Die Tabelle informiert darüber, dass die obligatorischen schriftlichen Leistungen durch eine stattliche Anzahl »sonstiger Leistungen« ergänzt werden. Unter ihnen befinden sich schon bekannte Methoden, wie z. B.

Heftführung, mündliche Mitarbeit und Leistungsprodukte, aber auch neuere Beurteilungs- und Dokumentationsformen, wie z. B. Lerntagebücher, Portfolios und Moderationen. Zusammengefasst präsentiert sich die Schulleistung der Zukunft als vielfältiges »Leistungspuzzle«.

3.3.3 Beurteilungsfehler

Zu unterscheiden sind Beurteilungstendenzen und Beurteilungsfehler. Während *Beurteilungsfehler* die adäquate Beschreibung und Bewertung einer schulischen Leistung verfälschen, sind *Beurteilungstendenzen*, wie z. B. die Selektivität der Wahrnehmung, zur Strukturierung der menschlichen Wahrnehmung notwendig. Beurteilungstendenzen können sich aber zu Beurteilungsfehlern entwickeln.

Des Weiteren können allgemeine diagnostische Fehler und spezifische, z. B. beobachtungsspezifische Fehler unterschieden werden. Nachfolgend sollen die wichtigsten Referenz- und Zusammenhangsfehler als Beispiele für allgemeine diagnostische Fehler vorgestellt werden, während auf die Darstellung methodenspezifischer Fehler verzichtet wird (vgl. Atteslander 2010; Fisseni 2004; Fittkau 1982; Lukesch 1998; Schaller 1995). Zu den beobachtungsspezifischen Fehlern sei auf Kapitel 4.4.2 verwiesen.

Referenzfehler

Beurteilungen mit einem *Referenzfehler* enthalten unangemessene Vergleiche und Bezugnahmen. *Maßstabsfehler* entstehen, wenn ein Beurteiler überwiegend zu streng oder zu milde urteilt und damit zeigt, dass er Maßstäbe anlegt, die den Beurteilten nicht adäquat beschreiben, die aber durch seine Erfahrung und Einstellung erklärt werden können. Auch der Rückzug auf Urteile im Mittelbereich gehört hierher. Referenzfehler finden sich häufig bei Zensuren, wenn Lehrpersonen sehr milde oder sehr streng beurteilen, die Note 3 bevorzugen oder sich bei der Notengebung an der Normalverteilung orientieren, die bei einer einzelnen Schulklasse kaum vorauszusetzen ist.

Wenn die Abfolge der Beurteilungen zu Fehlern führt, liegt ein *Reihenfolgefehler* vor. Vom *Primacy-Effekt* spricht man, wenn sich der Beurteiler beim Gesamturteil an den zuerst beobachteten Eigenschaften einer Person orientiert. Beim *Recency-Effekt* besteht der Fehler darin, das Gesamturteil von den zuletzt beobachteten Eigenschaften abhängig zu machen. Wenn die Reihenfolge der Prüfungen eine Auswirkung auf die Ergebnisse hat, liegt ein *Kontrast-Effekt* vor. Beispielsweise fällt die Beurteilung eines leistungsstarken Prüflings noch besser aus, wenn er nach einem leistungsschwachen Prüfling geprüft wird, und ein leistungsschwacher Kandidat wird noch schlechter beurteilt, wenn der Leistungsstärkere zuerst geprüft wird.

Zusammenhangsfehler

Zusammenhangsfehler sind zu erwarten, wenn Merkmale des Beurteilten nach Ansicht des Beurteilers miteinander korreliert sind. Beim *logischen Fehler* schließt der Beurteiler von einem beobachteten Merkmal auf weitere Merkmale, die ihm in diesem Zusammenhang als logisch erscheinen und von denen er glaubt, dass sie mit dem beobachteten Merkmal korreliert sind. Auf diese Weise kann beispielsweise das Gesamturteil »unintelligent« stufenweise aus den Urteilen »verschlossen«, »uninteressiert«, »unkonzentriert« und »lernschwach« abgeleitet werden (Kleber 1976).

Der *Halo-Effekt* besteht darin, dass das Urteil aufgrund eines hervorstechenden Merkmals des Beurteilten zustande kommt, das andere Merkmale überdeckt. Beispielsweise kann die Sprechgeschwindigkeit eines Prüflings die Prüfungsleistung positiv beeinflussen, wenn der Beurteiler einen Zusammenhang zwischen Sprachtempo und höherer Kompetenz vermutet. Wenn sich der Gesamteindruck auf das erste beobachtete Merkmal bezieht, besteht eine Verwandtschaft mit dem Primacy-Effekt. Der Halo-Effekt tritt besonders bei der Beurteilung von Merkmalen auf, die schwer beobachtbar oder nicht präzise definiert sind, wie z.B. Intelligenz, Leistungswille und Prüfungsangst.

Die *implizite Persönlichkeitstheorie* eines Beurteilers (IPT) ist das ihm selbst nicht bewusste Bild von der Persönlichkeit des Lernenden (Hofer 1969). Dazu gehören Vermutungen über einzelne Persönlichkeitsmerkmale und die Zusammenhänge zwischen diesen, wie z.B. dumm, frech und faul. Dieser Beurteilungsfehler ist das Resultat gesellschaftlicher Erwartungen an den Lehrerberuf. Begabungsfaktoren und Arbeitshaltungen werden daher für schulischen Erfolg als entscheidend angesehen.

Die *»Self-fulfilling Prophecy«* wird zu den Zusammenhangsfehlern gerechnet, weil zwischen Lehrer- und Schülermerkmalen eine nachweisbare Korrelation besteht. Von einer sich selbst erfüllenden Prophezeiung wird gesprochen, wenn die lehrerseitigen Erwartungen guter Leistungen auf der Schülerseite Leistungssteigerungen hervorbringen. Wie in der ersten empirischen Untersuchung dieses Effekts (Rosenthal/Jacobson 1971) nachgewiesen werden konnte, führte die Vorinformation von Lehrern über die Begabungshöhe bestimmter Kinder dazu, dass deren Intelligenz im ersten und dann auch im zweiten Jahr signifikant höher ausfiel. Trotz Kritik an den Ergebnissen (Elashoff/Snow 1972) konnte das Experiment außer mit Intelligenz auch mit Schulleistungen vielfach repliziert werden. Erklären kann man den Effekt damit, dass die Lehrererwartungen über die Lehrer-Schüler-Interaktion die Schülerleistungen verbessern.

Beurteilungstraining

Die meisten Beurteilungsfehler können durch ein geeignetes Training beseitigt oder abgeschwächt werden. Dabei hilft oft schon das Wissen um die Fehlerquellen und ihre Wirkungen, um Fehler zu vermeiden. Eine weitere erfolgreiche Methode sind Teambeurteilungen. In einem Prüfungsausschuss sollten die Prüfer zunächst unabhängig voneinander den Prüfling beurteilen, dann kann entweder durch Diskussion ein Konsens über das Gesamturteil erzielt oder der Mittelwert der Einzelurteile gebildet werden.

4 Methoden der Leistungserfassung und Leistungskontrolle

4.1 Selbst-/Fremddiagnostik – Grundsätzliches

Partizipative Diagnostik

Die Beteiligung der Heranwachsenden an der Wahrnehmung der Beurteilungsaufgabe bietet diesen nicht nur die Chance, weitere positive Erfahrungen demokratischen und sozialen Handelns zu gewinnen, sondern darüber hinaus vielfältige Gelegenheiten, dem Zustandekommen eigener Leistungen bzw. dem Aufbau eigener Leistungsfähigkeit auf die Spur zu kommen. Fremd- und Selbstdiagnostik (externes und internes Feedback) sind zwei Seiten ein und derselben Medaille. Fremdbeurteilungen werden gebraucht, nicht nur aufgrund der Orientierungs- und Qualifikationsfunktion der Schule und des damit verbundenen Berechtigungs- und Zertifikatswesens, sondern vor allem, weil einerseits das »Vier-Augen-Prinzip« dem »Zwei-Augen-Prinzip«, beispielsweise hinsichtlich der Einhaltung von Gütestandards, deutlich überlegen ist und andererseits der professionelle Blick der Lehrkraft die systematische, vergleichende Auseinandersetzung mit den infrage kommenden Sachverhalten überhaupt erst eröffnet, wohingegen es durch selbstdiagnostische Aktivitäten zu einer intensiveren Beschäftigung mit der eigenen Leistung kommt, deren Sinn und Wert erkannt und reflektiert werden. Im Weiteren werden Fragen nach dem Wie und Warum des Leistungserwerbs sowie zum Vergleich der erzielten Ergebnisse mit den intendierten Kompetenzzielen und Anforderungsniveaus gestellt. Selbstbeurteilung erleichtert die Transparenz und Akzeptanz von Lernleistungskontrollen und deren Resultaten. Insgesamt tragen Selbstbeurteilungsprozesse zu größerer Einsicht in die Gesamtheit des Einsatzes und Nutzens diagnostischer Verfahren bei. Die in Selbstbeurteilungsprozessen besonders geschätzte individuelle Bezugsnorm hilft bei der Wahrnehmung selbst kleiner individueller Fortschritte, was für die Aufrechterhaltung, Stärkung und flexible Anpassung der Lernmotivation, der Anstrengungsbereitschaft und des Durchhaltevermögens sehr wichtig ist. Außerdem können selbstdiagnostische Prozesse ansonsten vielleicht verborgen gebliebene Phänomene und Erkenntnisse, die der Auf- und Erklärung von Lernleistungen eine zusätzliche Dynamik verleihen würden, offenlegen. Noch ein weiteres Argument spricht für mehr Partizi-

»Vier-Augen-Prinzip« vs. »Zwei-Augen-Prinzip«

Transparenz und Akzeptanz von Lernleistungskontrollen

pation der Schülerinnen und Schüler bei der Wahrnehmung schulischer Beurteilungsmaßnahmen. »Die Fremdbeurteilung der Lehrkraft ist zunächst einmal nur Bestandteil der äußeren Lernsituation eines Schülers. Sie wird nur in dem Maße wirksam, wie sie selbst auch in seiner inneren, von ihm selbst konstruierten Lernsituation vorkommt« (Sacher 2009, S. 233), mit der Konsequenz, dass das Lehrerurteil überhaupt nur dann etwas in Gang setzen kann, wenn der Lernende es auf sich selbst bezieht und es durchdenkt. Selbstbeurteilungsvorgänge hingegen bieten von vornherein die Möglichkeit, als innere Lernsituation des Schülers lern- und handlungswirksam zu werden.

Innere Lernsituationen

»Die Selbstbeurteilung der Schülerinnen und Schüler ist«, so weiter die Auffassung Sachers (2009), »gewissermaßen das Nadelöhr, durch das das Lehrerurteil hindurchmuss, wenn es Auswirkungen auf ihren Lernprozess haben will« (S. 233).

Selbstbeurteilung

- intensive Auseinandersetzung mit den eigenen Leistungen
- Wert und Sinn der eigenen Leistung werden erkannt und reflektiert.
- Transparenz und Akzeptanz von Lernleistungskontrollen werden gesteigert.
- Partizipation der Schülerinnen und Schüler an der Beurteilungsaufgabe
- Selbstbeurteilung hat Auswirkungen auf den inneren Lernprozess.

Beteiligung an – der Vorbereitung

Nach Bohl (2013) können Schülerinnen und Schüler in unterschiedlicher Form und in unterschiedlichen Phasen an der Beurteilungsaufgabe partizipieren: »In der Vorbereitungsphase können sie bei der Formulierung und Aufstellung von Bewertungskriterien beteiligt werden, z. B. durch Metaplantechnik. In einem fortgeschrittenen Beteiligungsstadium können eigene Ziele und Bewertungskriterien formuliert werden (z. B. im Rahmen eines projektorientierten Unterrichts).

– der Durchführung

In der Durchführungsphase können Schülerinnen und Schüler bei der Bewertung selbst beteiligt werden, z. B. durch Selbstbewertung oder durch arbeitsteilige Mitbewertung einer Präsentation.

– der Auswertung von Beurteilungsaufgaben

In der Auswertungsphase kann das gesamte Bewertungsverfahren rückblickend reflektiert werden. Dies beinhaltet auch, weiterführende und zukünftige Verfahren zu besprechen und eventuell zu vereinbaren« (S. 5).

Insgesamt machen die vielfältigen Partizipationsmöglichkeiten noch einmal darauf aufmerksam, dass die Beurteilungsaufgabe sich auf eine Leistungsvielfalt erstreckt, die weit über die Fällung von Urteilen über Leistungsprodukte hinausgeht. Prozess- und Produktdiagnostik werden in der Selbstdiagnostik zusammengeführt und als Gegenstand der Suche nach Informationen und Handlungsmöglichkeiten für zutreffende Entscheidungen herangezogen (vgl. Winter 2004, S. 83). Aber was noch

Prozess- und Produktdiagnostik

Hilfe von Lernenden

entscheidender ist: Um wirklich begleitende Lerndiagnostik durchzuführen, »brauchen wir die Hilfe der Schülerinnen und Schüler: Die Lehrkraft kann immer nur einzelne Schülerinnen und Schüler beobachten, und auch dies nur zeitweise. Außerdem sind viele für das Lernen entscheidende Prozesse (wie die Denkprozesse und Gefühle) nur für die Schülerinnen und Schüler selbst, nicht aber für einen außen stehenden Beobachter zugänglich« (Sacher 2009, S. 232). Selbstbeurteilung als diagnostische Methode macht ebenfalls eindrucksvoll offenkundig, dass es vergleichbar zur Vollständigkeit von Lernprozessen eine »Vollständigkeit von Beurteilungsprozessen« gibt, die Schritte wie diese umfasst:

Vollständigkeit des Beurteilungsprozesses

(1) *Anforderungsbezug*

Die Lern- und Leistungsanforderungen können sehr unterschiedlich sein, und zwar sowohl auf der Sachebene als auch auf der Ziel- und Methodenebene. Zum Anforderungsbezug gehört auch die Formulierung von Anforderungsniveaus bzw. Qualitätsstufen.

(2) *Lern- und Leistungserhebung*

Eine zentrale Bedeutung kommt auf dieser Ebene dem Einsatz geeigneter Verfahren zu. Hauptsächlich geht es darum, formative (prozessbegleitende) und summative (prozessabschließende) Verfahren je nach Situiertheit und Bedarf einzusetzen. Wichtig ist dann auch die Entscheidung der Frage, ob eine Erhebung des Unterrichtstreatments in Form einer Eingangsdiagnostik erfolgen soll, um Ausgangsdaten zu Vorwissen und Anschlussmöglichkeiten für das weitere Lernen vorliegen zu haben, die für die Unterrichtsplanung unverzichtbar sind, weil sich mit ihnen eine »Passung« zwischen erwarteten und bereits gekonnten Kompetenzen herstellen lässt.

Eingangsdiagnostik

(3) *Leistungsbeurteilung und Diagnose*

Die Leistungsbeurteilung ist stets normativ vergleichend. Ohne Anwendung komparativer Gütemaßstäbe und Bezugskriterien kann keine Einordnung der Lernleistung erfolgen, d.h. auf etwas hin bewertet werden, was nicht als Ziel, Regel, Anforderung oder Maß festgelegt wurde. Nur aufgrund normativer Entscheidungen lässt sich sagen, was als Leistung anerkannt und beurteilt werden kann und was nicht. Für die schulische Beurteilung ist der anforderungsbezogene Maßstab (sachliche Bezugsnorm) von entscheidender Bedeutung. In allen Bundesländern soll er der Leistungsbeurteilung zugrunde liegen. Von daher sind für alle Beurteilungsprozesse die formulierten Kompetenzziele, die sich fachlich und inhaltlich auf die geltenden (Kern-)Lehrpläne und fachlichen Standards beziehen, von großer Wichtigkeit. Gleiches gilt für die Prüf- und Kontrollkriterien, die für die Einschätzung der qualitativen und quantitativen Bewältigung derartiger Ziele von Belang sind. Weil Klein (2009) unter Leistungsbeurteilung »eine umfassende Stellungnahme« ver-

Komparative Gütemaßstäbe und Bezugskriterien

Prüf- und Kontrollkriterien

steht, die »unter Einbezug mehrerer Bezugsnormen und möglicher Ursachen der festgestellten Leistung« zustande kommt (S. 19), wird die Grenze zur Diagnose fließend. Insbesondere zur Aufdeckung von Bedingungen und ursächlichen Zusammenhängen erreichter Lernleistungen können Selbstbeurteilungsprozesse viel Substanzielles beitragen, wie Sacher (2009) vermutet. »Wir haben gute Gründe, anzunehmen«, so sein Standpunkt, »dass die eigenen Gedanken der Schülerinnen und Schüler über ihr Lernen und über ihre Leistungen ihr Lernen sehr viel mehr steuern als die Urteile und Bewertungen anderer« (S. 233). Den Hintergrund dafür bildet sicherlich die Tatsache, »dass sich Schülerinnen und Schüler ohnehin immer schon Gedanken über ihr Lernen und über ihre Leistungen machen«. Entscheidend ist jedoch, ob sie dabei realistische und hinreichend differenzierte Überlegungen anstellen. Explizite Selbsthilfe ist eine wichtige Hilfe dazu« (ebenda, S. 232). Konkret verbinden sich somit auf dieser Ebene nicht nur »beurteilende« und »diagnostische« Tätigkeiten, sondern hinzu kommt noch die reflexive Auseinandersetzung. Art und Inhalt der Reflexion sind wiederum abhängig vom gesamten Prozess der Leistungserbringung und vom Leistungsresultat. Demgemäß lassen sich reflexive Tätigkeiten zu den Lern- und Kompetenzzielen, den beobachteten Lernfortschritten und Zwischenergebnissen wie zu den erreichten Zielen und zum festgestellten Ertrag anstellen. Auch die Reflexion der Lernvoraussetzungen und -bedingungen dürfte ein wichtiges Element für das Verstehen des Wissensaufbaus des und aufgabenbezogenen Vorgehens darstellen.

Steuerung des Lernprozesses durch Selbsteinschätzung

Bedeutsamkeit reflexiver Praxis

(4) *Leistungsrückmeldung und Handlungsmaßnahmen*

Um überhaupt Diagnostik förderorientiert wirksam werden zu lassen, bedarf es einer »kontinuierlichen Informationsrückkopplung« über die Entwicklung von Lernkompetenz im Kontext ihres Bedingungsfeldes. »Ein systematisches Feedback bildet die Voraussetzung für den Aufbau der Fähigkeit, die eigenen Lernfortschritte, Erfolge und Misserfolge zu beurteilen« (Bildungskommission NRW 1995, S. 97). Allerdings können Rückmeldungen von unterschiedlicher Qualität sein und sehr unterschiedlich formuliert werden. Beispielsweise liegt von Hattie und Timperley (2007) ein Feedbackkonzept vor, dass sich auf drei Fragen zur Feedbackstruktur bezieht (vgl. Abb. 17).

Kontinuität der Informationsrückkopplung

Systematisches Feedback

Sinn/Zweck
Reduzierung von Diskrepanzen zwischen dem aktuellen Verständnis/der aktuellen Arbeitsleistung und einem angestrebten Ziel

↓

Die Diskrepanzen können reduziert werden durch:

Schüler/innen
- gesteigerte Anstrengungen und Anwendung effektiverer Strategien oder
- Aufgabe, Veränderung oder Absenkung des angestrebten (Lern-)Ziels

Lehrer/innen
- Bereitstellen angemessener Aufgaben/Herausforderungen und spezifischer Ziele
- Unterstützung der Schüler/innen bei dem Erreichen der Ziele mithilfe effektiver Lernstrategien und durch Feedback

↓

Effektives Feedback beantwortet drei Fragen:

Wohin bewege ich mich (im Lernprozess)? Was sind meine Ziele?	Feed-up
Wie gut komme ich voran?	Feed-back
Was muss als nächstes (zur Erreichung meiner Ziele) geschehen?	Feed-forward

↓

Jede dieser Feedback-Fragen bezieht sich auf vier Ebenen

↓

Aufgabe	**Lernprozess**	**Selbstregulation**	**Selbst**
Wie gut wurden die Aufgaben verstanden und umgesetzt?	Betrifft den gesamten Prozess, der zum Verstehen und zur Bewältigung der Aufgabe durchlaufen werden muss. Über welche Strategien bzw. welches Wissen muss verfügt werden, um die Aufgaben (erfolgreich) ausführen zu können?	Selbstüberwachung, Selbststeuerung und Selbstregulation von Aktivitäten/Arbeitsprozessen	Bezieht sich auf persönliche Bewertung (Selbstevaluation) und (emotionale) Auswirkungen auf den Lernenden (zumeist positiv)

Abbildung 17: Die Wirkung von Feedback (nach: Hattie/Timperley 2007, S. 87)

Nach diesem Modell besteht die Hauptaufgabe von Feedback darin, dazu beizutragen, die diagnostizierte Lücke zwischen dem aktuellen Verständnis und der gezeigten Lernleistung auf der einen Seite und dem angestrebten Kompetenzziel auf der anderen Seite zu verringern bzw. bestenfalls zu schließen. Dazu können sowohl Lehrende als auch Lernende beitragen, indem sie auf der Grundlage der Beantwortung der drei zentralen Feedbackfragen – »Wohin gehe ich?« (Zielklärung/-siche-

Feedbackfragen

rung), »Wie gut komme ich voran?« (Diagnose) und »Was muss als Nächstes geschehen?« (Lern- und Zielperspektive) – verschiedene Interventionsmaßnahmen ergreifen. Da sich wirksames Feedback auf verschiedene unterrichtsrelevante Ebenen bezieht, bedeutet das, die Feedbackfragen und die darauf gewonnenen Antworten jeweils mit diesen Ebenen zu verbinden. Verständlicherweise führt nämlich das Feedback auf jeder dieser Ebenen zu unterschiedlichen Wirkungen. Das wird zu bedenken sein, und deshalb wird es darauf ankommen, Feedback gezielt auf den unterschiedlichen Ebenen zu platzieren und dabei die Förderfunktion im Sinne einer Forderfunktion im Blick zu haben. Das pädagogische Geschick besteht darin, »die richtige Form von Feedback auf oder knapp über dem Niveau zu geben, auf dem die Lernenden gerade arbeiten – mit einer Ausnahme. Feedback auf der Ebene des Selbst oder der Person (meist Lob) ist selten effektiv für die Verbesserung des Lernens« (Hattie 2013, S. 210).

Interdependenz von Förder- und Forderfunktion

Mit diesem Feedback-Rahmenmodell werden Fragen aufgeworfen, die ähnlich oder vergleichbar im Zusammenhang mit der differenzierten Reflexion des eigenen Lernens und der dabei gemachten Erfahrungen gestellt werden könnten (vgl. Latzko/Hesse 2009, S. 260). Auch wenn sich damit zeigt, dass zwischen der Reflexion von Lern- und Leistungsveränderungen und Rückmeldeprozessen eine enge Beziehung besteht, gibt es doch Unterschiede. Mit einem Feedback wird, vereinfachend ausgedrückt, der Erfolg oder Misserfolg einer Handlung oder einer Lernleistung anhand implizierter oder explizierter Normen festgestellt und beurteilt, mit dem Ziel, ggfs. Korrekturen vorzunehmen. Hingegen wird die Reflexion als eine Fähigkeit betrachtet, das Gelernte und Geleistete in seinem Gehalt und seiner Wirkung einzuschätzen, in größere Zusammenhänge einzuordnen und zu weiteren Erkenntnissen in Beziehung zu setzen.

Reflexion vs. Feedback

Damit steht allerdings die Frage im Raum, ob nicht Rückmeldungen grundsätzlich in die Reflexion von Leistungen einbezogen werden sollten und es von daher nicht verfahrenslogisch naheliegend wäre, Feedbackmaßnahmen generell vor der Reflexion durchzuführen. Auf jeden Fall sind reflexive und Feedbackaktivitäten eng aufeinander zu beziehen.

Einen weiteren wichtigen Aspekt, von dem der Erfolg von Feedback abhängt, greift übrigens noch Winter (2004) auf, indem er das Problem des »Verstehens von Rückmeldungen« und das Aufkommen von Missdeutungen und Irrtümern thematisiert. Um dieser Gefahr zu begegnen, sollte bei der Formulierung von Feedback unbedingt auf sachliche und sprachliche Klarheit geachtet werden und zusätzlich eine »Kommunikation über Leistung« angestrebt werden, »die erlaubt, Missverständnisse zu korrigieren. Überall da, wo es um lernbegleitende Rückmeldungen

Kommunikative Klarheit

geht, muss man davon ausgehen, dass qualitativ hochwertige, d.h. treffende Rückmeldungen vorzugsweise in der Zusammenarbeit zwischen Lehrer und Schüler bzw. auch Schüler und Schüler erst erarbeitet werden müssen« (S. 179). Das verweist auf die große Bedeutung von Kommunikation und die Dringlichkeit des gemeinsamen Sprechens über Leistungszuwächse und -effekte. In solchen Gesprächen wird es sicherlich darum gehen, Leistungen einzuordnen, zu verstehen und zu analysieren, vor allem auch im Hinblick auf die Frage, welche Rückschlüsse sich sowohl retrospektiv als auch perspektivisch aus den gezeigten Leistungen für weitere Aktivitäten, die Gewinnung neuer Einsichten und als Voraussetzung für die Überwindung von Hindernissen ziehen lassen. Damit werden zugleich Betrachtungsweisen eröffnet, wie mit den gewonnenen Erkenntnissen umgegangen werden kann, d.h. welche pädagogisch-didaktischen Entscheidungen im Zusammenhang mit indizierten Interventionen getroffen werden sollten. So weit es sinn- und sachgerecht sein kann, werden Selbst- und Fremdbeurteilungsprozesse an diesem Punkt auf jeden Fall zusammentreffen, um zu gemeinsamen Entscheidungen zum Weiterlernen des Individuums zu gelangen. Durch Beteiligung von Schülerinnen und Schülern an der Beurteilungsaufgabe kommt es zu »einer »gemeinsamen Qualitätsfürsorge« für die Lernprozesse und Leistungen« (Sacher 2009, S. 232). Für die Kommunikation über Leistungen und die prozessualen Bedingungen der Leistungsentwicklung ist es deshalb wichtig, Schülerinnen und Schüler zu sachkundigen Gesprächspartnern zu machen, indem sie auf der einen Seite im Laufe der Zeit ein größeres Repertoire von Kriterien und Mitteln zur Reflexion eigener Leistungskompetenz an die Hand bekommen und auf der anderen Seite über die Nutzung dialogischer Beurteilungsverfahren wie beispielsweise Lerntagebücher, Lernjournale oder Portfolios langfristig die nötige Routine aufbauen können. Selbstverständlich muss Selbstdiagnostik erlernt werden. Damit können auch Einwände und Bedenken gegen die Beteiligung von Schülerinnen und Schülern an der Beurteilungsaufgabe entkräftet werden. Die motivationale und instrumentelle Vorbereitung auf den Umgang mit selbstdiagnostischen Verfahren spielt eine ebenso große Rolle wie die intensive Beschäftigung mit den Beurteilungskriterien und den diesen zugrunde liegenden Maßstäben. Jedenfalls verweisen diese Anhaltspunkte darauf, dass es sich hierbei um eine Erziehungsaufgabe handelt, der sich die Schule ebenfalls im Rahmen des Bildungsauftrags stellen muss. Die Orientierung an exemplarischen Handlungsmodellen und Lösungsmustern kann dabei unterstützend wirken (Sacher 2009, S. 233).

Gemeinsame Qualitätsfürsorge

Selbstdiagnostik als Erziehungs- und Entwicklungsaufgabe

4.2 Mündliche und schriftliche Prüfungen

Mündliche und schriftliche Prüfungen sind im heutigen Bildungssystem weitverbreitet und für Prüflinge ein notwendiges Übel. Die mündliche Prüfung ist die ältere Prüfungsform. Man findet sie bereits im Mittelalter als gelehrtes Streitgespräch bzw. Disputation. Typische mündliche Prüfungen sind außerdem das Unterrichtsgespräch, die mündliche Hausaufgabenkontrolle, das Referat, der Vortrag, die Reifeprüfung und das Rigorosum. Bekannte Formen der schriftlichen Prüfung sind der Aufsatz, das Diktat, die Klassenarbeit, die Klausur und die Dissertation. Zwar wurde bei beiden Prüfungsformen hauptsächlich Kritik an den mangelhaften Gütekriterien geübt, aber es gibt auch ein beachtliches Verbesserungspotenzial.

4.2.1 Definition

Mündliche Prüfung als soziale Interaktion

Bei der Definition von mündlicher Prüfung stehen heute die soziale Interaktion und das Risiko von Urteilsfehlern im Vordergrund. In der Definition: »Mündliche Prüfungen sind eine Form zielgerichteter Kommunikation zwischen einem oder mehreren Prüfern und Prüflingen, bei der auf die Schriftform verzichtet wird« (Ingenkamp/Lissmann 2008, S. 137), kommt zum Ausdruck, dass Prüfer und Prüfling diese Fehlerquellen kennen und geeignete Gegenmaßnahmen ergreifen sollen. Im Gegensatz dazu fehlt der schriftlichen Prüfung diese soziale Komponente, weil Arbeitsanleitungen und Aufgaben schriftlich gegeben werden. Die Schriftform verbessert jedoch nicht automatisch die Güte der Beurteilung, wie noch zu zeigen sein wird.

4.2.2 Vorteile und Probleme der mündlichen Prüfung

Risiken der sozialen Situation

Der große Vorteil mündlicher Prüfungen ergibt sich aus ihrem »interaktiven und adaptiven Charakter« (Sacher 1994, S. 131 f.). Der *interaktive Charakter* mündlicher Prüfungen besteht im fortwährenden Austausch von Inhalts- und Beziehungsbotschaften, wie z. B. der unmittelbaren Rückmeldung der Richtigkeit einer Antwort einerseits sowie Mitleid oder Ermunterung andererseits. Wenn jedoch das sofortige Feedback ausbleibt und Beziehungsbotschaften falsch interpretiert werden, sind Verlauf und Erfolg der mündlichen Prüfung gefährdet. Ähnlich verhält es sich mit dem *adaptiven Charakter* der mündlichen Prüfung. Die Adaptivität bezieht sich auf die Möglichkeit, das Frageverhalten an den

Prüfling anzupassen, indem der Prüfer z.B. schwierigere Fragen stellt oder sein Anspruchsniveau reduziert. Umgekehrt kann ein Prüfling seine verbalen Fähigkeiten einsetzen und das Gespräch in eine bestimmte Richtung lenken. Problematisch wird es dann, wenn der Prüfling einen sogenannten »Blackout« hat oder der Prüfer falsch reagiert, denn »... Fehler ziehen sofort Konsequenzen nach sich, weil sie den weiteren Prüfungsverlauf mitbestimmen. Fehlverhalten des Prüfers ist hier meist nicht mehr revidierbar« (Sacher 2009, S. 158). Die individuelle Anpassung des Prüfungsverlaufs birgt außerdem die Gefahr, dass Prüfer in ihrem Urteil nicht mehr berücksichtigen, welches Anforderungsniveau sie in der Prüfung verfolgt haben, und dass die mündlichen Prüfungen mehrerer Prüflinge, bedingt durch die unterschiedlichen Fragen, kaum vergleichbar sind (Sacher 2009).

Probleme durch Urteilsfehler

Außer den Risiken der sozialen Interaktion trifft man bei mündlichen Prüfungen auf Probleme durch Urteilsfehler, wie z.B. die Selektivität der Wahrnehmung, die Stereotypisierung, Reihenfolge- und Referenzfehler (vgl. Kap. 3.3.3), und problematische Gütekriterien.

Mangelhafte Gütekriterien

Zieht man die Literatur zur Frage der Güte mündlicher Prüfungen heran, dann bestehen erhebliche Zweifel an deren Qualität (Ingenkamp/Lissmann 2008, S. 139 f.). Die *Objektivität* ist mangelhaft, denn wie empirische Studien belegt haben, wird dieselbe Leistung von verschiedenen Prüfern unterschiedlich bewertet. Des Weiteren wird die *Reliabilität* kritisiert, weil dieselbe Leistung von einem Prüfer zu verschiedenen Zeitpunkten unterschiedlich beurteilt wird. Unter *Validität* versteht man, dass das, was gemessen werden soll, auch tatsächlich gemessen wird. Wie jedoch empirisch gezeigt werden konnte, beeinflussten die Vorinformation über frühere Leistungen, die Abfolge der mündlichen Prüfungen, die Sprechgeschwindigkeit des Prüflings und die Anzahl der aufeinanderfolgenden Prüfungen das Prüfungsergebnis negativ. Die Befundlage aus empirischen Studien reicht bis zum Jahr 1929 zurück, leider gibt es kaum neuere Studien (Jäger 2007a; Roth 2001).

Zur Frage, wie mündliche Prüfungen konkret gestaltet werden können, wird an anderer Stelle ausführlich berichtet (Jürgens 2000, Kap. 5.2.2; Obrist/Städeli 2010, Kap. 2; Sacher 2009, Kap. 7.2; außerdem Kap. 6.2 in diesem Buch).

4.2.3 Vorteile und Probleme der schriftlichen Prüfung

Wie schon ausgeführt, fehlt der Durchführung einer schriftlichen Prüfung die soziale Interaktion. Die Aufgaben und Aufgabenstellungen liegen schriftlich vor und sind dadurch unabhängig von Einflüssen des Prüfers. In der Sicherung der *Durchführungsobjektivität* liegt ein großer

Vorteil der schriftlichen gegenüber der mündlichen Prüfung. Ein weiterer Vorteil ist die Schriftform als solche, da sie eine wiederholte Durchsicht und Beurteilung ermöglicht.

Probleme durch Urteilsfehler

Wie schon bei der mündlichen Prüfung konzentriert sich die Kritik wieder auf die Urteilsfehler (vgl. Kap. 3.3.3) und die mangelhaften Gütekriterien.

Mangelhafte Gütekriterien

Während die Durchführungsobjektivität günstig bewertet wurde, zeigen sich für die *Auswertungs- und Interpretationsobjektivität* die bekannten Nachteile. Zwei oder mehr Beurteiler werten schriftliche Arbeiten unterschiedlich aus und interpretieren die Ergebnisse unterschiedlich. Die ältere Befundlage wurde an anderer Stelle so zusammengefasst: »... kann nur der Schluss gezogen werden, dass bei traditionellen schriftlichen Arbeiten die Auswertungsobjektivität nicht gewährleistet ist, wenn in der üblichen Art beurteilt wird« (Ingenkamp/Lissmann 2008, S. 145). Neuere deutsche Studien, die sich mit Objektivitätsfragen bei Diktat-, Aufsatz- und Mathematikleistungen beschäftigten, konnten diese Befundlage im Wesentlichen replizieren (Birkel 2003, 2005, 2009; Birkel/Birkel 2002; Gräber 1997).

Die mangelnde *Auswertungs- und Interpretationsobjektivität* soll am Beispiel der Studie von Gräber (1997) dargelegt werden. Sie analysierte drei unsichere Phasen in der Beurteilung einer Mathematikarbeit – die Gewichtung der Aufgaben, die Punktevergabe und den Notenschlüssel –, indem sie verschiedene Varianten einführte. Im Rahmen der Aufgabengewichtung wurden mehrere Gewichtungsvarianten erprobt, z.B. die Gewichtung von Additions- und Sachaufgaben im Verhältnis 1:1, während im Rahmen der Punktevergabe unter anderem die Varianten Punktabzug bei Fehlern und Vergabe von halben Punkten zum Einsatz kamen. Beim Notenschlüssel, durch den die Zuordnung von Punkten zu Notenstufen geregelt wird, wurde unter anderen Modellen die Benotung mit Bezug zur beispielsweise gaußschen Normalverteilungskurve vorgenommen. Bedingt durch diese Variationsbreite, ergaben sich bei der Korrektur von 20 Mathematikarbeiten einer dritten Klasse die Notenstufen 1 bis 6. Bei 14 von 20 Grundschülern betrugen die Differenzen ganze zwei Notenstufen. Die Ergebnisse haben bedingt durch die kleine Stichprobe und die fehlende inferenzstatistische Absicherung nur heuristischen Charakter, jedoch konnte in dieser Studie einmal mehr gezeigt werden, dass Zweifel an der Auswertungs- und Interpretationsobjektivität schriftlicher Prüfungsarbeiten berechtigt sind und Mathematikarbeiten keine Ausnahme bilden.

Des Weiteren konnte, wiederum belegt durch zahlreiche empirische Untersuchungen, nachgewiesen werden, dass die *Reliabilität* sowie die *inhaltliche und prognostische Validität* schriftlicher Arbeiten unzureichend waren (Ingenkamp/Lissmann 2008, S. 148, S. 151).

Zu Fragen der Organisation und des Ablaufs schriftlicher Prüfungen, darunter Aufsatz und Diktat, sei auf die relevante Literatur verwiesen (Achilles 2008, Kap. 4; Achilles/Brautmeier-Ulrich 2010, Kap. 4; Obrist/Städeli 2010, Kap. 1; Sacher 2009, Kap. 7.1, Kap. 7.3; außerdem Kap. 6.1 und 6.2 in diesem Buch).

4.2.4 Verbesserungsmöglichkeiten

Für mündliche wie schriftliche Prüfungen gilt, dass die Bekanntgabe der Prüfungsanforderungen und Beurteilungskriterien im Voraus die Prüfungssituation entspannen hilft und beispielsweise Prüfungsangst reduziert.

Mündliche Prüfung

Im Hinblick auf mündliche Prüfungen stellen *Teamprüfungen*, z. B. durch mehrere Prüfer bzw. einen Prüfungsausschuss, eine vielversprechende Möglichkeit zur Objektivierung dar. Im Anschluss daran sollten sich die Prüfer zunächst einzeln ein Urteil bilden, bevor dazu übergegangen wird, die Urteile zu aggregieren. Die *Schulung* der an einer mündlichen Prüfung beteiligten Personen stellt eine weitere Erfolg versprechende Maßnahme dar. Prüfer sollten das richtige Abnehmen mündlicher Prüfungen trainieren, während Prüfer und Prüflinge Wissen über die Prüfung beeinflussende Urteilsfehler erwerben oder erweitern sollten. Eine Möglichkeit der Objektivierung zur Erhöhung der Inhaltsvalidität mündlicher Prüfungen stellen *Fragenkataloge* dar, z. B. in Form einer Prüfungsfragenkartei, um zufällig Fragen auswählen zu können.

Schriftliche Prüfung

Mit Blick auf die schriftliche Prüfung durch Aufsätze legte Beck (1979) schon früh einen Katalog mit Maßnahmen zur Objektivierung vor, die entweder den ganzen Text einbeziehen, wie z. B. die *Teamauswertung* und die Vorgabe von *Musterarbeiten* unterschiedlicher Qualität, oder bei denen textanalytisch vorgegangen wird, wie z. B. bei *Regel- und Kriterienkatalogen.*

Die Effektivität solcher Maßnahmen konnte empirisch nachgewiesen werden. Mit Daten aus der sogenannten Hamburger Aufsatzstudie konnte beispielsweise Lehmann die Wirksamkeit einer Reihe von Maßnahmen – erstens die Beurteilung nach dem Gesamteindruck, zweitens die Beurteilung zahlreicher Teilaspekte und drittens die Beurteilung im Vergleich zu Musterarbeiten – überprüfen (Hartmann/Lehmann 1993; Lehmann, 1988). Das Ergebnis stimmt optimistisch: »Klare Bewertungsrichtlinien, ein geeignetes Vergleichskorpus und eine wohlgeschulte Jury vorausgesetzt, lässt sich sowohl zwischen den Beurteilern als auch über die Zeit hin ein hohes Maß an Übereinstimmung erzielen« (Lehmann 1988, S. 364).

Der Einsatz eines Maßnahmenkatalogs bleibt jedoch nicht auf die Aufsatzbeurteilung beschränkt. In der Literatur werden vor allem die Kriterienkataloge als Möglichkeit zur Verbesserung der Güte schriftlicher Prüfungsarbeiten genannt (vgl. die Quellenangaben in Ingenkamp/Lissmann 2008, S. 154).

4.3 Schultests

4.3.1 Begriff

Definition von Schultest

Unter Schultests sollen Instrumente der pädagogischen Diagnostik verstanden werden, die im Sinne der Definition von Süllwold (1983) in irgendeiner Weise für die Arbeit in der Schule relevant sind. Schultests können demzufolge Ergebnisse zum Stand des Lernens in den Schulfächern, zu Eignungsfragen im Rahmen der Einschulung oder Umschulung in eine Förderschule sowie zu Fragen des Übertritts in die weiterführende Schule oder Berufsschule liefern. Im Rahmen der pädagogischen Diagnostik besteht die Hauptaufgabe in der Ermittlung von Lernvoraussetzungen und Lernergebnissen, damit Schüler und Schülerinnen optimal gefördert und qualifiziert werden können.

Beim Begriff »Schultest« handelt es sich um einen sogenannten unscharfen Begriff, weil zum einen nicht nur Tests, sondern auch Frage- und Beobachtungsbogen dazugerechnet werden, zum anderen der Einsatz auf allen Stufen des Schulwesens, von der Vorschule bis zur Hochschule und Berufsschule, möglich ist. Des Weiteren sollen Schultests nicht nur von Diplom-Psychologen, sondern auch von dafür qualifizierten Lehrkräften genutzt werden können.

Geschichte der Schultests

Die Ära der Schultests begann gegen Ende des 19. Jahrhunderts fast zeitgleich in den USA und in Deutschland. Den ersten Rechtschreibtest entwickelte Rice 1894, wobei es sich um eine reine Aufgabensammlung gehandelt haben dürfte, den ersten Lückentext der deutsche Psychologe Ebbinghaus. Von ihm wurden die Lückentexte 1897 zusammen mit Rechen- und Behaltensaufgaben in einer empirischen Studie zur Ermüdung der Schüler im Unterricht eingesetzt. Der erste »echte« Schulleistungstest datiert aus dem Jahr 1932 und stammt von Bobertag und Hylla. Aus der Kooperation mit Ingenkamp entstand nach dem Zweiten Weltkrieg schließlich der Schulleistungstest HI 19. War damals noch keine Systematik der Testverfahren erforderlich, so änderte sich die Situation nach der Gründung der Reihe »Deutsche Schultests« bei Beltz 1964, die von Hogrefe ab 2000 weitergeführt wurde (siehe Testangebot in Kap. 4.3.6).

4.3.2 Testklassifikation

Von Ingenkamp wurde die Testklassifikation von 15 Autoren analysiert (Ingenkamp/Lissmann, 2008, S. 157). Die Einteilung in norm- und kriteriumsorientierte Tests überwiegt offensichtlich, obwohl sie nicht eindeutig ist, weil beide Testkategorien normorientiert sind, die eine nimmt Bezug auf die soziale, die andere auf die kriteriale Bezugsnorm. Mit der Bezeichnung »bezugsgruppenorientierte Tests« wird diese begriffliche Unschärfe vermieden.

Wichtige Kennzeichen zur Unterscheidung der folgenden Testklassifikation sind die Vergleichsperspektive und das Konstruktionsprinzip.

Bezugsgruppenorientierte Tests

Die Leistung einer Person wird beim bezugsgruppenorientierten Test mit der Leistung einer sozialen Bezugsgruppe verglichen. Die Testkonstruktion erfolgt nach den Prinzipien der klassischen Testtheorie (Ingenkamp/Lissmann 2008, S. 118–121) und der probabilistischen Testtheorie (S. 121–129).

Kriteriumsorientierte Tests

Bei dieser Testkategorie wird die Leistung einer Person mit einem vorgegebenen Kriterium verglichen. Das Testergebnis gibt Auskunft darüber, ob und wie gut ein Lernziel oder eine Kompetenz erreicht wurde. Zur Konstruktion der Tests kann das Binomialmodell (Klauer 1972) oder das probabilistische Rasch-Modell (Rasch 1960) verwendet werden. Über die Zeit konnten sie sich jedoch nicht am Markt durchzusetzen. Bis Ende der 1980er-Jahre war lediglich der lehrzielorientierte Test von Klauer im Cornelsen-Verlag publiziert worden.

Informelle Tests

Der informelle Test nimmt eine Zwischenposition ein, weil er bezugsgruppen- und kriteriumsorientiert sein kann. Außerdem ist er weniger aufwendig in der Konstruktion als die beiden anderen Testkategorien (Sacher 2009; Wendeler 1972; siehe auch Kap. 1.3 in diesem Buch).

Bei bezugsgruppen- und kriteriumsorientierten Schultests wird dagegen vorausgesetzt, dass sie sorgfältig konstruiert, auf Gütekriterien hin überprüft und normiert sind (siehe DIN 33430, Kap. 5.3).

4.3.3 Aufgabenformate

Funktion des Aufgabenformats

Durch das Aufgabenformat werden Fragestellung und Antwortmodalitäten einer Testaufgabe festgelegt. Wenn ein entsprechender Aufwand bei der Aufgabenkonstruktion betrieben wird, ist es möglich, mit geeigneten Aufgabenformaten neben Faktenwissen auch komplexe kognitive Leistungen zu erfassen. Dies konnte durch die internationalen Schulleistungsuntersuchungen TIMSS und PISA auch und gerade für die Antwort-Auswahl-Aufgabe nachgewiesen werden.

Übersicht über Aufgabenformate

Die folgende Übersicht ist an die Systematik von Gage/Berliner angelehnt (Gage/Berliner 1996, S. 634).

Kurzantwortaufgabe	→	freie Antwortform	→	Lückentext
			→	Ergänzungsaufgabe
	→	gebundene Antwortform	→	Zuordnungsform
			→	Alternativform
			→	Antwort-Auswahlform
Essayaufgabe	→	unstrukturiert		
	→	strukturiert		
Performanzaufgabe				

Tabelle 3: Zusammenfassung gängiger Aufgabenformate

Auf einer ersten Ebene wird zwischen Kurzantwort-, Essay- und Performanzaufgabe unterschieden. Auf der zweiten Ebene ist die Kurzantwortaufgabe weiter unterteilt in die freie und gebundene Antwortform, die Essayaufgabe in die unstrukturierte und strukturierte Form. Die dritte Ebene rekrutiert sich lediglich noch aus Varianten der Kurzantwortaufgabe.

Bei einem modernen *Lückentext* soll die Testperson fehlende Wortteile ergänzen. Etwa jedes vierte Wort im Text ist zu ergänzen, und bei jedem Wort fehlt ungefähr die Hälfte der Buchstaben. Wie das Beispiel »La_ Saturday was Mrs Miller's 70th birt_. Her son and h_ wife had a go_ idea. …« zeigt, lassen sich mit dieser Methode schneller Lückentexte erstellen als mit der alten Methode, nach der subjektiv als schwierig empfundene Wörter eingesetzt werden müssen, und das ohne Validitätsverlust.

Während bei einem Lückentext der fehlende Teil eines Worts oder das fehlende Wort handschriftlich eingetragen wird, soll bei der *Ergänzungsaufgabe* das fehlende Satzende hingeschrieben werden. Die Zuordnungsaufgabe und die Alternativantwortaufgabe rechnet man schon zur gebundenen Antwortform, weil die Lösung nicht mehr hingeschrieben, sondern ausgewählt werden muss. Bei der *Zuordnungsaufgabe* müssen beispielsweise einer Anzahl von Politikern die richtigen Ämter zugeordnet werden. Dabei befinden sich Personen und Ämter in unterschiedlichen Listen. Das Kennzeichen der *Alternativantwortaufgabe* ist die undifferenzierte Antwort mit »stimmt – stimmt nicht« oder »trifft zu – trifft nicht zu«. Für die *Antwort-Auswahl-Aufgabe* gilt, dass aus vier bis fünf vorgegebenen Antworten die richtige ausgewählt werden soll. Sie wird häufig auch Multiple-Choice-Aufgabe genannt, obwohl bei dieser mehr als eine Antwort richtig sein kann (Lissmann/Jäger 2008). Antwort-Auswahl-Aufgaben werden von Forschern geschätzt, weil sie objektiv und ökonomisch auszuwerten sind und von Lehrpersonen, Schülern und Eltern akzeptiert oder zumindest toleriert werden.

Im Vergleich zur Kurzantwortform fallen die Antworten bei der *Essayaufgabe* länger aus. Während es sich bei der unstrukturierten Essayform meist um eine komplexe, aus mehreren Teilsätzen bestehende Frage handelt, werden bei einem strukturierten Essay zahlreiche Teilfragen gestellt. Der Vorteil der strukturierten Form besteht darin, dass die Lernenden, durch die Teilfragen angeleitet, einen weiten Wissensbereich abdecken können.

Die *Performanzaufgabe* enthält außer der komplexen Aufgabenstellung verschiedene Teilfragen, Handlungsanweisungen und Zeitvorgaben. Sie entspricht am ehesten dem Vorgehen bei einem längerfristigen Unterrichtsprojekt, über dessen Ergebnisse abschließend schriftlich oder mündlich berichtet werden soll.

Zu konkreten Beispielen für verschiedene Aufgabenformate sei auf die Literatur verwiesen (Friedrichs 1990; Gage/Berliner 1996; Haladyna 1994; Klauer 2001; Lienert/Raatz 1998; Rütter 1982).

4.3.4 Hauptgütekriterien

Funktion der Gütekriterien

Die Gütekriterien Objektivität, Reliabilität und Validität dienen dem Qualitätsmanagement der bezugsgruppenorientierten Schultests. Für die kriteriumsorientierten Tests gelten eigene, für die informellen Tests vereinfachte Regeln und Rechenverfahren.

Objektivität

Die Objektivität ist das Ausmaß, in dem die Testergebnisse unabhängig vom Untersucher sind. Beispielsweise darf der Testleiter keine Hilfen geben, wenn dies nicht ausdrücklich vorgesehen ist. Die Testauswertung und die Ergebnisinterpretation sind objektiv, wenn mehrere Testleiter zum gleichen Ergebnis kommen und in der Interpretation des Ergebnisses übereinstimmen.

Reliabilität

Die Zuverlässigkeit oder Reliabilität ist der Grad an Genauigkeit, mit der ein Schultest ein Verhalten misst. Die Breite eines Fußballtors mit einem Gummiband zu messen liefert z. B. mit Sicherheit kein reliables Ergebnis, wie man bei mehrmaligem Nachmessen feststellen kann.

Die Gültigkeit oder Validität ist das Ausmaß, mit dem der Test das misst, was er zu messen vorgibt. Wenn beispielsweise das Leseverständnis erfasst werden soll, dann wird man nicht das Arbeitsverhalten mitbewerten. Stattdessen wird man bestrebt sein, Lesekompetenz vollständig und mit trennscharfen Verhaltensindikatoren zu erfassen.

Validität

Die Überprüfung der Gütekriterien wird im Testmanual dokumentiert (vgl. auch Kap. 5.1).

4.3.5 Normen

Funktion der Normen

Die Normen eines Schultests gestatten die Einordnung eines individuellen Lernergebnisses und seine Interpretation. Letztere ist abhängig von der Vergleichsperspektive und vom gewählten Normenmaßstab. Aufgrund der Vergleichsperspektive sind Interpretationen möglich wie »Punktwert liegt am Mittelwert der Viertklässler« und »… hat die Hälfte der Lehrziele erreicht«, während der Maßstab die verwendete Skala, z. B. z- und T-Werte, betrifft (siehe Kap. 5.1.2). Die nach wie vor am meisten verbreiteten und nach der klassischen Testtheorie entwickelten Schultests bieten zur Interpretation Prozentrang- oder Standardnormen an.

Prozentrangnorm

Der Prozentrang (PR) bestimmt die relative Position eines Lernenden innerhalb einer Gruppe von Lernenden. Er kann Zahlenwerte zwischen 0 und 100 annehmen. Einen PR = 66 zu haben heißt demzufolge, dass 66 Prozent aus der Vergleichsgruppe genauso gut oder schlechter abgeschnitten haben. Umgekehrt erbringen 33 Prozent der Vergleichsgruppe noch bessere Leistungen. Unterteilt man die PR-Skala bei 33, 66 und 99, dann entstehen drei Bereiche bzw. Terzile. Das erste bzw. unterste Terzil kennzeichnet Leistungen als unterdurchschnittlich, ebenso wie das dritte bzw. oberste Terzil überdurchschnittliche Leistungen zu erkennen gibt. Der Durchschnittsbereich wird dann durch das mittlere Terzil definiert. Erreicht jemand also PR = 60, dann liegt die Leistung im Durchschnittsbereich.

Standardnormen

Im Gegensatz zum Prozentrang sind die Standardnormen an der Standardnormalverteilungskurve orientiert. Unter dem Scheitelpunkt der Normalverteilungskurve liegt der arithmetische Mittelwert. Die Abweichung der Testwerte von diesem Mittelwert wird in Standardabweichungen ausgedrückt. Beispielsweise hat die T-Wert-Skala einen Mittelwert von 50 und eine Standardabweichung von ± 10 um den Mittelwert. Der T-Wert-Bereich von 40 bis 60 kann deshalb als durchschnittlich gelten. Fällt ein individuelles Testergebnis in diesem Bereich, spricht man von einer durchschnittlichen Merkmalsausprägung (siehe Kap. 5.1.2).

Nur die Einordnung des individuellen Testergebnisses in eine Norm gewährleistet eine fundierte Diagnose und Beratung.

4.3.6 Testangebot

Übersicht über das Testangebot

Wie zu Beginn des Kapitels ausgeführt, expandierte das Testangebot seit der Gründung der Reihe »Deutsche Schultests« im Jahre 1964. Dennoch sind Einschnitte im Gesamtangebot und Trends bei einzelnen Testverfahren zu verzeichnen, wie die folgende Tabelle zeigt:

Testsystematik	1970	1980	1990	2000	2010
Schulleistungstests					
Fachübergreifende Schulleistungstests	6	14	15	8	6
Allgemeine Deutschtests [1]	-	2	3	4	3
Rechtschreibtests	10	22	27	24	26
Lesetests	11	26	16	11	20
Wortschatztests	7	10	5	4	6
Sonstige Deutschtests [2]	-	3	4	7	6
Tests für Rechnen und Mathematik	4	14	16	14	24
Fremdsprachentests	3	8	3	2	1
Tests für naturwissenschaftliche Fächer	4	1	-	3	2
Tests für sozialkundliche Fächer	1	-	-		
Kombinierte Schulleistungs- und Eignungstests [3]	2	4	2	1	-
Entwicklungs- und Einschulungstests					
Vorschul- und Entwicklungstests	6	14	14	18	40
Einschulungstests	13	16	14	9	7
Intelligenz- und Eignungstests					
Individualtests	5	7	7	3	9
Gruppentests – verbale Aufgaben	1	3	3	-	1
Gruppentests – nonverbale Aufgaben	8	14	13	15	18
Gruppentests – gemischte Aufgaben	21	31	32	23	21
Spezielle Eignungs- und Begabungstests [4]	8	10	13	11	15
Konzentrations- und Aufmerksamkeitstests	5	9	12	11	14
Sozialtests [5]	2	3	3	3	2
Fragebogen	5	20	32	40	47
	122	222	234	211	268

Tabelle 4: Entwicklung des Testangebots der Verlage von 1970 bis 2010 ([1] bspw. DTD – Diagnostischer Test Deutsch; [2] bspw. MSVK – Marburger Sprachverständnistest für Kinder; [3] bspw. Mathematiktest, Grundkenntnisse für Lehre und Beruf; [4] bspw. Start C – Testbatterie für Berufseinsteiger, Computer; [5] bspw. SMT 4–9 – Sozialer Motivationstest)

Die Systematisierung der Tests stammt von Ingenkamp (1997, S. 193), der sie jahrelang für sein Verzeichnis deutschsprachiger Tests im »Jahrbuch der Pädagogischen Diagnostik, Tests und Trends« verwendete. Sie ist auch heute noch anwendbar, obwohl die Kategorie »Fragebogen« differenzierter gesehen werden müsste und individuell anzuwendende Intelligenztests nicht ohne Kritik als Schultests zu bezeichnen sind.

Trends im Testangebot

Wenngleich das Gesamtangebot an Schultests im Vordergrund steht, verdienen einzelne Trends besonders des letzten Jahrzehnts hervorgehoben zu werden.

- Die Zahl der Lesetests und der Tests für Rechnen steigt von 2000 bis 2010 sichtbar an, während sich die Rechtschreibtests auf hohem Niveau halten. Die Forderung der Politik seit Beginn des Jahrtausends, das Lesen, Schreiben und Rechnen verstärkt zu fördern, scheint gehört worden zu sein, denn Förderung setzt Diagnose und ein entsprechendes Angebot voraus. Des Weiteren wurden im Hinblick auf die sogenannten Basics wissenschaftliche Fortschritte erzielt, z.B. das Konzept der Vorläuferfähigkeiten, dessen Relevanz die Konstruktion neuer Tests gerechtfertigt hat.
- Das Angebot an Tests in fremdsprachlichen, naturwissenschaftlichen und sozialkundlichen Fächern kommt langsam zum Erliegen. Für den Niedergang dürften Fortschritte in den Lerntheorien und Fachdidaktiken verantwortlich sein, wie z.B. die Relevanz der kommunikativen Kompetenz beim Fremdsprachenerwerb, die kaum über Papier-Bleistift-Tests zu ermitteln sind.
- Die Anzahl der Vorschul- und Entwicklungstests hat sich in der letzten Dekade von 20 auf 40 verdoppelt, während das Angebot an Einschulungstests fortgesetzt abnimmt. Dieser Trend bestätigt die von Bildungswissenschaftlern erhobene Forderung, mögliche Defizite in der kindlichen Entwicklung bereits im Vorschulbereich und nicht erst bei der Einschulung zu diagnostizieren. Für den Elementarbereich wurden deshalb neue Tests entwickelt bzw. bestehende Tests adaptiert, während die Einschulungstests vermutlich weniger nachgefragt wurden, was sich im Angebot niederschlug.
- Bei den Intelligenztests nimmt das Angebot an Individualtests von 3 auf 9 sichtbar zu, ebenso die Gruppentests mit nonverbaler Aufgabenstellung von 14 auf 18. Zusammen mit den 21 Gruppentests mit gemischter Aufgabenstellung und den 15 speziellen Eignungstests steht im Jahre 2010 eine beachtliche Anzahl an Intelligenztests zur Verfügung.

Entwicklung des Gesamtangebots

Durch das Gesamtangebot an Schultests werden die einzelnen Trends teilweise kompensiert. Was 1970 mit 122 Schultests begann, steigerte sich im nächsten Jahrzehnt insbesondere durch die Adaption österreichischer und Schweizer Tests auf 222 Schultests. Von 1980 bis 1990 steigt das Testangebot, vor allem durch die Anzahl der Fragebogen bedingt, noch einmal leicht auf 234 Verfahren an. Von 1990 bis 2000 ist ein Rückgang zu verzeichnen, während von 2000 bis 2010 wieder ein deutlicher Anstieg des Angebots zu sehen ist.

Es liegt nahe, den Rückgang des Testangebots mit der in den 1970er-Jahren einsetzenden Testkritik in Deutschland in Verbindung zu bringen. Diese Kritik, die überwiegend eine methodische Kritik an Tests und eine Kritik an den Nebenwirkungen von Tests war, beeinflusste die Akzeptanz der Schultests im Bildungsbereich negativ, die Testanwendung verebbte und wirkte auf das Testangebot der Verlage zurück. Die »Testaversion des deutschen Intellektuellen« (Ingenkamp 1989, S. 153) zeigte sich unter anderem auch in der »Testabstinenz« Deutschlands, sich an internationalen empirischen Untersuchungen zu beteiligen, die erst in den 1990er-Jahren mit der Teilnahme an der internationalen Schulleistungsstudie TIMSS ein Ende fand.

Vermutlich führte die durch internationale Vergleichsuntersuchungen in der Wissenschaft gestiegene Akzeptanz von Testverfahren dann wieder zu einer größeren Akzeptanz in der schulischen Praxis, sodass ein größerer Bedarf an Tests entstand, dem die Verlage entsprochen haben. Damit ließe sich der deutliche Anstieg des Testangebots zwischen 2000 und 2010 erklären.

4.4 Beobachtungsverfahren

Definition der Beobachtung

Die Verhaltensbeobachtung ist ebenso wie die Befragung eine grundlegende und weitverbreitete Informationsquelle zur Leistungsbeurteilung. Sie bezieht sich auf sinnlich wahrnehmbares Verhalten, d. h. alle Sachverhalte, Verhaltensweisen und sozialen Prozesse, die mit den Sinnen wahrnehmbar sind, können auch beobachtet werden. Im Gegensatz zur Alltagsbeobachtung ist bei der wissenschaftliche Beobachtung möglichst genau festgelegt, was, wann und wo zu beobachten ist, ob Interpretationen zulässig sind und wie die Beobachtungen protokolliert werden sollen (Bortz/Döring 2006).

4.4.1 Kennzeichen der Verhaltensbeobachtung

Kennzeichen der wissenschaftlichen Beobachtung

Die wissenschaftliche Beobachtung ist durch vier Besonderheiten charakterisiert. Sie verfolgt erstens einen *Zweck*, sie hat ein Ziel bzw. eine Fragestellung: Was soll beobachtet werden? Zweitens ist sie sorgfältig geplant. Der *Plan* gewährleistet, wann und wie beobachtet werden soll.

Beispielsweise hat man die Möglichkeit, eine Zeit- oder Ereignisstichprobe zu ziehen. Im Rahmen der Zeitstichprobe wird in bestimmten Abständen beobachtet, z.B. die Lehrer-Lerner-Interaktion jeweils nach neun Minuten eine Minute lang. Auf diese Weise reduziert sich eine Schulstunde auf ökonomische fünf Beobachtungsminuten. Im Rahmen der Ereignisstichprobe liegt das Interesse an der vollständigen Erfassung eines bestimmten Verhaltens. Welches Beobachtungsintervall bevorzugt werden soll, wird in der Regel durch den Untersuchungszweck bestimmt. An dritter Stelle wäre die *systematische Aufzeichnung* der Beobachtungen zu nennen. Die Registrierung der Beobachtungen kann während der Beobachtung oder im Anschluss daran, schriftlich oder durch Ankreuzen erfolgen. Zur Aufzeichnung der Beobachtungen werden meist Kategoriensysteme, Schätzskalen und Beobachtungsbogen verwendet (siehe unten). Als viertes Kennzeichen ist die Überprüfung der *Gütekriterien* zu nennen. Die Gütekriterien der Objektivität, Reliabilität und Validität gelten nämlich auch für die Verhaltensbeobachtung. Eine Beobachtung ist objektiv, wenn mehrere Beobachter dasselbe Verhalten beobachten und registrieren. Die Beobachtung gilt als reliabel, wenn ein und derselbe Beobachter zu verschiedenen Zeitpunkten dasselbe beobachtet und registriert. Eine Beobachtung ist valide, wenn das, was beobachtet werden soll, auch tatsächlich erfasst wird (mehr dazu: Seidel/Prenzel 2010, S. 140 f.). Die Gütekriterien werden mithilfe der Dokumentation aller Definitionen, Untersuchungsschritte und Verfahrensregeln überprüfbar gemacht. Die dadurch geschaffene Transparenz ermöglicht die Kontrolle durch Konsensbildung.

Verlauf einer Beobachtung

Die Abfolge des vollständigen Beobachtungsprozesses besteht aus dem Dreischritt Beobachtung, Registrierung, Urteilsbildung bzw. Urteil.

4.4.2 Risiken der systematischen Beobachtung

Beobachtungsspezifische Fehlerquellen

Da die Beobachtung beim konkreten Verhalten der Lernenden ansetzt, ist sie der Befragung überlegen, die auf Verhaltensberichte angewiesen ist. Des Weiteren kann man zwischen allgemeinen Beurteilungsfehlern, also Faktoren, die in jedem Wahrnehmungs- und Urteilsvorgang ungünstig zusammenwirken können, und beobachtungsspezifischen Fehlern unterscheiden. Unter Bezug auf die Literatur sollen jetzt vier für die Verhaltensbeobachtung spezifische Fehler hervorgehoben werden (Fisseni 2004, S. 133 f.).

Überforderte Differenzierungsfähigkeit: Es ist eine bekannte psychologische Tatsache, dass der menschlichen Wahrnehmung Kapazitätsgrenzen gesetzt sind. Ein Pädagoge ist z.B. schnell überfordert, wenn die

Anzahl der zu beobachtenden Verhaltensmerkmale oder Personen ein bestimmtes Maß überschreitet.

Unscharfe Definition: Dieser Fehler liegt vor, wenn der Gegenstand der Beobachtung unzureichend definiert ist. Wenn z.B. die schulische Anstrengung beobachtet werden soll, lässt das viele Interpretationen zu. Ein Pädagoge sollte wissen: Meldet sich ein Schüler häufig? Hat er Hausaufgaben gemacht? Übernimmt er zusätzliche Aufgaben? Die Definition des Beobachtungsgegenstands muss präzisiert werden, insbesondere bei Verhaltensweisen, die schwer beobachtbar sind, wie z.B. Anstrengung, Leistungsmotivation oder Intelligenz.

Unvertrautheit mit den Beobachtungseinheiten: Die Beobachtungseinheit ist die inhaltliche Bestimmung dessen, was beobachtet werden soll. Eine präzise Definition der Beobachtungseinheit nützt wenig, wenn der Beobachter damit nicht vertraut ist. Für die Beobachterschulung ist es deshalb von grundlegender Bedeutung, die Definitionen und die Codierungsmodalitäten zu lernen.

Unvertrautheit mit der Probandengruppe: Damit ist gemeint, dass Normen und Werte der zu beobachtenden Probandengruppe dem Beobachter nicht bekannt sind. Im Falle der Leistungsbeurteilung reduziert sich diese Fehlerquelle auf die mangelnde Kenntnis der Leistungsbedingungen und Leistungen der Lernenden.

Beobachtertraining

Durch Trainingsmaßnahmen können die meisten Fehler vermieden werden. Im Rahmen der Schulungen wird versucht, über diagnostische Fehler zu informieren und Techniken, wie z.B. Video-Play-back mit Diskussion, anzuwenden, durch die Beobachtungsfehler verringert und kontrolliert werden können.

Auf Ausführungen zu allgemeinen Beurteilungsverfälschungen und ihren Gründen wird an dieser Stelle verzichtet (siehe Kap. 3.3.3).

4.4.3 Index- und Kategoriensysteme

Index- und Kategoriensysteme haben beide die Funktion, das beobachtete Verhalten zu registrieren. In der Methodik unterscheiden sie sich jedoch voneinander.

Indexsysteme

Die Grundannahme bei einem *Indexsystem* ist, dass bestimmte beobachtbare Verhaltensweisen für den ganzen Verhaltensbereich symptomatisch sind. Diese spezifischen Verhaltensweisen werden im Voraus beschrieben und dann in der Beobachtung registriert. Angenommen, Meldehäufigkeit, Vollständigkeit der Hausaufgaben, Übernahme von Zusatzaufgaben, Ablenkungsresistenz, Klassenleitung usw. sind für die Anstrengungsbereitschaft eines Lernenden symptomatisch. Bei einem Indexsystem kann jemand als anstrengungsbereit gelten, wenn lediglich häufiges Melden beobachtet wird. Jemand kann jedoch auch als anstrengungsbereit gelten, wenn alle fünf Verhaltensmerkmale beobachtet werden. Für das Indexsystem ist es wichtig, dass die spezifischen Verhaltensweisen zum einen mehrmals auftreten können und zum anderen nicht alle vorkommen müssen. In einem Indexsystem kann eine große Zahl (50 bis 70) spezifischer Verhaltensweisen aufgelistet werden, die der Beobachter bei ihrem Auftreten abhakt. Ein in der Unterrichtsforschung häufig eingesetztes Indexsystem ist das OScAR (Observation Schedule and Record; Ziefuß 1978).

Kategoriensysteme

Im Unterschied zum Indexsystem decken die spezifischen Verhaltensweisen beim *Kategoriensystem* einen Sachverhalt vollständig ab und schließen sich gegenseitig aus. Beispielsweise bestand das Kategoriensystem in einem Forschungsprojekt zur Leistungsrückmeldung des Lehrers aus den folgenden sieben sich gegenseitig ausschließenden Kategorien: Lob – Zustimmung – nonverbale Zustimmung – keine Rückmeldung – nonverbale Ablehnung – Ablehnung – Tadel. Außerdem wurde davon ausgegangen, dass das verbale Leistungsrückmeldungsverhalten durch sie erschöpfend beschrieben wird (vgl. Lissmann 2000, S. 13). Wenn eine Leistungsrückmeldung beobachtet wurde, dann wurde exakt eine Kategorie protokolliert. Das Interaktionsprozess-Analysesystem nach Bales (IPA: Interaction Process Analysis: A Method for the Study of Small Groups) ist ein viel zitiertes Beispiel für ein Kategoriensystem (Ziefuß 1978). Beispiele für andere Kategoriensysteme finden sich in der Literatur recht zahlreich (Faßnacht 1995; Lukesch 1998; Schulz/Teschner/Voigt 1973). Die meisten Systeme sind für die Lehr-Lern-Forschung entwickelt worden.

Die Vorteile eines Kategoriensystems sind seine größere Konkretheit und seine größere Verhaltensintensität, die durch die Kumulierung mehrerer Verhaltensweisen erzeugt wird. Dagegen erweist sich das Kategoriensystem als informationshaltiger, weil je Zeiteinheit lediglich eine Kategorie signiert wird, und erleichtert die statistische Datenverarbeitung.

4.4.4 Schätzskalen

Definition Schätzskala

Unter einer Schätzskala wird ein »Hilfsmittel zur Quantifizierung von Beobachtungsergebnissen« verstanden (Ingenkamp/Lissmann 2008, S. 88), bei dem die Ausprägung einer Verhaltensweise so eingeschätzt wird, dass sie durch eine Zahl repräsentiert werden kann. Im Unterschied zum Index- und Kategoriensystem, mit denen meist registriert wird, ob eine Verhaltensweise auftritt oder nicht auftritt, liefert die Schätzskala eine Information darüber, wie häufig oder wie intensiv eine

Verhaltensweise zu beobachten ist. Durch die Quantifizierung wird die Berechnung anspruchsvollerer Statistiken ermöglicht, weil der Informationsgehalt der Beobachtung größer ist.

Antwortformate bei Skalen

Allgemein unterscheidet man verbale, numerische und grafische Antwortformate sowie Mischformen. Die verbale Antwortskala enthält eine Anzahl sprachlich abgestufter Skalenpunkte, die meist direkt angekreuzt werden, z. B. sehr gut – ziemlich gut – es geht – ziemlich schlecht – sehr schlecht. Bei einer numerischen Skala gilt es, die Ziffer anzukreuzen, die einer Merkmalsausprägung am nächsten kommt, z. B.: Wie kooperationsbereit ist der Auszubildende? 1 – 2 – 3 – 4 – 5. Die grafische Skala besteht aus einer Linie, die zwei Ankerbegriffe verbindet. Bei der Frage, z. B. nach der Angst vor der nächsten Quartalsarbeit, verbindet eine Linie die beiden begrifflichen Anker »überhaupt keine Angst« und »sehr große Angst«. Angekreuzt wird auf der Linie, und die Ausprägung des Merkmals kann dann mit dem Lineal gemessen werden. Die begriffliche Verankerung einer Skala hat die Aufgabe, die Beantwortung zu präzisieren. Im Hinblick auf die Anzahl der Skalenpunkte gelten 2, besser 3, als Minimum, wie z. B. stimme zu – stimme teilweise zu – stimme nicht zu. Nach oben hin gibt es keine Grenzen, solange die Antwort den Beobachter nicht überfordert. Weitere Antwortformate findet man in der relevanten Literatur (Fittkau 1982; Lukesch 1998; Schwarzer/Schwarzer 1979).

Inferenz und Indikator

Eine Besonderheit der Schätzskala ist, dass ein beobachteter Sachverhalt verhaltensnah oder abstrakt sein kann. Beispielsweise sieht man, wie ein Schüler sich meldet, und schließt auf seine Anstrengungsbereitschaft. Die Meldehäufigkeit ist das niedrig inferente Merkmal, während die Anstrengungsbereitschaft das hoch inferente Merkmal ist. Die Schlussfolgerung ist ein kognitiver Prozess und wird Inferenz genannt. Je mehr man sich von der Beobachtungsebene entfernt, desto mehr nimmt die Inferenz zu und damit das Risiko, fehlerhafte Schlüsse zu ziehen. Deshalb benötigt man zur Messung abstrakter Merkmale beobachtbare Verhaltensweisen. Diese beobachtbaren Verhaltensweisen werden Indikatoren genannt. Wenn z. B. die Prüfungsangst eines Kindes beurteilt werden soll, dann wird man, wie empirisch nachgewiesen wurde, in einem ersten Schritt eine Unterscheidung in kognitive, emotionale und physiologische Komponenten der Prüfungsangst vornehmen. Die kognitive Komponente lässt sich weiter unterteilen in Selbstzweifel und Unsicherheit, während die emotionale Komponente aus unangenehmen Emotionen und einem negativen Selbstwertgefühl besteht. Schließlich lässt sich die physiologische Komponente gliedern in Magendrücken, Erröten, feuchte Hände, Zittern usw. Die Verhaltensbeschreibungen zur physiologischen Komponente haben schon Indikatorqualität, aber die beiden anderen Komponenten müssen weiter konkretisiert werden. Mithilfe der Indikatoren kann also das Inferenzproblem zufriedenstellend gelöst werden.

Einsatzmöglichkeiten der Schätzskala

Im Vergleich zu einem Schultest, der in der Regel zur Leistungsmessung im kognitiven Bereich eingesetzt wird, hat die Schätzskala vor allem die Funktion der Beurteilung emotionaler und sozialer Merkmale. Beide Messverfahren unterscheiden sich außerdem in der Datenqualität. Ein Test liefert konstruktionsbedingt »harte«, d. h. objektive und reliable Daten, während eine Schätzskala »weiche« Daten hergibt. Schließlich wird von einem Test erwartet, dass er einen schmalen Bereich sehr reliabel und valide erfasst, wie z. B. Lesegeschwindigkeit, Rechtschreibung und Bruchrechnen. Das entspricht einer Schmalbanddiagnose, während eine Breitbanddiagnose einen eher weiten Verhaltensbereich umfasst, z. B. soziale Angst und prosoziales Verhalten. Die Schätzskala ermöglicht solche Breitbanddiagnosen, wenn auch nicht so reliabel wie ein Test. Dass man nicht umfassende und gleichzeitig präzise Informationen haben kann, wird in der Literatur das Bandbreite-Fidelitäts-Dilemma genannt (Cronbach/Gleser 1965).

Mithilfe der Schätzskala ergeben sich neue Einsatzmöglichkeiten. Mit Schätzskalen lassen sich sowohl persönlichkeitsnahe Merkmale, wie z. B. Ängstlichkeit, Originalität und Verschlossenheit, als auch schulnahe Merkmale, wie z. B. Arbeits- und Sozialverhalten, erfassen. Aber auch im kognitiven Lernbereich werden Schätzskalen verwendet. Zur Beurteilung von Schulleistungen, die auf dem erweiterten Leistungsbegriff beruhen (vgl. Kap. 3.2.2), sind sie unentbehrlich. In der Literatur finden sich zahlreiche Beispiele zur Einschätzung von mündlicher Unterrichtsbeteiligung, Präsentation, Vortrag, Diskussionsleitung, Moderation usw. (Paradies/Wester/Greving 2009).

4.4.5 Beobachtungsbogen

Die Beobachtungsbogen sind ebenso wie Index- und Kategoriensysteme Methoden zur Protokollierung von Beobachtungen. Sie haben eine lange Tradition und stehen von Anfang an im Dienste der Beurteilung des Lern-, Arbeits- und Sozialverhaltens.

Die Anfänge: Hessen

Der 1969 in Hessen an Gesamtschulen eingeführte *Diagnosebogen zum Stand des Lernprozesses* war der erste Beobachtungsbogen seiner Art mit dem Ziel, schulisches Leistungsverhalten sachbezogen und objektiviert zu beschreiben, um gezielte Förderung zu gestatten. Ermöglicht haben ihn die Kritik an der Zensurengebung, der Wunsch nach einem fairen Lehrerurteil und die Aussicht auf die Optimierung der Lernwege der Schüler. Der Diagnosebogen besteht aus einem Teil A: fachunspezifische »Informationen zum Stand des Lernprozesses«, und Teil B:

»Informationen zur Arbeitssituation«. Nur Teil A ist mehrfach erprobt und revidiert worden. Man hatte unter anderem die Trennschärfe der Begriffe, z.B. Interesse, Lernbereitschaft und Initiative, und die Verständlichkeit kritisiert. Neuralgische Punkte waren außerdem eine Reihe schulischer Bedingungen, wie z.B. geringe Beobachtungszeit und Größe der Lerngruppen. Obwohl der revidierte Bogen zahlreiche Veränderungen enthielt, z.B. wurden die Unterrichtsfächer berücksichtigt, die Beobachtungskategorien konkret definiert, die Terminologie verständlich gestaltet und der Arbeitsaufwand verringert, konnte sich der hessische Diagnosebogen nicht durchsetzen.

Die Anfänge: Niedersachsen

Zu Beginn der 1970er-Jahre wurden in Niedersachsen mehrere Beobachtungsbogen erprobt, von denen der *Schülerbeobachtungsbogen für die Orientierungsstufe* ab dem Schuljahr 1972/73 verbindlich wurde. In der Literatur wird über die Entwicklung des niedersächsischen Schülerbeobachtungsbogens von 1971 bis 1997 detailliert berichtet (Ziegenspeck 2000). Der Beobachtungsbogen hatte nach mehreren Revisionen die in der Tabelle wiedergegebene Form.

Name u. Vorname:

Klasse:

Klassenlehrer/in:

	Deutsch	Englisch (Lat./Franz.)	Welt- und Umweltkunde	Religion/Werte und Normen	Mathematik	Naturwissenschaften: Physik/Chemie	Naturwissenschaften: Biologie	Musik	Kunst	Werken	Textiles Gestalten	Sport
Entnahm dem Unterrichtsmaterial selbstständig Informationen												
Erkannte Zusammenhänge und konnte sie darstellen												
Fand Lösungsmöglichkeiten												
Löste Aufgaben nicht ohne zusätzliche Hilfe												
Vertrat und begründete eigene Meinungen												

Förderte den Unterricht durch sachbezogene Beiträge												
Beteiligte sich aktiv am Unterricht												
Folgte still, aber aufmerksam dem Unterricht												
War häufig unbeteiligt												
Arbeitete ausdauernd an einer Aufgabe												
Zeigte keine Ausdauer												
Ließ sich leicht ablenken												
Arbeitete langsam												
Arbeitete flüchtig												
Erledigte Hausaufgaben unregelmäßig												
...												

Tabelle 5: Schülerbeobachtungsbogen aus Niedersachsen 1997 (nach: Ziegenspeck 2000, S. 310)

Ursprünglich bestand der Schülerbeobachtungsbogen aus den Kategorien »Lern- und Arbeitsverhalten«, »Denkfähigkeit« und »soziales Verhalten«, die in mehrere Unterkategorien unterteilt waren, und vier Schulleistungsmerkmalen (Details in Besser/Wöbcke/Ziegenspeck 1977, S. 96, S. 130, S. 187). Als minimaler Konsens übrig geblieben ist eine kleine Anzahl fachspezifisch einzuschätzender Verhaltensmerkmale. Zum besseren Verständnis der Beobachtungsaspekte dienen Ergänzungen und Beispiele, die von einer Gruppe erfahrener Lehrer zusammengestellt wurden. Der Schülerbeobachtungsbogen kann von der Schule um fachliche, methodische, soziale und personale Kompetenzen erweitert und, wenn es die Schule will, durch ein schuleigenes Instrument ersetzt werden. Bei so viel Beliebigkeit verwundert es nicht, dass der niedersächsische Beobachtungsbogen gerade einmal die Minimalanforderungen von Schätzskalen, wie z. B. die Schriftform wegen der Durchführungsobjektivität und die Expertenvalidität, erfüllt. Positiv ist dagegen hervorzuheben, dass der Schülerbeobachtungsbogen jetzt weniger zeitaufwendig ist und die Lehrer der unterschiedlichen Fächer sich mit den Beobachtungsaspekten identifizieren können. Als informelles Beobachtungsverfahren taugt er für den schulinternen Gebrauch und die Diskussion bei Klassenkonferenzen.

Beispiel: Baden-Württemberg

Gegen Ende des 20. Jahrhunderts wurden verstärkt Anstrengungen unternommen, Beobachtungsbogen auf einer wissenschaftlichen Grundlage zu entwickeln. Eine Übersicht über fünf deutschsprachige Merkmalsbogen findet man bei Nuding (1997), der auch einen eigenen Beobachtungsbogen konstruierte. Die Arbeiten an diesem baden-württembergischen *Beobachtungsverfahren zur Erfassung des Lern-, Arbeits- und Sozialverhaltens* begannen 1993 im Rahmen einer Arbeitsgruppe des Ministeriums. Die erste Version des Beobachtungsverfahrens begutachteten 39 Expertenlehrer. Die zweite Version, die die Hierarchisierung der Beobachtungsaspekte zum Ziel hatte, wurde von den Experten der ministeriellen Arbeitsgruppe überprüft. Es folgten eine dritte Fassung, die einer empirischen Aufgabenanalyse unterzogen wurde, und eine vierte Fassung, bevor die nachfolgende Version vorgelegt wurde (nach Nuding 1997, S. 115 f.).

		5	4	3	2	1	0
VERHALTEN	**Selbstverständnis**						
	- steht zu eigenen Handlungen						
	- respektiert Bedürfnisse anderer						
	- ...						
	Beziehungsfähigkeit						
	- kooperiert mit Mitschüler/innen, hilft ihnen						
	- hält festgelegte Regeln und Rituale ein						
	- bemüht sich um gewaltfreie Konfliktbewältigung						
	- ...						
	Umgang mit Sachen						
	- geht mit eigenen/fremden Sachen sorgfältig um						
	- trägt zur Ordnung im Klassenzimmer bei						
	- ...						
	...						
ARBEITEN	**Motivation**						
	- ist neugierig auf unbekannte Inhalte und Aufgaben						
	- strengt sich im Unterricht an						
	- gibt nach Misserfolg nicht auf						
	- ...						
	Konzentration/Ausdauer/Arbeitstempo						
	- lässt sich im Unterricht nicht ablenken						
	- führt begonnene Arbeiten zu Ende						

		5	4	3	2	1	0
	- zeigt ein der Aufgabenstellung angemessenes Arbeitstempo						
	- ...						
	Selbstständigkeit						
	- führt Arbeiten selbstständig durch						
	- kontrolliert Arbeitsergebnisse selbst						
	- eignet sich selbst Wissen, Kenntnisse, Fertigkeiten an						
	- ...						
	Arbeit in der Gruppe						
	- bringt sich angemessen in eine Arbeitsgruppe ein						
	- dominiert nicht über andere						
	- ...						
	Angst						
	- erschrickt/errötet nicht bei unerwartetem Aufrufen im Unterricht						
	- gerät in Situationen mit Prüfungscharakter nicht ins Schwitzen						
	- lässt sich nicht verstören durch eine bevorstehende Leistungsüberprüfung						
	- ...						
ARBEITEN	...						
	Intellektuelle Leistungsfähigkeit						
	- fasst neuen Unterrichtsstoff rasch auf						
	- erkennt wesentliche Zusammenhänge						
	- zieht richtige Schlussfolgerungen						
	- lernt mühelos auswendig						
	- ...						
	Fachliche Kompetenz						
	- wendet fachadäquate Methoden an						
	- stellt Sachverhalte folgerichtig dar						
	- verfügt über einen differenzierten Wortschatz						
	- stellt sorgfältig und fehlerfrei dar						
	- zeigt kreative Fähigkeiten und Fertigkeiten im musisch-ästhetischen Bereich						
	- ...						
LERNEN	...						

Tabelle 6: Beobachtungsbogen zur Erfassung des Sozial-, Arbeits- und Lernverhaltens

Der Beobachtungsbogen umfasst die Bereiche »Verhalten«, »Arbeiten« und »Lernen«, die jeweils in Unterbereiche gegliedert sind. Jeder Unterbereich besteht aus mehreren Verhaltensbeschreibungen, diese gilt es einzuschätzen. Für jeden Lernenden wird ein Bogen angelegt, in den eingetragen wird, ob eine Verhaltensweise »deutlich ausgeprägt« (= 5) usw. bis »nicht ausgeprägt« (= 1) oder »nicht beobachtbar« (= 0) war (siehe Kopfzeile der Tabelle). Aufgrund der großen Anzahl von Verhaltensweisen wird empfohlen, im Unterricht zwei bis drei Lernende gezielt zu beobachten und nach dem Unterricht die Beobachtungen zu protokollieren. Durch wiederholte Beobachtungen entsteht über das Schuljahr verteilt ein dichtes Netz von Informationen, die für Zeugnisberichte, Elterngespräche und Schullaufbahnempfehlungen verwendet werden können.

Kritik an den Beobachtungsbogen

Die Hauptkritik an Beobachtungsbogen gilt dem enormen Arbeitsaufwand, der mit der Beobachtung und der Registrierung der Beobachtungen verknüpft ist. Ein großer Anteil der Lehrer verzichtet deshalb auf die zwar arbeitsintensiven, aber anspruchsvollen Beobachtungsbogen zugunsten der leichter handhabbaren Zensurengebung. Das wird von den Ergebnissen einer Befragung in Nordrhein-Westfalen bestätigt (Jürgens 2001). Auf der Basis von 100 ausgefüllten Fragebogen ergab die Auswertung unter anderem, dass 60 Prozent der befragten Lehrer ohne eine besondere Vorgehensweise beobachten. Etwa zwei Drittel der Befragten gaben zwar an, den Unterschied zwischen systematischer und Gelegenheitsbeobachtung zu kennen, aber rund 40 Prozent der Lehrer beobachten im Unterricht nicht systematisch. Jürgens sieht darin einen Mangel an Professionalität und fordert, im Rahmen der Lehrerfortbildung »... die Kompetenz von Lehrern hinsichtlich der Schülerbeobachtung umfassend zu verbessern und zu fördern« (Jürgens 2001, S. 479).

Als weiterer Kritikpunkt ist zu nennen, dass aus Sicht der Lehrer zu wenige geeignete Beobachtungsbogen zur Verfügung stehen. Unabhängig von der Frage, ob es zu wenige Beobachtungsbogen gibt oder ob sie lediglich nicht bekannt sind, sollte es in Zeiten von Web 2 auch in der Lehrerausbildung selbstverständlich sein, Recherchestrategien einzusetzen, um über die vorhandenen Beobachtungsbogen informiert zu sein. Auf diesem Weg lässt sich eine begründete Auswahl treffen oder ein Verfahren adaptieren, und es wird vermieden, das »Rad« neu erfinden zu müssen, was dann mangels Zeit vermutlich unterbleibt. Oft genügt schon ein Blick in die Fachliteratur, in der informelle Bewertungs- und Beobachtungsbogen als Kopiervorlagen angeboten werden (z. B. Paradies/Wester/Greving 2009), und in die Verlagskataloge zu publizierten wissenschaftlich entwickelten Schätzskalen (www.testzentrale.de; www.pearsonassessment.de).

4.5 Lerninventur

Eine Inventur bezeichnet eine Bestandsaufnahme. Man will zu einem bestimmten Zeitpunkt wissen, was aktuell beispielsweise der Warenbestand ist und was ggf. fehlt. Vergleichbar damit ist die Absicht beim Einsatz von Lerninventuren. Was von dem, das die Schülerinnen und Schüler laut Lehrplan bzw. Kerncurriculum in einem bestimmten Fach zu einem gewählten Thema lernen und wissen sollten, liegt tatsächlich vor und kann u.a. in einer Prüfung nachgewiesen werden? Damit wird bereits die hauptsächliche Funktion der Lerninventur offensichtlich. Sie ist ein Instrument zur Vorbereitung auf Lern- und Leistungskontrollen und kann demnach als lernbegleitendes und prüfungsunterstützendes selbstevaluatives Verfahren bezeichnet werden. Daraus ist zu schließen, dass Lerninventuren und Lernkontrollen inhaltlich eng aufeinander abgestimmt werden sollten, um die Selbsteinschätzung als gültiges Maß zur Vorbereitung auf eine mündliche oder schriftliche Prüfung (als Leistungsbeweis) einsetzen zu können. Weil es zur Einhaltung der inhaltlichen Validität darauf ankommt, in einen Test Aufgabenstellungen aufzunehmen, die dem exemplarischen Prinzip entsprechend (vgl. Klafki 1993) im Zuge des Unterrichts thematisiert und gelernt werden konnten, ergibt sich daraus quasi von selbst die Konsequenz, die Lerninventur ebenfalls auf die gleichen Aufgabenformate und inhaltlichen Kontexte zu beziehen. Ansonsten könnte die Lerninventur kein hilfreiches Instrument zur individuellen Lernstandserhebung sein, weil dazu sowohl die im Unterricht bearbeiteten Inhalte als auch die dazu vorgenommene Selbstbewertung präzise mit den zu erwartenden Aufgaben und Kompetenzniveaus der Lern- und Leistungsüberprüfung korrespondieren müssen. Das gilt übrigens auch hinsichtlich der Sicherung von Testfairness, zu der es analog sozusagen eine »Vorbereitungsfairness« gibt. Vor diesem Hintergrund ist dann auch begründet, warum die Lehrkraft die Beurteilungsbögen zur Lerninventur entwickelt.

Lerninventur: lernbegleitendes und prüfungsunterstützendes selbstevaluatives Verfahren

Testfairness und Vorbereitungsfairness

Vergleichbar einer Stärken-und-Schwächen-Analyse werden Lerninventuren als Checklisten eingesetzt, mit denen individuelle Lernstadien selbst eingeschätzt werden, und zwar entweder anhand alternativer Antwortkategorien (z.B. stimmt vs. stimmt nicht; trifft zu vs. trifft nicht zu) oder einer gestuften Urteilsskala (kann ich sehr gut, gut, nicht so gut, gar nicht). Auf diese Weise können die Schülerinnen und Schüler ihre Lernanstrengungen und ihren Lernerfolg ehrlich dokumentieren, weil das Instrument ausschließlich als Hilfe zur besseren Vorbereitung auf eine bevorstehende Prüfung und zur Bewältigung einer Prüfungssituation dient. Je genauer und aufrichtiger die Selbstbeurteilung ausfällt, umso korrekter werden bestehende Schwächen benannt, die ggf. bis zur Durchführung der Prüfung noch behoben werden können. Damit die

Checklisten

Ziel: präzise und aufrichtige Selbstbeurteilung

Modifikationsstrategische Nutzung

Lerninventurergebnisse noch modifikationsstrategisch, d.h. zur Lernsteuerung und Defizitbearbeitung, genutzt werden können, sollte allerdings die Erhebung nicht unmittelbar vor dem Termin der Testdurchführung erfolgen. Angesichts dieses Aspekts scheint es durchaus ratsam, Lerninventuren auch lernprozessbegleitend, beispielsweise nach der Hälfte bis zwei Dritteln der veranschlagten Dauer einer Unterrichtseinheit, einzusetzen. Selbstverständlich ist es ein wichtiger (Neben-)Effekt von Lerninventuren, die Selbsteinschätzungsfähigkeit von Schülerinnen und Schülern zu schulen. »Erst kurz vor der Klassenarbeit werden die Kreuze in der ›Stimmt‹-Spalte gesetzt (vgl. Abb. 18). Der ausgefüllte Bogen wird zur Klausur mitgebracht. In der Klausur lautet dann die letzte Aufgabe: ›Nehmen Sie Ihren Lerninventurbogen und kreuzen Sie nach Beendigung der Klausur in der letzten Spalte noch einmal an, welche Aussagen für Sie ›stimmen‹ ‹ « (Buschmann/Buhren 2004, S. 92). Aufgrund der erneuten Selbstbeurteilung unmittelbar im Anschluss an die Leistungsüberprüfung können die Schülerinnen und Schüler gut erkennen, inwieweit sie mit ihren Selbstbeurteilungen richtig lagen. Über- und Unterschätzungen werden sichtbar. Doch letztlich liegt mit dieser Art der Rückmeldung erst die Grundlage für die weitere Analyse und (Selbst-)Reflexion vor. Fragen, wie es zur Über- und Unterschätzung kommen konnte, vor allem auch bei wiederholtem Auftreten, sind zu beantworten. Selbsteinschätzungskompetenz ergibt sich nicht nebenbei, sondern bedarf der Übung, des genauen Hinsehens und der Einbeziehung aussagefähiger Daten. Wenn beispielsweise jemand meint, etwas zu können, dann muss sich derjenige fragen, wie oft er die richtige Lösung für eine Aufgabe gefunden hat, wie schwierig diese Aufgaben jeweils waren, ob fremde Hilfe dabei stattgefunden hat, usw.

Hilfe zur Vorbereitung und zur erfolgreichen Prüfungsbewältigung

Das Instrument der Lerninventur dient also einem doppelten Zweck, zum einen als Vorbereitungshilfe zum bestmöglichen Bestehen einer Prüfung, zum anderen der Entwicklung von Selbsteinschätzungskompetenz, die im Zusammenhang selbstständigen Lernens und Arbeitens eine wichtige Rolle spielt. Denn die Planung, Steuerung und Bewertung des eigenen Lernens verlangt vom Individuum einen »seriösen« Umgang mit sich selbst, um keinen Fehlschlüssen mit problematischen Konsequenzen zu unterliegen.

Lernstandserhebungen in Form von Lerninventuren sind nicht auf bestimmte Altersjahrgänge oder Schülergruppen beschränkt. Sie können als Rückmelde- und Selbstauskunftsinstrument grundsätzlich in allen Schulformen eingesetzt werden. Zu orientieren sind sie grundsätzlich an den intendierten Kompetenzzielen. Wichtig scheint allerdings der

Nutzerfreundlicher Zugang

Hinweis zu sein, das Instrument nutzerfreundlich zu gestalten, indem der Umfang aller abgefragten Sachaspekte alters- und entwicklungsge-

Lerninventur »Analysis« (11. Jahrgang / 1. Hj.)

Name: ______________________________

Nutze diesen Bogen als Checkliste für die Klausur.
Wenn du bei allen Kriterien »stimmt« ankreuzen kannst, bist du bestens für die Klausur vorbereitet. Falls nicht, weißt du, was du noch zu tun hast.

Ich kann...	Stimmt	
Ich kann Wertetabellen anlegen.		
Ich kann Punkte in ein Koordinatensystem einzeichnen.		
Ich kann Funktionsgraphen zeichnen.		
Ich kann Steigungen in Schaubilder einzeichnen.		
Ich kann Steigungen berechnen.		
Ich kann mittlere Änderungsraten berechnen.		
Ich kann Differenzquotienten berechnen.		
Ich kann Geradengleichungen aufstellen mit Hilfe der Steigung und eines Punktes der Geraden.		
Ich kann Geraden in ein Koordinatensystem einzeichnen.		
Ich kann die momentane Änderungsrate mit Hilfe der Grenzwertbildung ermitteln.		
Ich kann die momentane Änderungsrate mit Hilfe der Ableitungsfunktion bestimmen.		
Ich kann Steigungen mit Hilfe der Ableitung bestimmen.		
Ich kann einfache Ableitungen bilden.		
Ich kann mit Hilfe der Potenz-, Summen- und der Faktorregel Ableitungen bilden.		
Ich kann Nullstellen bestimmen - bei lineraen Funktionen - bei quadratischen Funktionen - mit Hilfe von Linerafaktoren/ Ausklammern - mit Hilfe der Substitution - mit Hilfe der Polynomdivision		
Ich kann Extremstellen bestimmen.		
Ich kann Extrempunkte bestimmen.		
Ich kann berechnen, ob ein Hoch- oder Tiefpunkt vorliegt.		
Ich kann sauber zeichnen.		
Ich kann meine Berechnungen formal richtig aufschreiben.		
Ich kann erkennen, wann ich xN bzw. xE schreiben muss.		
Ich kann meine Berechnungen übersichtlich aufschreiben.		
Ich kann erläuternde Texte schreiben.		

Vielleicht fallen dir noch weitere Punkte ein, die du in der Übersicht ergänzen möchtest. Nutze dazu die leeren Zeilen.
Lege diesen Bogen nach dem Ausfüllen in dein Mathe-Klausurenheft und bringe beides zur Klausur mit.

Name ______________________ Datum ______________

Abbildung 18: Lerninventur »Analysis« (nach: Buschmann/Buhren 2004, S. 94)

mäß erfolgt. Jüngere und lernschwächere Schülerinnen und Schüler sollten dementsprechend mit kürzer gehaltenen Lerninventuren arbeiten. Das gilt vor allem, wenn noch viele Lücken zu erwarten sind, weil Zeit und Möglichkeiten gegeben werden müssen, um diese zu schließen.

Kontext von Diagnostik und Didaktik

In solchen Situationen wird auch die direkte Verbindung von Diagnostik und Didaktik zum wiederholten Male offenkundig. »Schwächere Schülerinnen und Schüler erkennen beim Ausfüllen der Lerninventur manchmal sehr viele Schwachpunkte. Sie merken, dass sie unbedingt Lücken schließen müssen, doch wissen sie nicht so recht, wie bzw. wo sie anfangen sollen. Sie brauchen für ihre weitere Arbeitsplanung unbedingt Unterstützung durch die Lehrkraft« (ebenda, S. 93). Sie brauchen sachkundige Beratung und Hilfe, wie sie anforderungs- und aufgabenorientiert ihre individuellen Mängel, d.h. die Diskrepanzen zwischen dem Lernstand und den intendierten Zielen (vgl. Feedback-Rahmenmodell nach Hattie/Timperley 2007, S. 84, und in dieser Publikation auf S. 80) bearbeiten können.

Individuelle Förderpläne

Bei Bedarf können ggf. unter Mitwirkung des Betroffenen individuelle Förderpläne aufgestellt werden.

4.6 Lerntagebuch und Lernjournal

Mit einem Lerntagebuch werden Beobachtungen, Bewertungen, Erläuterungen und Reflexionen zur eigenen Lernarbeit in einer persönlichen Form erfasst. Als ein überwiegend formatives Beurteilungsmittel soll es Schülerinnen und Schüler dazu motivieren, möglichst zeitnah, d.h. so

Unmittelbar lernbegleitend

weit wie möglich unmittelbar lernbegleitend, ihre Auseinandersetzung mit der anstehenden Lernproblematik zu dokumentieren. Demgemäß können sich in Lerntagebüchern Beschreibungen zu längeren und komplexeren Lernprojekten genauso finden wie Aussagen zur Lösung einzelner Aufgaben. Auch können sie an außerschulischen Lernstandorten eingesetzt werden.

Selbstbeobachtung, Selbstdarstellung, Selbstkritik und -reflexion

Das regelmäßige Schreiben von Tagebucheinträgen schafft eine intensive Situation der Selbstbeobachtung und der Selbstdarstellung wie gleichfalls der Selbstkritik und -reflexion. Zudem spielen stets Gefühle, Stimmungen und Wünsche u.a.m. hinein, sodass Lerntagebücher viel mehr und vor allem etwas anderes sind als bloße sachinformative Diagnoseverfahren.

Ausdruck persönlicher Ansichten

Vor allem »offene«, unstrukturierte Lerntagebücher ermöglichen es, uneingeschränkt persönliche Ansichten einfließen zu lassen und diese mit den eigenen Lernprozessen in allen ihren Facetten in selbstdialogischer Auseinandersetzung zu verflechten. Die Erkenntnis, dass Lernen und der Erwerb von Lernkompetenz keine persönlichkeitsneutralen Zugriffe zur Aneignung und zum Verstehen von Wissen sind, sondern Erfahrungen, die eng mit individuellen Eigenschaften, Haltungen und Überzeugungen durchwirkt sind, bestätigt sich

Ganzheitlichkeit

Niedriger organisatorischer Aufwand

in diesem Medium noch einmal eindrucksvoll. Das Tagebuchschreiben lässt gerade diese »Ganzheitlichkeit« zu Wort kommen. Es hilft, sich Klarheit über die eigenen Erwartungen und Hoffnungen, aber ebenso über Spannungen, Widersprüchlichkeiten und Trugschlüsse zu verschaffen. »Insbesondere bei Lernanforderungen, die als persönlich belastend erlebt werden, bietet das Schreiben eine gute Möglichkeit der Verarbeitung« (Standop 1998, S. 7). Zudem erfordert das Schreiben eines Lerntagebuchs keinen besonderen organisatorischen Aufwand oder große inhaltliche Vorbereitung. Zumindest nicht, solange es sich um die freie Form des Lerntagebuchs handelt. Als wichtigstes Utensil kann eine Schreibkladde oder ein Ordner mit eingelegten Blättern dienen.

Eignung für verschiedene Altersgruppen

Nutzung als Medium des Schreibenlernens

Mit Lerntagebüchern können selbstverständlich verschiedene Altersgruppen arbeiten. Ihr Einsatz und ihre Funktionalität sind zwar entwicklungsabhängig, was aber nicht heißt, dass nicht grundsätzlich, sobald die Kinder in der Grundschule schreiben gelernt haben, mit bestimmten Formen der Dokumentation von (Selbst-)Beobachtungen begonnen werden könnte, die zum Tagebuchschreiben sukzessive hinführen. Es gibt auch Versuche, das Lerntagebuch als Medium des Schreibenlernens zu nutzen. Selbstverständlich wird man von sehr jungen Lernern während der Grundschulzeit noch nicht erwarten dürfen, intensive Selbstauseinandersetzungen auf metakognitiver Ebene über ihren eigenen Lernweg und die diesen begleitenden inneren und äußeren Bedingungen führen zu können. Doch erste systematische Versuche, das eigene Lernen und die dabei auftretenden Erfolge und Misserfolge zu beschreiben und zu erklären, können angebahnt werden.

- Vielfalt an Einsatzmöglichkeiten: Beschreibungen zu längeren, komplexen Lernprojekten, Lösungen einzelner Aufgaben, Hausaufgabenberichte oder beim Lernen an außerschulischen Lernorten
- Einsatz und Funktionalität sind abzustimmen auf die Entwicklungsphase der Schüler (von ersten systematischen Versuchen der Auseinandersetzung mit dem eigenen Lernprozess bis hin zu intensiven Auseinandersetzungen auf metakognitiver Ebene

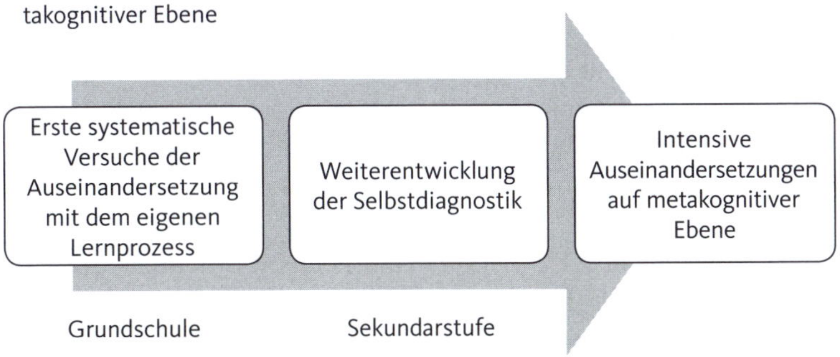

Abbildung 19: Lerntagebuch zur lernbegleitenden Auseinandersetzung

Ein persönliches Tagebuch ist nicht für die Veröffentlichung gedacht …

Akzeptanz oder Relativierung der Privatheit?

Tagebuchvarianten

Allerdings ist daran eine Grundsatzfrage geknüpft, die das Lerntagebuch als Erinnerungs-, Dokumentations- und individuelles Bewertungsinstrument in seinem funktionellen Kern berührt. Ein Tagebuch als privates Selbstdarstellungsmedium (vgl. Lissmann 2007, S. 309) ist eigentlich nicht für die Veröffentlichung gedacht. Zumindest sollte es ausschließlich dem Willen des Schreibers überlassen bleiben, ob und ggf. welche Teile er Außenstehenden zur Einsichtnahme freigeben will. Soll allerdings das Lerntagebuch als formatives Diagnoseinstrument dienen, was eine gewisse Systematik der Einträge und einen Austausch mit anderen voraussetzt, kann die Privatheit des Schreibens nicht mehr der oberste Grundsatz der Nutzung des (Lern-)Tagebuchs sein. Als Konsequenz bleibt deshalb nur die Alternative, die Privatheit des Schreibprozesses entweder zu akzeptieren und dementsprechend das Lerntagebuch ausschließlich bzw. weitgehend als internes Feedback- und Selbstreflexionsinstrument zu verstehen oder den Blickwinkel zu ändern, d. h. die Privatheit zu relativieren. Doch Privatheit bietet auch Schutz und Freiheit. Sich selbst kann man im Grunde »alles« sagen. Wird diese Privatheit aufgehoben, verändert sich der Charakter des Tagebuchschreibens. Wie viel Struktur, wie viel Spontaneität und Unordnung der Tagebuchschreiber zulässt, bleibt ihm überlassen. Das kann vermeintlich auch beim Lerntagebuch so sein. Wie Winter (2004) sagt, »hat das Lerntagebuch eine intime Seite, (ist) etwas, was man zuerst für sich schreibt. Es ist aber trotzdem etwas anderes als ein Tagebuch, denn es wird in einem Unterrichtskontext geschrieben« (S. 262). Es ist damit von vornherein nicht als ein rein privates Erinnerungswerkzeug gedacht, sondern seine Inhalte sollten schon in irgendeiner Form auch anderen zugänglich gemacht werden (vgl. ebenda). Vor allem wenn Lerntagebücher als Mittel verstanden werden, »Lernprozesse begleitend (zu) reflektieren (…)«, können sie nur als ein formatives Diagnoseinstrument im Kontext der »didaktischen Analyse und Planung« von Unterricht verstanden werden (vgl. ebenda). Selbstverständlich dienen so Lerntagebücher der Beschreibung und Interpretation des täglichen (schulischen) Lernens, »der Feststellung der eigenen Lernentwicklung, des Lernfortschritts durch die Möglichkeit des Vergleichs der Eintragungen und der externen Abspeicherung von Lerninhalten« (Hesse/Latzko 2009, S. 258), und selbstverständlich werden die Schülerinnen und Schüler in diesem Prozess der Selbstbeobachtung und des Nachdenkens über die eigene Lernprogression zunehmend interne und externe Bedingungen des eigenen Lernens einbeziehen (vgl. ebenda), entscheidend ist jedoch, unter welchen selbst- und/oder fremdbestimmten Voraussetzungen sie das machen, und zwar mit jeweils welchen Konsequenzen. Unterscheidungen von Tagebuchvarianten sind dann auch mehr als der Ausdruck einer Differenzierung nach Aufzeichnungsmethoden. Vielmehr geht es um die Frage: Wer bestimmt, wie die Dokumentationen und deren Reflexion zu ordnen, zu nutzen, zu interpretieren und ggf. zu publizieren sind? Die Antworten darauf können nicht ohne Rückwirkungen auf die »Offenheit« der Selbstauskünfte und die Authentizität der Beschreibungen bleiben. Der Klärungsversuch, auf den sich hier bezogen werden soll, sieht drei Varianten vor:

Spontane Niederschriften

- »Spontane Niederschriften, die relativ frei sind von orientierenden Vorgaben;

Raster

- an einem bestimmten Raster (meist Grobraster) ausgerichtete Lerntagebücher;

Differenzierte Fragen, detaillierte Vorgaben

- an stärker differenzierten Fragen, detaillierten Vorgaben orientierte Lerntagebücher« (Hesse/Latzko 2009, S. 259; vgl. hierzu auch Jäger 2007a, S. 315).

Im Allgemeinen führen alle Bestrebungen, das Lerntagebuch als Selfmonitoring für gezielte, von außen kontrollierte Reflexionsprozesse zu nutzen, um folgerichtige selbstregulative Verhaltensänderungen zu gewährleisten (vgl. Landmann/Schmitz 2007, S. 156), dazu, dem Lerntagebuch zumindest einen festgelegten Leitfaden mit Hauptfragestellungen voranzustellen. Unübersehbar werden damit einerseits die inhaltliche Offenheit und ebenso die persönliche Selbstbestimmung eingegrenzt, andererseits werden zur besseren Kommunikation über das Lernen und Leisten sowohl erklärend und verstehend als auch prozess- und produktbezogen vielfältige Anhaltspunkte geboten, die trotz allem mit aufschlussreichen persönlichen Wertungen versehen werden können.

In diesem Kontext schlägt Winter (2004) die Orientierung an fünf Leitfragen vor:

- »Was habe ich/was haben wir gemacht?
- Wie bin ich/wie sind wir vorgegangen?
- Was habe ich/was haben wir erfahren und gelernt?
- Was habe ich dabei gefühlt?
- Wie ist das zu bewerten?« (S. 262)

Damit bewegt sich die Empfehlung auf der Linie der mittleren Variante (vgl. oben im Text) und ist weit entfernt von der dritten Variante, bei der es sich um standardisierte, hoch differenzierte Checklisten handelt, die zwingend abgearbeitet werden müssen, teilweise sogar unter Verwendung von Antwortvorgaben auf mehrstufigen Schätzskalen (vgl. u.a. Landmann/Schmitz 2007, S. 164 ff.). Argumentiert wird mit der höheren Vergleichbarkeit der Aussagen im Gruppenkontext, mit der besseren Sicherung der Gütekriterien (vgl. Lissmann 2007, S. 326 ff.) und der gezielten Einflussnahme auf die Verhaltensregulation. Weil in Dokumen-

Lernjournal

ten dieses Formats die Einblicke in das eigene Erleben und der Umgang damit ebenso unberücksichtigt bleiben wie Gedanken, Gefühle und Reaktionen, kurz zusammengefasst das private Schreiben keinen Platz mehr hat, geht es nach der hier vertretenen Argumentation nicht mehr um »Tagebücher«, sondern um ein Lernjournal. Erstens weil es sich zwar noch um ein dialogisches Verfahren handelt, dem aber zweitens eine klare kriterien- und itemgesteuerte Struktur zugrunde liegt.

Selbstbezügliche Subjektivität vs. pädagogisch-diagnostische, didaktische Funktionalität

Mit dieser inhaltlich-strukturellen Rahmung überschneiden sich Lerntagebücher mit Lernjournalen, denen prinzipiell zumindest vorstrukturierende, zumeist jedoch verbindliche, die Informationen systematisierende Leitfäden zugrunde liegen. Während die Variante des unstrukturierten, offenen Lerntagebuchs der selbstbezüglichen Subjektivität freien Raum gibt, betonen vorstrukturierte bzw. durchstrukturierte Lerntagebücher und Lernjournale ihre pädagogisch-diagnostische und didaktische Funktion. Als dialogische Verfahren dienen beide Instrumente dazu, internes und äußeres Feedback aufeinander zu beziehen und gehaltvolle Gespräche über Lernen und Leisten sowie deren individuelle und unterrichtsökologische Bedingungs- und Wirkungszusammenhänge zu führen. Allerdings sollten sich beide Verfahren auch voneinander unterscheiden lassen. Standardisierte Leitfäden mögen für bestimmte Varianten des Lernjournals tauglich sein, für Lerntagebücher sind sie es jedoch nicht. Lerntagebücher können zwar – wie bereits beschrieben – durch Ankerfragen inhaltlich gelenkt werden, aber um den Charakter der persönlich gehaltenen Auseinandersetzung mit der eigenen Lern- und Bildungsarbeit zu bewahren, bedarf es individueller Freiräume statt eines engen Korsetts. Deshalb sollte ein Lerntagebuch zwischen den Polen unstrukturiert bis vorstrukturiert angesiedelt werden.

Lerntagebuch: unstrukturiert bis vorstrukturiert

Die Methode des vorstrukturierten Lerntagebuchs versucht die freie Form des Schreibens (Strong-Text-View) mit Prozessen des selbstregulierten Lernens (Self-Regulation-View) zu verbinden (vgl. Hübner/Nückles/Renke 2007, S. 122).

Lernjournal: vorstrukturiert bis vollständig durchstrukturiert

Im Vergleich dazu würde das Lernjournal zwischen den Polen vorstrukturiert und vollständig durchstrukturiert zu verorten sein (vgl. Abb. 20).

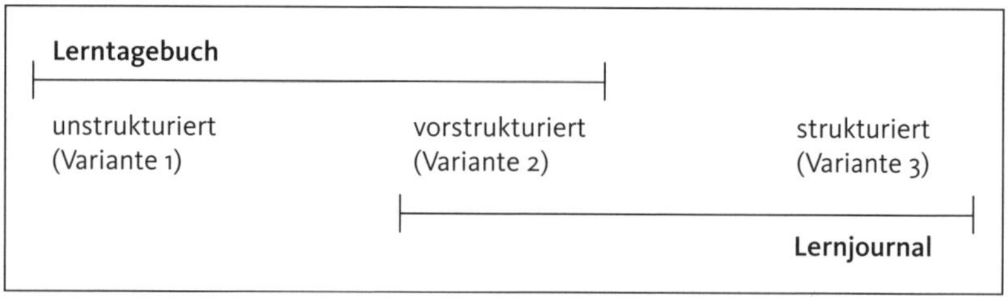

Abbildung 20: Grenzen und Übergänge zwischen Lerntagebuch und Lernjournal

Phasierung der Selbstwahrnehmung und Berichterstattung

Für beides lassen sich konforme Leitfragen und -kategorien heranziehen, die eine fünfstufige Phasierung der Selbstwahrnehmung und Berichterstattung vorsehen und die für beide Verfahren gleichermaßen geeignet sind:

- »Bericht über die eigene Lernpraxis
- Reflexion der eigenen Lernpraxis, sowohl fachlich bzw. überfachlich als auch persönlich und sozial-emotional
- Metakognition: Reflexion des individuellen lernstrategischen Vorgehens
- Klärung der Rahmenbedingungen des Unterrichts
- Selbstbewertung und Reflexion der Dokumentierten; Konsequenzen für eine Zukunftsperspektive ziehen« (Jürgens 2013a, S. 32)

Ausgestaltungs- und Nutzungsformen

Weil es auch andere Positionen zum Verhältnis und zur Abgrenzung zwischen Lerntagebuch und Lernjournal gibt, kursieren in der einschlägigen Fachliteratur notwendigerweise auch unterschiedliche Ausgestaltungs- und Nutzungsformen. Wenn beispielsweise das (Lern-)Tagebuch als eine Spielart des Lernjournals betrachtet wird, dann geschieht das in diesem Fall unter der Prämisse, dass das Tagebuch allen unstrukturierten Aufzeichnungen vorbehalten ist. »Es gibt viele Varianten des Lernjournals, etwa als ›Tagebuch‹ für spontane, unstrukturierte Eintragungen persönlicher Gedanken und Gefühle zum Unterricht, als ›Projektlogbuch‹ für die Dauer eines Projekts oder als ›Gruppenjournal‹ für ein Schülerteam. Das Lernjournal ist ein einfaches Instrument, aber es ist sehr ergiebig für die Bewertung von Lernfortschritten, wenn man es durch andere Befunde ergänzt« (Stern 2010, S. 56)

Nach jeder Lerneinheit eine Seite für deine persönlichen Gedanken!

Wie war's? ++ / + / – / ––
Interessant war für mich: ______
Dazugelernt habe ich: ______
Überflüssig fand ich: ______
Wofür wir uns mehr Zeit nehmen sollten: ______
Was ich mir vornehme: ______

Datum: ______ Thema: ______

Das Lernjournal gehört dir.
- Dein/e Lehrer/in darf es ohne deine Erlaubnis nicht einsehen.
- Wenn du willst und danach gefragt wirst, kannst du am Ende der Stunde daraus vorlesen.
- Am Semesterende wirst du es brauchen, um zusammenzufassen, welche Stunden für dich die besten waren und was du Neues gelernt hast.

Abbildung 21: Lernjournal als »Tagebuch« (nach: Stern 2010, S. 56)

Vollkommen anders wird der Zusammenhang zwischen Lernjournal und (Lern-)Tagebuch gesehen, wenn das Journal aus zwei Hauptelementen besteht, und zwar erstens der »systematischen Sammlung von Arbeitsunterlagen« und zweitens einem »persönlichen Tagebuch« (Wester/Claus-Cordes/Soltau o. J., S. 30). In dieser Version ist das Tagebuch eine unverzichtbare Säule des Lernjournals. Die Strukturierung und inhaltliche Gliederung anhand eines Leitfadens sind ausschließlich dem ersten Element vorbehalten, das der Dokumentation »objektiver« Daten dient, während das persönliche Tagebuch davon vollkommen frei gehalten werden soll. »Neben den zentral gesammelten ›objektiven‹ Daten (in der systematischen Sammlung von Arbeitsunterlagen – Ergänzung E. J.) ist das Tagebuch privater Besitz. Es gibt keine Verpflichtung, es zu veröffentlichen« (ebenda, S. 30).

Tagebuch als Element des Lernjournals

Eindeutige Definitionen dazu, was ein Lerntagebuch oder ein Lernjournal genau sein sollte, gibt es nicht. Dadurch kommt es zu sehr unterschiedlichen theoretischen Auffassungen und Praxiskonzepten. Deutlich geworden ist allerdings, dass zwischen beiden Instrumenten enge inhaltliche Zusammenhänge bestehen und sie vergleichbaren Funktionen unterliegen. Bei der von uns vorgeschlagenen Unterscheidung haben wir uns vor allem vom Argument der Privatheit des Schreibens eines Tagebuchs und von den damit gesetzten Grenzen bezüglich der Strukturiertheit und Vergleichbarkeit der dokumentierten Daten leiten lassen. Für uns sind Lerntagebücher persönlich gehaltene Dokumente, die ihren Gewinn aus der Zufälligkeit und assoziativen Verknüpfung des Gesagten ziehen. Grundsätzlich kann somit alles aufgeschrieben werden, was als berichtswürdig beurteilt wird. Hingegen ist ein Lernjournal von vornherein ein zielorientiertes selbst- und fremddiagnostisches Verfahren. Es muss auch nicht zwangsläufig einfach gehalten sein, sondern sollte den Fragestellungen und Anwendungssituationen angepasst werden, damit all das, was zur Offenlegung und Klärung von Sachverhalten beitragen kann, auch tatsächlich in den Wahrnehmungsfokus gerät. Für den Einsatz des Lernjournals als Mittel der Beschreibung, Bewertung und Reflexion der eigenen Lerntätigkeit eignet sich beispielsweise als Rahmung der folgende Fragenkatalog:

Vielfalt theoretischer Auffassungen und Praxiskonzepte

Orientierende Grundfragen

- »In welchen Schritten bin ich bei der Aufgabenlösung vorgegangen? (Warum bin ich so vorgegangen; was sprach für meine Vorgehensweise?)
- Was habe ich getan, um meine Schwierigkeiten zu überwinden? (Wo fand ich Hilfe? Wie hilfreich war die Unterstützung für mich? Konnte ich mir selbst helfen?)
- War die Zeit ausreichend? War das zur Verfügung gestellte Material für mich passend? (Was musste ich tun, um mit der Zeit auszukommen? Was fehlte mir an dem Arbeitsmaterial?)

- Wie beurteile ich meinen Lernfortschritt? Wie zufrieden bin ich mit dem Lernergebnis? (Habe ich die »individuellen« Ziele hinreichend erreicht, so dass ich mich stark genug für weiteres Arbeiten in der Thematik fühle?)
- Was will ich das nächste Mal anders machen? (Wo gibt es Verbesserungsmöglichkeiten, und wie kann ich diese nutzen?)« (Jürgens 2010b, S. 128)

Der kontinuierliche Einsatz von Lernjournalen führt dazu, dass Schülerinnen und Schüler mehr und mehr Verantwortung für ihr Lernen übernehmen und konstruktiv mit Lernerfolgen und -misserfolgen umgehen lernen. Wie überhaupt die Förderung des Selbstmanagements eigener Lernmöglichkeiten durch dialogische Verfahren der Selbstvergewisserung und Selbstkontrolle wirkungsvoll unterstützt werden kann.

4.7 Portfolio

Definition von Schülerportfolio

Mit einem Portfolio verbindet eine Person möglicherweise die Mappe eines Kunststudenten mit Radierungen, Aquarellen und Kohlezeichnungen, eine andere Person das Bankangebot von Aktien, Fonds und Anleihen. So gesehen ist ein Portfolio eine strukturierte Sammlung von Leistungen einer Person oder Bank. Bezieht man sich auf Schulen oder andere Institutionen, in denen das Lernen im Vordergrund steht, dann lässt sich das Portfolio als eine strukturierte Sammlung von Schülerarbeiten definieren, wie es McClure/Walters (1992) taten. Ein Portfolio ist jedoch keine Sammlung von Arbeitsblättern, weil es bestimmte Zwecke erfüllt.

4.7.1 Portfolioklassifikation

Arbeitsportfolio

Die Aufgabe, den Lernprozess zu diagnostizieren, um Stärken und Schwächen des Gelernten zu ermitteln, übernimmt das *Arbeitsportfolio*. Um eine Teilnahme am Lernprozess nachzuweisen, enthält es viele verschiedene Schülerarbeiten, z. B. Fotos, Fahrkarten, Notizen, Sprüche, Gedichte, Zeichnungen, Texte und Zeitungsartikel. Das Arbeitsportfolio wird als Ganzes durchgesehen, eine Beurteilung ist in diesem Zusammenhang eher unerwünscht.

Beurteilungsportfolio

Die Beurteilung bleibt dem *Beurteilungsportfolio* überlassen. Deshalb ist es formaler im Aufbau und in der Beurteilung. Das Curriculum gibt jetzt vor, welche Schülerarbeiten für das Portfolio auszuwählen sind, und die Beurteilungsrichtlinien enthalten eindeutige Kriterien und die Leistungsstufen. Schon vorab sollte darüber informiert werden, was die Lernenden tun müssen und wie gut sie es tun müssen, um eine bestimmte Note zu erhalten. Das Beurteilungsportfolio ist mehr am Lernergebnis als am Lernprozess orientiert.

Vorzeigeportfolio

Ein weiteres Portfolio ist das *Vorzeigeportfolio*. Es hat die Aufgabe, die besten Arbeiten des Lernenden vorzustellen. Die Auswahl der Arbeiten nehmen die Lernenden entweder selbst in die Hand, oder sie sind an der Auswahl beteiligt. Über den Auswahlvorgang wird schriftlich reflektiert. Somit wird gezeigt, was Lernende selbst für bedeutsam halten, wie sie bewertet haben und was sie anderen gerne zeigen möchten.

Entwicklungsportfolio

Im *Entwicklungsportfolio* sollen Veränderungen oder Entwicklungen sichtbar gemacht werden. Aus diesem Grund enthält es die Arbeiten vom Anfangszustand bis hin zum fertigen Produkt, z. B. von der ersten Schreibidee bis zur Reinschrift des Aufsatzes. Die angefangenen Arbeiten dürfen Schwachstellen aufweisen, da sie lediglich zeigen sollen, was jemand zu einem bestimmten Zeitpunkt gelernt hat. Um eine Entwicklung zeigen zu können, müssen mindestens zwei Arbeiten vorliegen.

Bewerbungsportfolio

Die Funktion des *Bewerbungsportfolios* ist es, zu zeigen, dass der Schüler bzw. die Schülerin eine neue Herausforderung annehmen will. Es enthält eine gezielte Auswahl von Arbeiten. Wichtig ist, dass das Bewerbungsportfolio weiterführende Informationen enthält, wie z. B. Noten, Testergebnisse, ein Arbeitsvideo von sich oder ein Statement, wie jemand die neue berufliche Position auszufüllen gedenkt.

Diese Portfolioformen sind Prototypen, während in der Realität eher Mischtypen zu finden sein werden. Sie stellen außerdem lediglich eine Auswahl dar, so zählt beispielsweise Häcker (2006) an die 30 Portfolioformen auf.

4.7.2 Portfolioprinzipien

Ein Portfolio unterscheidet sich von einem Arbeitsblatt jedoch nicht nur durch den Zweck, sondern auch durch eine Reihe von Prinzipien.

Dokumentation

An erster Stelle ist die *Dokumentation* von Lernprozess und Lernergebnis zu nennen. Dabei sollte sichtbar werden, wie sich jemand angestrengt hat und welche Fortschritte erkennbar sind.

Partizipation

Es folgt das Prinzip der *Partizipation*. Die Lernenden sind an den Themen und/oder der Beurteilung des Portfolios zu beteiligen. Die Partizipation auf der Inhaltsseite kann darin bestehen, dass aus mehreren Portfolioaufgaben eine Untermenge ausgewählt und bearbeitet werden soll. Mehr Spielraum bietet die Beurteilungsseite eines Portfolios. Die Schülerinnen und Schüler können teilweise in die Beurteilung einbezogen werden, oder sie übernehmen die Beurteilung in eigener Regie.

Selbstbeurteilung

Die *Selbstbeurteilung* ist das erstrebenswerte Ziel, deshalb stellt sie ein eigenes Portfolioprinzip dar.

Reflexion, Multimedialität, Feedback, Präsentation

Weitere Prinzipien sind die *Reflexion* zum Lernprozess und zu den Lernergebnissen, die *Multimedialität* des Portfolios, z.B. sollten außer Texten auch Fotos, Gegenstände, Audio- und Videodateien erstellt werden, die *Leistungsrückmeldung* in Gesprächsform oder schriftlich sowie die *Präsentation* des Portfolios vor der Schulklasse oder den Eltern.

Wie die Prinzipien in der Praxis umgesetzt werden können, zeigen beispielhaft die Portfolios für Mathematik (Ingenkamp/Lissmann 2008, S. 192 ff.) und Chemie (Lissmann 2007, S. 277 ff.) und die 13 Beispiele in Schwarz/Volkwein/Winter (2008).

4.7.3 Beurteilung des Portfolios

Da der Portfolioeinsatz damit begründet wird, die undifferenzierte, punktuelle und eindimensionale Zensierungspraxis zu überwinden, sollte bei Portfolios möglichst auf Zensuren verzichtet werden. Dem steht entgegen, dass mündliche und schriftliche Portfolioprüfungen im Rahmen der Lehrerausbildung in sechs Bundesländern (Lissmann 2010c) angeboten und selbstverständlich benotet werden.

Schätzskalen, Beurteilungsraster

Zur Beurteilung von Portfolios bieten sich Schätzskalen und Beurteilungsraster an (vgl. auch Kap. 4.4.4 und Kap. 4.8). Eine *Schätzskala* zur Beurteilung besteht aus mehreren leistungsbezogenen Aussagen oder Statements, die auf einer mehrstufigen Antwortskala eingestuft werden. Die einzelnen Statements definieren sich über die Anforderungen, die an die verschiedenen Aufgaben eines Portfolios gestellt werden, über Lernziele oder Kompetenzen. Kontrastierend dazu kann man ein *Beurteilungsraster* mit einer Tabelle vergleichen, deren Zeilen aus leistungsbezogenen Statements und deren Spalten aus mehreren Qualitätsstufen bestehen. Die Anzahl der Qualitätsstufen wird sich in der Regel zwischen zwei, z.B. nicht vorhanden bzw. vorhanden, und sechs, z.B. elementare (A1/A2), selbstständige (B1/B2) und kompetente Sprachverwendung (C1/C2) bewegen. Ist ein Beurteilungsraster dimensional angelegt, d.h. enthält es mehr als einen Lernbereich und mehrere Statements je Lernbereich, spricht man von einem analytischen Beurteilungsraster. Im Vergleich dazu besteht das holistische Beurteilungsraster lediglich aus einer Dimension, die dann ein ganzheitliches Urteil liefert. Es kann auf komplexe Leistungen, wie z.B. Sozialkompetenz oder das Portfolio im Ganzen, angewandt werden.

Die beiden Beurteilungsmethoden können zur Selbst- oder Fremdbeurteilung verwendet werden. Während bei der Selbstbeurteilung die Lernenden selbst die Qualität einzelner Portfolioarbeiten oder des ganzen Portfolios einschätzen, übernimmt das bei der Fremdbeurteilung in der Regel die Lehrperson (vgl. auch Kap. 4.1).

4.7.4 Möglichkeiten von Portfolios

Die Kritik an der Beurteilungspraxis durch Zensuren und Tests sowie neuere didaktisch-methodische Entwicklungen und Lerntheorien können als Wegbereiter der Portfoliobeurteilung gesehen werden.

Verbesserung der Beurteilungspraxis

Die gängige Beurteilungspraxis findet punktuell am Ende einer Lerneinheit statt, liefert eine undifferenzierte Zensur bzw. einen undifferenzierten Punktwert und erfasst lediglich die kognitive Fähigkeitsdimension. In der Portfoliobeurteilung wird eine Möglichkeit gesehen, diese Schwachstellen zu beseitigen. Erstens findet die Portfoliobeurteilung nicht zu festen Zeitpunkten, sondern *kontinuierlich* über einen bestimmten Zeitraum hinweg statt. Die Beurteilungszeitpunkte stehen in Passung mit dem Lerntempo der Lernenden und dokumentieren den Prozesscharakter des Lernens. Zweitens wird das Lernen in differenzierter Form beurteilt. Die Anforderungen und die Beurteilungskriterien sind vor der Prüfung bekannt. Später werden durch Portfoliogespräche oder schriftliche Kommentare mehrmals Korrekturen am Portfolio ermöglicht. Auf diese Weise erhalten Lernende eine *differenzierte Leistungsrückmeldung* zum Lernprozess. Drittens liefert die Portfoliobeurteilung dadurch eine *multidimensionale Beurteilung,* dass neben den fachlichen auch methodische, soziale und personale Kompetenzen erfasst werden können.

Beachtung didaktisch-methodischer Reformen

Für die traditionelle Beurteilungspraxis stellen neuere didaktisch-methodische Entwicklungen, wie z.B. offene Unterrichtsformen, ein Problem dar. Diese Entwicklungen sind unter anderem dadurch gekennzeichnet, dass Lehrer und Lerner im Unterricht Lernpartner werden, ein erfahrungsoffener und handlungsorientierter Lernbegriff zugrunde liegt sowie die Schülerinnen und Schüler im Rahmen von Wochenplan- oder Projektarbeit das Lerntempo und damit den Zeitpunkt der Beurteilung selbst bestimmen (Bohl 2004; Jürgens 1997). Mit der Portfoliobeurteilung wird dieses Problem beseitigt, weil sie sowohl von einem in Richtung Lernpartner veränderten Rollenverständnis ausgeht als auch einen erweiterten Lernbegriff zugrunde legt und eine kontinuierliche, dem Lerntempo angepasste Beurteilung bietet. Hinzu kommt, dass die Planung, Steuerung und Kontrolle des Lernprozesses weitgehend den Lernenden übertragen werden. Die Förderung des selbstgesteuerten Lernens soll mithilfe des Portfolioprinzips und der Partizipation der Lernenden an der (Lern-)Ziel- und Beurteilungsebene geschehen.

Beachtung konstruktivistischer Lerntheorien

Die gängige Beurteilungspraxis stößt aber nicht nur im Hinblick auf didaktisch-methodische Entwicklungen an ihre Grenzen, sondern auch im Hinblick auf konstruktivistische Lerntheorien. Nach konstruktivistischer Auffassung erfolgt Lernen eigenaktiv, kooperativ und in reichhaltigen Kontexten. Gelernt werden sollen komplexe Skills, wie z. B. Selbsteinschätzung, Selbstkontrolle und Selbststeuerung. Außer diesen personalen Kompetenzen sollen Sach-, Methoden- und Sozialkompetenzen erworben werden. Die Leistungsbeurteilung kann sich deshalb nicht auf isolierte Skills oder einen Punktwert beschränken, sondern sie sollte Lernprozess und Lernergebnisse insgesamt berücksichtigen. Die Portfoliobeurteilung erscheint geeignet, solche höherwertigen Skills und Kompetenzen zu fördern.

Wenn die Lernenden an der Auswahl und Beurteilung der Portfolios aktiv beteiligt werden, dann konstruieren sie über die Selbstreflexion aktiv ihr Wissen, das auf diese Weise auch aktiv verfügbar wird. Dadurch werden höherwertige Skills gefördert, die eine besondere Bedeutung für das lebenslange Lernen haben. Darüber hinaus besitzt die Arbeit mit Portfolios einen hohen Erziehungswert. Jedes Mal wenn sich Lernende Ziele setzen, wenn sie frühere Portfolioarbeiten mit ihren jetzigen Produkten vergleichen oder wenn sie Arbeiten auswählen, um zu zeigen, welche Lernziele sie erreicht haben, dann lernen und denken sie. Nicht zuletzt vermitteln die einzelnen Portfolioarbeiten, z. B. Aufsätze, Werkstücke, Fotos und Videos, ein umfassendes Bild von der Leistungsfähigkeit der Lernenden, weil sie authentisch sind. Dazu gehört, dass die Aufgabenstellung komplex, lebensnah und herausfordernd ist.

Diese und einige Gründe mehr sprechen dafür, in der Portfoliobeurteilung eine Alternative zur traditionellen Leistungsbeurteilung zu sehen.

4.7.5 Probleme von Portfolios

Zur Frage, wie gut die Portfoliobeurteilung die in sie gesetzten Erwartungen bis heute erfüllt hat, gibt es inzwischen eine kleine Anzahl deutschsprachiger empirischer Untersuchungen (Gläser-Zikuda 2007, 2010), die über reine Erfahrungsberichte hinausgehen. Das darf nicht verwundern, denn wenn man beispielsweise die Effektivität der Portfoliobeurteilung empirisch untersuchen möchte, dann muss man sie zuerst einmal implementieren. Wird die angloamerikanische Literatur ergänzend dazugenommen, dann ergeben sich zusammengefasst vier Problemkreise (Einzelstudien siehe Lissmann 2010c, S. 105 – 108):

- Logistische Probleme
- Messmethodische Probleme

- Akzeptanzprobleme
- Probleme der Lehrerbildung

Logistische Probleme

Zu den logistischen Problemen gehören die Fragen: Was sammeln? Wie anordnen? Wer sammelt? Wie aufbewahren? Diese Probleme sind lösbar, denn was gesammelt werden soll und in welcher Reihenfolge die Arbeiten im Portfolio angeordnet werden, ist primär von der Funktion des Portfolios abhängig. Bezieht man sich beispielsweise auf das Arbeitsportfolio, dann können die zahlreichen Schülerarbeiten chronologisch, fach- oder tätigkeitsspezifisch gereiht werden. Wer die Arbeiten sammelt, ist in der Regel der Lernende, allein oder mit Unterstützung einer Lehrperson. Das Problem, wie Ordnung in die Notizen, Produkte, Bilder und Dateien kommen soll, kann beispielsweise mithilfe eines Datumsstempels oder von Schlagwörtern gelöst werden. Schließlich können zur Aufbewahrung je nach gesammeltem Material Mappen, Ordner, Ringbücher o.Ä. verwendet werden.

Messmethodische Probleme

Bei den messmethodischen Problemen stehen die Gütekriterien im Mittelpunkt. Die Förderung höherwertiger Skills ist die Frage nach der (Konstrukt-)Validität der Portfoliobeurteilung. Gelingt es nicht, komplexe Skills zu entwickeln, war die Implementation nicht erfolgreich. Tatsächlich weist die Befundlage zu höherwertigen Skills, Kompetenzen und Schulleistungen im Trend darauf hin, dass die Portfoliobeurteilung eher positive Ergebnisse erbringt. Im Gegensatz dazu können die Reliabilität und die Objektivität ohne Zusatzmaßnahmen, wie z.B. Auswertungsrichtlinien und Teambeurteilung, als eher nicht erfüllt angesehen werden.

Akzeptanzprobleme

Gegenüber der herkömmlichen Klassenarbeit ist der Aufwand für die Portfoliobeurteilung beträchtlich, wenn man die Zeit für das Erstellen authentischer Aufgaben und die Entwicklung des Beurteilungsrasters, das mehrmalige Lesen und die Portfoliogespräche als Kriterium heranzieht. Darunter leidet die Akzeptanz der Portfoliobeurteilung. Ein anderes Problem ist das der Glaubwürdigkeit der Portfoliobeurteilung angesichts der Dominanz von Zensuren. Wenn man Schülern zwischen einem Test und Portfolio die Wahl lässt, kann es passieren, dass der Test als der direkte Weg bevorzugt wird.

Probleme der Lehrerbildung

Die Unterschiede in der Implementierung der Portfoliobeurteilung im Hinblick auf die Neuheit der Aufgabenstellungen, die Komplexität der Portfolioaufgaben, geleistete Hilfestellungen oder bezüglich der Portfolioanweisungen sind oft beträchtlich. Deshalb ist es notwendig, die Lehrpersonen in der Erstellung und Beurteilung von Portfolios fortzubilden. Außerdem erfordert die Arbeit mit Portfolios neue Kompetenzen seitens der Lehrpersonen, z.B. Selbstbeurteilungs-, Selbststeuerungs-, Reflexions- und Gesprächskompetenzen. Sie zu vermitteln ist die Aufgabe zukünftiger Lehrerbildung. Trotz intensiver Bemühungen ist die Erforschung der Portfoliobeurteilung lückenhaft. Verfügbare empirische Studien sind von unterschiedlicher Qualität, die Personenstichproben sind kaum vergleichbar, und die Ergebnisse widersprechen sich oft.

4.8 Beurteilungsraster

Begriffsklärung

Ein Beurteilungsraster besteht gewöhnlich aus einer Anzahl von (Beurteilungs-)Kriterien und der Einschätzung ihrer Qualität anhand von Beispielen. Die Kriterien können Lernziele, Bildungsstandards, Lernprozessmerkmale, Kompetenzen o.Ä. sein. Man spricht auch von »Bewertungsraster«, um zu verdeutlichen, dass damit keine Benotungsabsicht verbunden ist (Brunner/Schmidinger 2001), von »Qualitätsraster« (Brunner/Krimplstätter/Kummer 2006), von »Referenzieren«, um den Lernprozess zu betonen (Müller 2003), oder von »Kompetenzraster« (Keller 2011). Wie auch immer, ein Beurteilungsraster systematisiert, was und wie etwas beurteilt werden soll.

Das Beurteilungsraster (»scoring rubric«) ist im angloamerikanischen Raum weit verbreitet, wird aber inzwischen auch in Europa häufiger verwendet, z.B. im Zusammenhang mit dem Europäischen Sprachenportfolio (Trim/North/Coste 2001) und den Bildungsstandards (Klieme et al. 2003), auf Schulebene beispielsweise in der Schweiz (www.gibthun.de) und in Deutschland (Patzer 2012).

4.8.1 Gemeinsamkeiten

Kennzeichen eines Beurteilungsrasters

Das Raster hat in der Regel das Aussehen einer Matrix bzw. Tabelle mit den Kriterien als Zeilen und den Niveaustufen als Spalten.

Kriterium	Niveau 1	Niveau 2	Niveau 3	Niveau 4
Aktives Zuhören	Der Schüler hört den Ideen der anderen zu, hat aber Schwierigkeiten, verschiedene Standpunkte zu verstehen.	Der Schüler hört respektvoll zu und stellt Fragen, um andere einzubeziehen.	Der Schüler hört respektvoll zu und stellt Fragen, die für weiteren Austausch sorgen.	Der Schüler ermutigt andere, ihren Standpunkt einzubringen, und stellt Fragen, die andere zu neuen Ideen inspirieren.

Kriterium	Niveau 1	Niveau 2	Niveau 3	Niveau 4
Beteiligung	Der Schüler beteiligt sich unregelmäßig und neigt gelegentlich zu Konkurrenzverhalten.	Der Schüler bringt sich positiv ein, wenn er von anderen unterstützt wird.	Der Schüler bringt sich selbstständig und zielgerichtet in die Gruppenarbeit ein.	Der Schüler trägt kontinuierlich zur Gruppenarbeit bei, teilt seine Gedanken und Gefühle mit und ermuntert andere.
Übernahme von Rollen und Aufgaben (kooperativ lernen)	Der Schüler braucht Unterstützung dabei, eine Rolle oder Aufgabe zu erkennen und anzunehmen.	Der Schüler kann einige Aufgaben sicher übernehmen und respektiert die Aufgaben und Rollen anderer.	Der Schüler kann viele Rollen und Aufgaben sicher und kooperativ ausführen.	Der Schüler fördert die Teilnahme anderer und kann sich je nach Situation leitend einbringen oder zurückhalten.
Engagement	Der Schüler zeigt sehr wenig Engagement für die Gruppenarbeit und die Erfüllung der Aufgabe.	Der Schüler zeigt begrenztes Engagement für die Gruppenprozesse und die Erfüllung der Aufgabe.	Der Schüler zeigt Engagement für die Gruppenprozesse als Weg zur Erfüllung der Aufgabe.	Der Schüler zeigt starkes Engagement und übernimmt in der Gruppe eine herausragende Rolle, um die Aufgabe zu erfüllen.

Tabelle 7: Beispiel eines Beurteilungsrasters für die Gruppenarbeit (nach: Laginski 2001, S. 3)

Wie in der Tabelle dargestellt, soll Gruppenarbeit anhand von vier Kriterien beurteilt werden: »Aktives Zuhören«, »Beteiligung«, »Rollenübernahme« und »Engagement«. Die Kriterien können unterschiedlich komplex sein, wie z. B. »Aktives Zuhören« gegenüber »Engagement«. »Aktives Zuhören« ist näher an der Verhaltensebene angesiedelt als »Engagement«, d. h. es ist (im Prinzip) direkt beobachtbar. »Engagement« kann man jedoch nicht direkt sehen. Man muss es über andere Verhaltensweisen erschließen, z. B. sieht man, wie jemand Zusatzarbeiten übernimmt, Vorschläge einbringt, Diskussionsleiter spielt. In der Tabelle sind zu jedem Kriterium außerdem qualitativ unterschiedliche Verhaltensweisen angegeben, die aufgrund von z. B. Expertenwissen bereits vorab einer von vier Niveaustufen zugeordnet wurden. Die einzelnen Niveaus implizieren auch nicht automatisch eine Hierarchie derart, dass Stufe 1 die Voraussetzung für das Erreichen von Stufe 2 ist, Stufe 2 die Voraussetzung für das Erreichen von Stufe 3 usw. Im Zusammenhang mit Kompetenzmodellen schreibt Keller (2011, S. 153): »Es ist problematisch, die Stufenfolge als einen Aneignungsweg zu interpretieren.«

4.8.2 Unterschiede

Beurteilungsraster unterscheiden sich im Wesentlichen durch die Anzahl der Niveaustufen, den Anwendungsbereich und die Beurteilungsperspektive.

Niveaustufen undifferenziert – differenziert

Die zweistufige Skala, bei der nur zwischen »vorhanden/nicht vorhanden« unterschieden wird, ist die undifferenzierte Form der Erfassung des Lernstands. Die Checkliste ist ein Beispiel für eine zweistufige Skala, weil lediglich das Auftreten eines Merkmals festgehalten wird. Differenzierte Formen haben mehr als zwei Niveaustufen. Gegenüber der zweistufigen hat eine vielstufige Skala den Vorteil, Qualitätsunterschiede im Sinne von »besser/schlechter«, »häufiger/seltener« ausdrücken zu können. Die optimale Anzahl der Stufen ist dabei der Frage unterzuordnen, ob ein Verhaltensmerkmal eindeutig einer bestimmten Qualitätsstufe zugeordnet werden kann und ob sich das Verhaltensmerkmal überhaupt differenzierter beurteilen lässt. Brunner/Schmidinger (2001, S. 64) vertreten die Auffassung, dass die dreistufige Skala meistens ausreicht. Beim Europäischen Sprachenportfolio sind es dagegen sechs Stufen: A1, A2, B1, B2, C1, C2 (Beyer-Kessling 2002).

Anwendungsbereich allgemein – spezifisch

Ein Beurteilungsraster kann aufgabenübergreifend oder -spezifisch angewendet werden. Ein allgemeines Beurteilungsraster kann auf verschiedene Aufgaben angewendet werden, wie z. B. auf mündliche Vorträge oder die Projektarbeit. Das Beispiel aus Tabelle 7 ist aufgabenübergreifend, weil es auf Gruppenarbeit schlechthin verwendet werden kann. Im Gegensatz dazu kann das aufgabenspezifische Beurteilungsraster nur auf eine bestimmte Aufgabe bzw. Lerneinheit angewendet werden. Während die allgemeine Form eines Beurteilungsrasters den Vorteil hat, unverändert über mehrere Situationen hinweg eingesetzt werden zu können, kann die differenzierte Form herangezogen werden, um sehr spezifische Kenntnisse und Kompetenzen zu beurteilen.

Beurteilungsperspektive holistisch – analytisch

Das holistische Beurteilungsraster enthält lediglich eine Dimension oder Skala (siehe Tab. 8), die jedoch ein umfassendes, ganzheitliches Urteil liefert. Dies sind in der Regel komplexe Leistungen, wie z. B. mathematische Kompetenz oder ein ganzes Portfolio.

Fach Mathematik; Schulstufe: Grundschule	
Skala 1	
3	Alle Aspekte der Fragestellung sind sorgfältig und vollständig beantwortet. Alle Beschreibungen wurden befolgt.
2	Die Antwort behandelt die meisten Frageaspekte richtig, aber es fehlt [meist] etwas. Wunsch: alle Aspekte anzugehen und weniger Fehler zu machen.
1	Bearbeitet die Aufgaben nur teilweise richtig; einiges ist im Hinblick auf die Fragestellung richtig.
0	Bearbeitet die Aufgabe nicht, unempfänglich, ohne Bezug, unangemessen.

Tabelle 8: Beispiel eines holistischen Beurteilungsrasters

Dagegen ist das analytische Beurteilungsraster mehrdimensional angelegt, d.h. es enthält zwei oder mehr Beurteilungsaspekte. Im Beispiel zur Gruppenarbeit waren es vier Kriterien (siehe Tab. 7), und diese lieferten vier (Niveau-)Urteile, die als Leistungsprofil dargestellt werden können. Das folgende Beispiel (siehe Tab. 9) besteht aus drei Kriterien, hier »Skalen zum Problemlösen« genannt. Der Begriff »Skala« bezieht sich dabei sowohl auf die Aufgabe als auch auf den Beurteilungsmaßstab. Wegen möglicher Kompensationseffekte beim Bilden eines Gesamtwerts sollten die Antwortskalen die gleiche Anzahl Stufen aufweisen, oder aber die Skala III erhält den Gewichtungsfaktor 2.

Thema: Problemlösen (Mathematik)	
Skala I: Das Problem verstehen	
4	Vollständiges Verständnis des Problems
3	Fehlinterpretiert einen Teil des Problems
2	Fehlinterpretiert einen Großteil des Problems
1	Fehlinterpretiert vollständig das Problem
0	Nicht versucht
Skala II: Das Problem lösen	
4	Ein Plan, der ohne Rechenfehler zur Lösung führen kann
3	Im Wesentlichen richtige Vorgehensweise mit kleinen Auslassungen oder Vorgehensfehlern
2	Teilweise richtige Vorgehensweise mit größeren Fehlern
1	Völlig unangemessener Plan
0	Nicht versucht
Skala III: Das Problem beantworten	
2	Richtige Lösung
1	Übertragungsfehler, Fehler bei der Berechnung, Teilbeantwortung eines mehrteiligen Problems, kein Antwortsatz, Antwort falsch betitelt
0	Keine Antwort oder Falschantwort durch ungeeigneten Plan

Tabelle 9: Beispiel eines analytischen Beurteilungsrasters

Vergleicht man beide Beurteilungsperspektiven miteinander, dann sind holistische Beurteilungsraster effizienter in der Anwendung. Analytische Beurteilungsraster liefern dagegen detailliertere Informationen für Gespräche mit den Lernenden und die Unterrichtsplanung der Lehrperson.

4.8.3 Vorteile

Die Vorteile des Beurteilungsrasters beschränken sich nicht auf die Detailliertheit der Erfassung des Lernstands, sondern ergeben sich durch die konkrete Arbeit an und mit dem Beurteilungsraster.

Detailliertheit

Zweifellos liefert ein Beurteilungsraster mit differenzierten Niveaustufen, aufgabenspezifischer Anwendung und analytischer Bewertung die meisten Details. Auf diese Weise ist gewährleistet, dass ein Lerngegenstand in relativ hoher Auflösung beurteilt werden kann. Voraussetzung ist jedoch, dass der Lernprozess aufseiten der Lernenden und der Unterricht aufseiten der Lehrenden auch durch solche Detailliertheit gekennzeichnet waren.

Can-do-Aussagen

Can-do-Aussagen haben meist die Form: »Schüler … kann vortragen … kann Korrespondenz lesen … Brief schreiben.« Mit dem beobachteten Verhalten entscheidet man sich schon für eine bestimmte Niveaustufe. Mit geringem Aufwand – man ersetzt in der Can-do-Aussage beispielsweise das Wort »Schüler« durch »Ich« – lässt sich das Beurteilungsraster auch zur Selbstbeurteilung einsetzen. Der Vorteil von Can-do-Aussagen besteht darin, dass es sich um »direkte Messungen« (Cunningham 1998, S. 127) handelt, bei denen sich Verhaltensmerkmal und Kompetenz direkt entsprechen. Im Gegensatz dazu sind »indirekte Messungen« Schlussfolgerungen vom beobachteten Verhalten auf die Kompetenz, die einen mehr oder weniger großen Fehleranteil enthalten.

Partizipation

Wünschenswert ist, dass Lehrende und Lernende gemeinsam das Beurteilungsraster planen, wenn die Beurteilung für den Lernenden transparent und detailliert erfolgen soll. Sie sollen gemeinsam nach Kriterien suchen, konkrete Verhaltensausprägungen formulieren und überlegen, wie die Verhaltensausprägungen den unterschiedlichen Niveaustufen zuzuordnen sind.

Reflexion

Ein Beurteilungsraster lädt zur Reflexion ein, weil es die eigene Position, die überhaupt erreichbare Position sowie Details über Stärken und Schwächen wiedergibt. Das Nachdenken über den Lernstand wird in der Literatur als Voraussetzung für selbstgesteuertes Lernen angesehen (Boekaerts 1999; Brunstein/Spörer 2006; Konrad/Traub 1999; Mietzel 2001).

Selbstkontrolle, -einschätzung, Transparenz

Goodrich hat weitere Vorteile von Beurteilungsrastern genannt, wie z. B. die Förderung von Selbstkontrolle, Selbsteinschätzung und Transparenz (Goodrich 1996/1997, S. 14 f.). Dadurch, dass Lernende erfahren, was wie zu beurteilen ist, lernen sie, wie sie den Lernprozess selbst überwachen und kontrollieren können. Wenn Lernende erfahren, was wie zu beurteilen ist, lernen sie außerdem, sich genauer einzuschätzen und zu beurteilen. Schließlich fördern Beurteilungsraster die Transparenz der schulischen Leistungsbeurteilung, wenn Lehrpersonen veranlasst werden, ihre Beurteilungskriterien offenzulegen. Im Gegenzug erhalten sie eine Rückmeldung über ihren Unterricht.

4.8.4 Probleme

Prinzipiell kann gesagt werden, dass die fehlende Beteiligung der Lernenden und der Verzicht auf die Reflexion Nachteile mit sich bringen. Im Hinblick auf die anderen Vorteile trifft das jedoch nicht automatisch zu. In der Literatur werden unter anderem folgende Kritikpunkte angeführt (Cunningham 1998; Goodrich 1996/1997; Wiggins 1989, 1998).

(Beurteilungs-) Kriterien

Die Kriterien müssen den Lernstand in hoher Auflösung erfassen. Diese Detailliertheit setzt jedoch voraus, dass der Unterricht auch durch solche Detailliertheit gekennzeichnet war. Des Weiteren soll beachtet werden, dass die Kriterien inhaltsvalide sind. Wenn z. B. kritisches Denken unterrichtet wurde, dann muss kritisches Denken auch beurteilt werden. Schließlich wird es als problematisch angesehen, wenn zu wenige Kriterien vorgegeben sind, weil dann ein Teil des Wissen bzw. Könnens von vornherein von der Überprüfung ausgeschlossen bleibt.

Qualitätsstufen

Die Formulierung der Qualitätsstufen muss dem Stand der aktuellen Didaktik entsprechen. Beispielsweise ist das Attribut »schön« für eine Landschaft im Rahmen einer Bildinterpretation nicht sachgemäß. Die Anzahl der Qualitätsstufen sollte der kindlichen Entwicklung angemessen sein. Vor allem für jüngere Lernende sind wenige Qualitätsstufen und kurze Lesetexte sinnvoll. Gelegentlich genügt schon die mimische Ausdruckskraft von Smileys.

Definitionsprobleme

Bei der Frage, ob die Kriterien und Qualitätsstufen von allen Beteiligten nachvollzogen werden können, handelt es sich zum einen um ein Definitionsproblem. Unscharfe Begriffe, wie z. B. »ein kreativer Start« zu Beginn eines Vorlesewettbewerbs, sollten ebenso vermieden werden wie negative Formulierungen. Die Formulierung »ein kreativer Start« im Beispiel des Vorlesewettbewerbs sollte ersetzt werden durch eine präzisere Formulierung. Zum anderen handelt es sich um ein Problem der Testfairness. Man denke hierbei an die Sprachanforderungen eines Beurteilungsrasters für ethnische Gruppen und Unterschichtangehörige.

Gegen die meisten Probleme hilft die Anwendung des Beurteilungsrasters im Team sowie eine gezielte Fort- und Weiterbildung.

5 Qualitätsmanagement

Definition Qualitätsmanagement

Die Gesetze und Verordnungen für öffentliche Schulen schreiben vor, Schulleistungen durch vielfältige mündliche, schriftliche und praktische Beiträge zu erfassen. Von daher entsteht prinzipiell ein Anspruch darauf, die Leistungsmessung und -beurteilung optimal zu gestalten. Um diese pädagogische Aufgabe erfüllen zu können, müssen sowohl die Professionalität des Lehrerhandelns, z. B. die Diagnosekompetenz, als auch die Beurteilungsmethoden, Tests eingeschlossen, weiterentwickelt werden. Unter Qualitätsmanagement soll daher die Entwicklung und Sicherung der Qualität in der Leistungsmessung und -beurteilung verstanden werden. Wie Qualitätsmanagement betrieben werden kann, soll anhand von drei ganz unterschiedlichen Bereichen dargestellt werden:

- den Testgütekriterien, die sich grundsätzlich auch für die Praxis der Schülerbeurteilung anbieten,
- der probabilistischen Testtheorie und den pädagogischen Implikationen,
- der DIN 33430, in der Anforderungen an diagnostische Verfahren und deren Anwendung formuliert werden,
- den Bezugsnormen in der schulischen Leistungsbeurteilung.

Während diese Bereiche des Qualitätsmanagements, die Güte der Beurteilung, der testtheoretische Hintergrund, die Qualitätsstandards von Tests und die Leistungsvergleiche stets auch den individuellen Lerner im Blick haben, kommt in den letzten Jahren als neue Sichtweise die Systemebene hinzu. Die Lehrerschaft und die Schulen verwenden Schulleistungsdaten nun vornehmlich zur Evaluation der eigenen Arbeit, und die Bildungspolitik gewinnt aus der Evaluation Steuerungswissen, z. B. zur Reform der sprachlichen Frühförderung oder zur Entwicklung von Bildungsstandards. Zur Qualitätssicherung an Schulen, zur Leistungsbeurteilung und zu den bildungspolitischen Konsequenzen aus PISA wird auf die Literatur verwiesen (Hertel et al. 2010; Oelkers 2005).

5.1 Gütekriterien

Die Gütekriterien dienen dem Qualitätsmanagement von Tests. Sie werden während der gesamten Testentwicklung mehrmals überprüft und sind im Testmanual dokumentiert. Dadurch wird das Manual zum Spiegel für die Qualität der Testentwicklung. Es ist nicht beabsichtigt, Lehrpersonen durch dieses Kapitel zu Experten der Testkonstruktion zu machen, vielmehr soll die Beschäftigung mit den Gütekriterien sie in die Lage versetzen, einen Test ansatzweise beurteilen zu können, mehr noch, mit diesen Kenntnissen können sie das eigene Beurteilungshandeln überprüfen.

Haupt- und Nebengütekriterien

Nachfolgend wird zwischen Hauptgütekriterien, Nebengütekriterien und qualitativen Gütekriterien unterschieden. Zu den Hauptgütekriterien von Schultests gehören Objektivität, Reliabilität (Zuverlässigkeit) und Validität (Gültigkeit) (Lienert/Raatz 1998), während z. B. Normen, Ökonomie, Nützlichkeit und Testfairness zu den Nebengütekriterien gerechnet werden (Kubinger 1996; Lienert/Raatz 1998). Die Dialogkonsensmethoden bilden eine eigene Gruppe (Marsal 1997; Scheele/Groeben 1988).

5.1.1 *Hauptgütekriterien*

5.1.1.1 Objektivität

Definition der Objektivität

Testergebnisse sind objektiv, wenn sie unabhängig vom Untersucher zustande gekommen sind. Ein Testleiter darf keinen Einfluss auf die Testdurchführung nehmen. Die Testauswertung und -interpretation sind objektiv, wenn mehrere Untersucher zum gleichen Ergebnis kommen.

Durchführungsobjektivität

Im Rahmen der Durchführungsobjektivität sind die Testanforderungen und die äußeren Bedingungen für die Getesteten gleich zu halten. Die Testaufgaben und die Anleitung zur Durchführung liegen deshalb meist in Schriftform vor, z. B. stehen die Aufgaben im Testheft und die Standardanweisungen, zum Teil wörtlich, im Testmanual. Störende äußere Bedingungen, wie z. B. Lärm und Störungen, sind durch geeignete Maßnahmen zu minimieren.

Auswertungsobjektivität

Bei der Auswertungsobjektivität geht es um die Frage, welches Verhalten bewertet werden soll und wie es zu bewerten ist. Ob die Lösungen oder die Fehler gezählt werden oder ob es bei Falsch-Antworten einen Punktabzug gibt, ist vom Aufgabenformat bzw. von den Auswertungsregeln abhängig. Da verschiedene Beurteiler bei einer Person zum gleichen Testergebnis kommen sollen, spricht man bei diesem Objektivitätsaspekt auch von interindividueller Übereinstimmung.

Interpretationsobjektivität

Die Interpretationsobjektivität ist gegeben, wenn ein und dasselbe Testergebnis von verschiedenen Beurteilern möglichst in gleicher Weise interpretiert wird. Die Erfüllung dieses Objektivitätsaspekts ist von den

Testnormen abhängig. Mit ihrer Hilfe lässt sich ein Testergebnis einordnen und interpretieren, ob es unter-, überdurchschnittlich oder durchschnittlich ist.

Die Objektivität ist die Voraussetzung für die anderen Hauptgütekriterien. Eine Messung oder Beurteilung, die nicht objektiv ist, kann auch nicht reliabel und valide sein.

5.1.1.2 Reliabilität

Definition der Reliabilität

Unter der Reliabilität oder Zuverlässigkeit versteht man den Grad an Genauigkeit, mit der ein Test Verhalten misst.

Paralleltest-reliabilität

Bei der Paralleltestreliabilität wird von mindestens zwei äquivalenten bzw. parallelen Testformen mit unterschiedlichen Aufgaben ausgegangen. Wenn ein Prüfling beim ersten Mal mit der Testform A und beim zweiten Mal, um Behaltenseffekte auszuschließen, mit der Form B getestet wird, dann sollten die Testwerte aus A und B möglichst übereinstimmen, um als reliabel zu gelten. Echte Parallelformen sind in statistischer Hinsicht äquivalent und bestehen aus unterschiedlichen Aufgaben. Des Weiteren gibt es »falsche« Parallelformen, die aus den gleichen Aufgaben bestehen, jedoch in anderer Reihenfolge. Deren Hauptzweck ist es, bei nebeneinandersitzenden Prüflingen Mogeln zu verhindern.

Retestreliabilität

Die Retestreliabilität wird auch Wiederholungsreliabilität oder Stabilität genannt. Bei dieser Gelegenheit wird ein Prüfling zwar wieder zweimal getestet, aber beim zweiten Mal mit dem gleichen Test. Die beiden Testwerte sollten möglichst übereinstimmen, d. h. man erwartet eine hohe intraindividuelle Übereinstimmung. Bei diesem Reliabilitätsaspekt spielt das Zeitintervall zwischen erster und zweiter Messung eine große Rolle. Ist das Zeitintervall zu groß bemessen, wird übersehen, dass inzwischen Unterricht stattgefunden hat, der die Übereinstimmung reduziert. Ist das Intervall zu klein bemessen, können Aufgaben erinnert werden. Bei Schulleistungstests ist generell mit Behaltenseffekten zu rechnen.

Split-Half-Reliabilität

Die Split-Half-Reliabilität oder Testhalbierungsreliabilität wird hauptsächlich im Rahmen der Testkonstruktion berechnet. Bei dieser Methode wird der Prüfungskandidat nur einmal getestet. Anschließend wird der Test in zwei Hälften geteilt (»split-half«), und für jede Hälfte wird ein Testwert berechnet. Diese Testwerte sollten übereinstimmen, wenn der Test reliabel ist. Die Teilung kann z. B. anhand der ungeraden und geraden Aufgabenzählung (»odd-even«) vorgenommen werden.

Konsistenzanalyse

Ebenso wie die Split-Half-Methode ist die Konsistenzanalyse nur im Rahmen der Testkonstruktion von Bedeutung. Vom Prinzip her wird bei der Konsistenzanalyse ein Test in so viele Teile geteilt, wie er Aufgaben hat, und dann wird die Übereinstimmung der Beantwortungen berechnet. Das Ergebnis der Konsistenzprüfung ist Cronbachs Koeffizient.

Standardmessfehler

Auf der Grundlage der Reliabilitätsdaten lässt sich der Standardmessfehler eines Tests errechnen, das ist »... derjenige Anteil an der Standardabweichung eines Tests, der zu Lasten seiner Unreliabilität geht« (Lienert/Raatz 1998, S. 365). Der Messfehler ist für Lehrpersonen interessant, denn mit seiner Hilfe lässt sich der ›wahre‹ Punktwert für den Prüfling ermitteln. Wenn bei einer vorgegebenen Wahrscheinlichkeit der Standardmessfehler des Tests ± 5 Punkte beträgt und der Prüfling 33 Punkte erreicht, dann liegt der wahre Wert zwischen 28 und 38 Punkten. Die Kenntnis des Standardmessfehlers verhindert die Überschätzung der Reliabilität einer Messung. Des Weiteren sollten Lehrpersonen wissen, dass der Messfehler von Zensuren im allgemeinen ± eine Zensurenstufe beträgt, dass also Schwankungen zwischen den Zensuren 2 und 4 allein durch die mangelnde Zuverlässigkeit dieser Beurteilungsmethode verursacht werden können.

Die Reliabilität einer Messung oder Beurteilung bedeutet für sich allein betrachtet noch nicht viel, denn sie sagt nur, wie genau gemessen wird, aber nicht, was gemessen wird. Aber sie ist die Voraussetzung für die Validität.

5.1.1.3 Validität

Definition der Validität

Die Validität oder Gültigkeit ist das Ausmaß, mit dem ein Test das misst, was er zu messen vorgibt. Wenn beispielsweise das Leseverständnis erfasst werden soll, dann wird man nicht das Arbeitsverhalten mitzählen. Stattdessen wird man bestrebt sein, Lesekompetenz vollständig und mit trennscharfen Indikatoren zu erfassen.

Kontentvalidität

Die Bestimmung der Kontentvalidität oder Inhaltsgültigkeit ist ein weitverbreiteter Validitätsaspekt. Dabei wird ein Test von Experten nach inhaltlichen Kriterien begutachtet. Werden die Kriterien den Lehrplänen der allgemeinbildenden Schulen entnommen, spricht man auch von curricularer Validität. Der Einbezug mehrerer Experten und der wissenschaftliche Diskurs sind oft der einzige gangbare Weg zur Bestimmung der Kontentvalidität, wie internationale Schulleistungsstudien gezeigt haben (Bos/Postlethwaite 2001).

Kriteriumsbezogene Validität

Man unterscheidet die konvergente von der diskriminanten Validität, aber beide sind auf ein Kriterium bezogen. Bei der konvergenten Validität bzw. Übereinstimmungsgültigkeit wird erwartet, dass ein Test mit einem ähnlichen Test oder einem Außenkriterium, wie z. B. einer Lehrerzensur, übereinstimmt. Handelt es sich z. B. um einen neuen Mathematiktest, dann wird man auf einen Intelligenztest oder die Zeugnisnote in Mathematik zurückgreifen und die Korrelation berechnen. Erwartet werden dann mittlere bis hohe Zusammenhänge zwischen Mathematiktest und Intelligenztest bzw. Mathematiktest und Zeugnisnote. Bei der diskriminanten Validität wird dagegen ein andersartiger Test herangezogen, und es wird eine Nullkorrelation erwartet, wie z.B. zwischen einem Mathematik- und einem Wortschatztest. Wenn dann empirisch kein Zusammenhang nachgewiesen wird, dann ist der Mathematiktest in dieser Hinsicht valide.

Prognostische Validität

Im Rahmen der prognostischen Validität oder Vorhersagegültigkeit wird aufgrund des Tests oder der Beurteilung eine Prognose auf zukünftiges Verhalten getroffen. Die Tauglichkeit des TMS (Test für medizinische Studiengänge, Trost et al. 1998) wurde z.B. durch die Vorhersage des Erfolgs im ärztlichen Vorexamen bzw. des Studienabschlusses überprüft. Mit diesem Validitätsaspekt wird der Geltungsbereich eines Tests auf Eignungsfragestellungen erweitert.

Konstruktvalidität

Die Konstruktvalidität beinhaltet die Frage, wie gut ein Test mit einer Theorie übereinstimmt. Beispielsweise ist aus der Prüfungsangstforschung bekannt, dass hochängstliche Schüler und Schülerinnen leistungsschwächer als niedrigängstliche sind. Diese Hypothese lässt sich anhand einer neu entwickelten Prüfungsangstskala und eines Leistungstests überprüfen. Die neue Prüfungsangstskala ist dann konstruktvalide, wenn sie mit einem Schulleistungstest theoriegemäß signifikant negativ korreliert.

5.1.2 Nebengütekriterien

Normierung

Die Normen eines Tests sind notwendig, um individuelle Testwerte einordnen zu können. Läuft ein Sportler beispielsweise die Marathonstrecke in 2 Stunden 30 Minuten, dann kann zunächst noch nicht von einer Leistung gesprochen werden. Erst der Vergleich mit den Leistungen einer Bezugsgruppe deckt auf, dass es eine hervorragende, gute Leistung ist (Weltrekord Männer 2011: 2 Stunden 3 Minuten 38 Sekunden). Unter Normierung wird der gesamte Prozess von der Planung der Normierungsstichprobe, der Datenerhebung, den Analysen bis hin zur Erstellung der Normentabellen verstanden.

Bezugsgruppenorientierte Tests sind am weitesten verbreitet. Sie wurden an einer Gruppe von Personen normiert und bieten Prozentrang- und/oder Standardnormen zur Interpretation an (vgl. auch Kap. 4.3.5). Lehrpersonen sollten über Ziel und Methoden der Normierung Bescheid wissen.

Prozentrangnorm

Der Prozentrang (PR) bestimmt die relative Position einer Person in einer Gruppe von Personen. Einen Prozentrang von 75 zu haben bedeutet dann, dass 75 Prozent der Vergleichsgruppe genauso gut oder schlechter abgeschnitten haben. Umgekehrt gilt, dass 25 Prozent der Vergleichsgruppe noch bessere Leistungen erbringen. Bestimmte Zahlenwerte der PR-Skala haben eine besondere Bedeutung. Den PR von 50 bezeichnet man als Median oder Durchschnittswert, weil er die Punktwertverteilung der Bezugsgruppe halbiert. Unterteilt man die PR-Skala bei 33, 66 und 99, dann entstehen drei Bereiche, die Terzile. Das erste bzw. unterste Terzil kennzeichnet Leistungen als unterdurchschnittlich, ebenso wie das dritte bzw. oberste Terzil überdurchschnittliche Leistungen zu erkennen gibt. Der Durchschnittsbereich wird dann durch das mittlere Terzil definiert. Erreicht jemand PR = 60, dann liegt die Leistung im Durchschnittsbereich. Die PR-Skala kann auch in mehr als drei Bereiche aufgeteilt werden. Die Einteilung in vier Bereiche ergibt die Quartile. Prozentrangnormen sind auch ohne Statistikkenntnisse verständlich, leicht zu berechnen und können auch bei nicht normal verteilten Testergebnissen interpretiert werden. Das macht sie auch für kleine Vergleichsgruppen, wie z. B. Schulklassen, interessant. Die Nachteile von Prozenträngen hängen damit zusammen, dass Prozentränge Rangskalenniveau haben, die nur eingeschränkt statistisch analysiert werden können. Mit Median und Quartilen lassen sich nicht einmal einfache Rechenoperationen durchführen.

Standardnormen

Standardnormen können eine Alternative zu Prozentrangnormen sein. Sie sind auf die gaußsche Normalverteilungskurve mit der typischen Glockenform bezogen (Lienert/Raatz 1998). Unter dem Scheitelpunkt der Normalverteilungskurve befindet sich der arithmetische Mittelwert. Die Abweichung individueller Testwerte von diesem Mittelwert wird in Standardabweichungen ausgedrückt. Innerhalb des Bereichs von ± 1 s liegen gerundete 68 Prozent der Messungen der Bezugsgruppe, im Bereich von ± 2 s befinden sich schon 95 Prozent, und innerhalb von ± 3 s sogar 99 Prozent der Messwerte. Im Rahmen der Test- und Fragebogendiagnostik werden verschiedene Normenmaßstäbe angeboten, wie z. B. die z-Wert-Skala (Mittelwert 0, Standardabweichung 1, Bereich –4 bis +4) oder die T-Wert-Skala (Mittelwert 50, Standardabweichung 10, Bereich 10 bis 90). Die z-Wert-Skala ist die ursprüngliche Norm, weil sich z-Werte aus der Abweichung der Testwerte vom Mittelwert, relativiert an der Standardabweichung, direkt errechnen lassen. Die z-Werte sind durch das Auftreten positiver und negativer Zahlenwerte jedoch nicht so handlich, weshalb gern auf Normenmaßstäbe zurückgegriffen wird, die positive ganze Zahlen enthalten. Die T-Wert-Skala hat dagegen einen Mittelwert von 50 und eine Standardabweichung von ± 10. T-Werte und z-Werte können direkt ineinander übergeführt werden. Über weitere Normenmaßstäbe wird in der Literatur berichtet (Ingenkamp/Lissmann 2008, S. 70). Ob man eine Person mit einem T-Wert von 65 noch als durchschnittlich oder schon als überdurchschnittlich bezeichnet, hängt von der Sicherheit dieser Aussage ab. Auf der sicheren Seite ist man, wenn die Messungen von 95 Prozent der Vergleichsgruppe zugrunde gelegt werden, also den Bereich T ± 2 s bzw. T-Wert 30 bis 70. Somit wäre ein T = 65 noch als durchschnittliches Testergebnis anzusehen.

Normenbänder

Da differenzierte Normen wie die T-Wert-Skala oft Unterschiede vortäuschen, die keine sind, sind in den Testhandbüchern meistens auch Normenbänder angegeben. In die Normenbänder ist der Standardmessfehler eines Tests, mit dem berücksichtigt wird, dass jede Messung fehlerbehaftet ist, bereits eingearbeitet. Bei bekannter Reliabilität lässt sich dieser Messfehler quantifizieren. Beträgt der Standardmessfehler eines Tests 3,4 T-Werte, dann liegt der wahre Wert einer Person mit einem T-Wert von 41 zwischen 38 und 44.

Der Vorteil der Standardnormen, anspruchsvolle Rechenoperationen, wie z. B. Mittelwert und Korrelation, zu ermöglichen, wird mit dem Nachteil erkauft, dass die Testwerte bestimmte Voraussetzungen erfüllen müssen. Sie müssen u. a. in der Normierungsstichprobe normalverteilt sein. Wenn diese Überprüfung negativ verläuft, können jedoch oft alternative Formeln zur Berechnung herangezogen werden (Ingenkamp/Lissmann 2008, S. 70).

Ökonomie, Vergleichbarkeit, Fairness, Nützlichkeit

Neben der Normierung gibt es weitere Nebengütekriterien:

Ökonomie: Ein Test sollte einfach in Durchführung und Auswertung sein, wenig Durchführungszeit beanspruchen und als Gruppentest konzipiert sein.

Vergleichbarkeit: Die Forderung nach Vergleichbarkeit bezieht sich auf Parallelformen eines Tests. Liegt ein Test beispielsweise in Form A und B vor, müssen diese inhaltlich und statistisch äquivalent sein. Für den Lehrer interessant ist die Tatsache, dass Parallelformen das Abschreiben erschweren.

Fairness: Erfüllt ein Test das Kriterium der Fairness, dann ist er neutral gegenüber Geschlecht, Rasse und ethnischen Minderheiten.

Nützlichkeit: Für die Konstruktion eines Tests muss ein praktisches Bedürfnis vorliegen. Dazu ein Beispiel: Zur Messung des Begabungsselbstbilds gab es lange Zeit lediglich einige unveröffentlichte Forschungsinstrumente und einen zwar publizierten, aber veralteten Fragebogen, obwohl bekannt war, dass das Begabungsselbstbild für das Lern- und Arbeitsverhalten bedeutsam ist. Erst Jahre später wurde diese Lücke mit der Publikation eines Selbstkonzeptfragebogens geschlossen. Die Konstruktion dieses Verfahrens entsprang somit einem praktischen Bedürfnis.

5.1.3 Dialogkonsensverfahren

Von den qualitativen Gütekriterien eignen sich insbesondere »Dialog-Konsens-Methoden« (Scheele/Groeben 1988) für die Validitätsbestimmung in der Leistungsbeurteilung. Sie bieten sich an, wenn klassische Validitätsmethoden an ihre Grenzen stoßen. Im Rahmen der Portfoliobeurteilung ist es z.B. ein Problem, wie von einem einzigen Portfolio mit einer relativ kleinen Anzahl von Aufgaben auf den ganzen Lernbereich geschlossen werden kann. Genügt beispielsweise eine einzelne Schreibprobe zum Nachweis der Fertigkeit des Schreibens? Probleme wie das der Repräsentativität der Verhaltensstichprobe können durch Konsensbildung ausgeräumt werden. Die klassische Kontentvalidität wird in diesem Zusammenhang keine Probleme haben, weil sie ohnehin auf dem Konsens von Expertenurteilen aufbaut.

In der Literatur werden drei Methoden der qualitativen Validitätsbestimmung unterschieden, die kommunikative, die argumentative und die kumulative Validität (Lamnek 1988, S. 151–154).

Kommunikative Validierung

Im Rahmen der kommunikativen Validierung nimmt der Forscher noch einmal Kontakt mit dem Beforschten auf und legt ihm seine Interpretation vor. Folgende Entscheidungsvarianten sind möglich: a) Der Konsens kommt zustande, aber die Entscheidung darüber liegt beim Forschenden. b) Ein Konsens kommt nur zustande, wenn der Beforschte einverstanden ist. c) Man kann sich nicht einigen, und der Forschende vermerkt die alternative Deutung des Beforschten im Endbericht. Auf die Leistungsbeurteilung bezogen, wird eine Lehrperson die Beurteilung dem Lernenden vorlegen und Entscheidungsvariante a) benutzen.

So wünschenswert die kommunikative Validierung einerseits ist, so problematisch stellt sie sich andererseits dar. Erstens ist es möglich, dass bestimmte Bewusstseinsinhalte den Beforschten nicht gegenwärtig sind, deshalb können sie ihnen auch nicht einleuchten. Zweitens muss die Kompetenz zum Verstehen der Interpretation des Forschers erst erworben werden. Drittens ist nicht auszuschließen, dass die Konsensbildung durch Überreden zustande kommt. Auf die Leistungsbeurteilung übertragen, sind alle drei Einwände gerechtfertigt, insbesondere bei jüngeren Lernenden. Weder sind den Beurteilten die Prüfungsaufgaben und Beurteilungskriterien bekannt, noch verfügen sie über die Kompetenz der Beurteiler. Des Weiteren besteht das Risiko der Beeinflussung durch die urteilende Lehrperson (Lechler 1982, S. 248). Im Idealfall lässt sich der erste Einwand dadurch entkräften, dass Beurteilungsinhalte und die Kriterien der Beurteilung vorher bekannt gemacht werden.

Argumentative Validierung

Die argumentative Validität bezieht sich auf die Konsensbildung zwischen dem Forscher und den Lesern der Beurteilung. Dadurch, dass sie der Argumentation folgen, ist ein bestimmtes Maß an Intersubjektivität gegeben. Die Voraussetzung hierfür ist jedoch, dass die Regeln der Beurteilung angegeben werden und nachvollziehbar sind. Im Hinblick auf die Schülerbeurteilung können Lernende selbst oder andere Lehrerkollegen zu den Lesern gezählt werden. Aus entwicklungspsychologischer Sicht scheint es ratsam, die argumentative Validierung erst bei erwachsenen Lesern der Beurteilung anzuwenden.

Kumulative Validierung

Wenn die Konsensbildung zwischen dem Forscher und den am Projekt beteiligten Kollegen stattfindet, dann spricht man von kumulativer Validität. Bezogen auf die Leistungsbeurteilung bedeutet das, dass verschiedene Fachlehrer sich über den Leistungsstand einer Person verständigen, bevor sie ein Gesamturteil abgeben. Die einzelnen Urteile werden auf diese Weise zu einem Gesamturteil kumuliert.

Die gemeinsamen Gespräche mit den Schülern und Schülerinnen sowie die Dialoge der Lehrpersonen untereinander erfüllen nicht nur wichtige Funktionen der qualitativen Methode, wie z. B. Flexibilität, Explizitheit der Regeln und Transparenz, sondern können auch dazu beitragen, das Spannungsgefüge zwischen den Funktionen der Leistungsbeurteilung zu lockern und das Beurteilungsklima zu verbessern.

5.2 Testtheorien

Funktion einer Testtheorie

Wenn eine Lehrperson den Mathematiktest eines Schülers korrigiert, dann kennt sie den aktuellen Punktwert des Schülers und schlägt im Manual die Ausprägung der mathematischen Kompetenz nach. Was selbstverständlich erscheint, geschieht aufgrund von Regeln, die von der Testtheorie festgelegt wurden. Eine Testtheorie hat vor allem die Aufgabe, Regeln bereitzustellen, um von einem beobachteten Testwert auf ein latentes Merkmal schließen zu können. Es wäre aber falsch, anzunehmen, dass es nur eine Testtheorie gibt. Nachfolgend sollen die klassische und die probabilistische Testtheorie nach Rasch näher betrachtet werden.

5.2.1 *Klassische Testtheorie*

Axiome der klassischen Testtheorie

Die klassische Testtheorie (Gulliksen 1950; Lord/Novick 1968; Spearman 1904) löst die eingangs genannte Aufgabe durch drei Grundannahmen (angelehnt an Heller 1984):

- *Existenzaxiom:* Zu jedem beobachteten Wert einer individuellen Merkmalsausprägung gehört ein wahrer Wert (Tw). Tw entspricht der latenten Merkmalsausprägung, z. B. Lesekompetenz.

- *Fehleraxiom:* Jede Messung ist fehlerbehaftet (Tf). Deshalb wird der beobachtete Wert nicht dem wahren Wert entsprechen. Das Fehleraxiom enthält außerdem die Annahme, dass die Messfehler eine Zufallsvariable sind, d.h. sie sind positiv oder negativ, aber im Durchschnitt gleichen sie sich aus, sie ergeben null. Daraus folgt wiederum, dass bei unendlich vielen Messungen der wahre Wert dem beobachteten Wert gleichgesetzt werden kann.
- *Verknüpfungsaxiom:* Der beobachtete Wert setzt sich additiv aus dem wahren Wert und dem Messfehler zusammen (Tb = Tw + Tf). Daraus folgt, dass der Fehler formelmäßig zu schätzen ist und grundsätzlich möglichst klein sein soll. Darum nennt man die klassische Testtheorie auch Messfehlertheorie.

Für Lehrpersonen sind neben diesen Grundlagen sicher die Schwachpunkte der klassischen Testtheorie interessant, um diese mit der probabilistischen Theorie vergleichen zu können. Die beiden kritischen Punkte sind unter den Schlagwörtern Populationsabhängigkeit und Invarianzvoraussetzung bekannt.

Populationsabhängigkeit

Da alle Fehlerschätzungen aufgrund von Messungen an Personenstichproben vorgenommen werden, ist das Ergebnis populationsabhängig, also von den untersuchten Personen abhängig. Das Fehleraxiom wird dadurch verletzt, dass der Messfehler keine Zufallsvariable ist. Bildhaft ausgedrückt, ist eine Personenwaage nur von ihren Teilen, nicht aber von den gewogenen Personen abhängig.

Invarianzvoraussetzung

In der klassischen Testtheorie werden invariante, d.h. relativ stabile Personenmerkmale vorausgesetzt. Intraindividuelle Schwankungen um einen wahren Wert können nur dann als Messfehler bedingt erklärt werden, wenn dieser wahre Wert über Zeit und Situationen hinweg relativ stabil bleibt. Intraindividuelle Schwankungen, z.B. durch Motivation und Tagesform, sind nicht vorgesehen. Die Messung von Veränderungen ist für die klassische Testtheorie ein kaum lösbares Problem.

Trotz dieser Kritik bleibt es ein Verdienst der klassischen Testtheorie, auf die Bedeutung der Gütekriterien für die Leistungsmessung und -beurteilung aufmerksam gemacht zu haben. Lehrpersonen sollten deshalb verstärkt bemüht sein, den Messfehler in der Beurteilungspraxis klein zu halten.

5.2.2 Probabilistische Testtheorie

Abgrenzung zur klassischen Testtheorie

In der klassischen Testtheorie entspricht der beobachtete Testwert direkt dem latenten Merkmal, wenn keine Messfehler vorhanden sind, während in einer probabilistischen Testtheorie der beobachtete Testwert und das latente Merkmal theoretisch und mathematisch voneinander getrennt werden. Der Begriff probabilistisch soll zum Ausdruck bringen, dass Wahrscheinlichkeitsaussagen getroffen werden.

Dichotom eindimensionales Rasch-Modell

Die testtheoretischen Arbeiten des dänischen Mathematikers Georg Rasch (Rasch 1960) und unter ihnen wieder das eindimensionale Modell für dichotome Antworten erlangten einen großen Bekanntheitsgrad. Das einfache Rasch-Modell enthält Testaufgaben, die dichotom beantwortet werden (gelöst – nicht gelöst), sowie einen Personenparameter und einen Aufgabenparameter, die auf einer Dimension abgebildet werden. Die wichtigsten Charakteristika dieses Rasch-Modells werden nachfolgend beschrieben (Fricke 1972; Michel/Conrad 1982; Rost/Spada 1982).

Itemcharakteristik

Bei einer Testaufgabe ist die Wahrscheinlichkeit, dass sie gelöst oder nicht gelöst wird, eine logistische Funktion der Aufgabenschwierigkeit und des Ausprägungsgrads der latenten Fähigkeit. Grafisch lässt sich diese Funktion wie folgt darstellen (vgl. Stelzl 1993, S. 146).

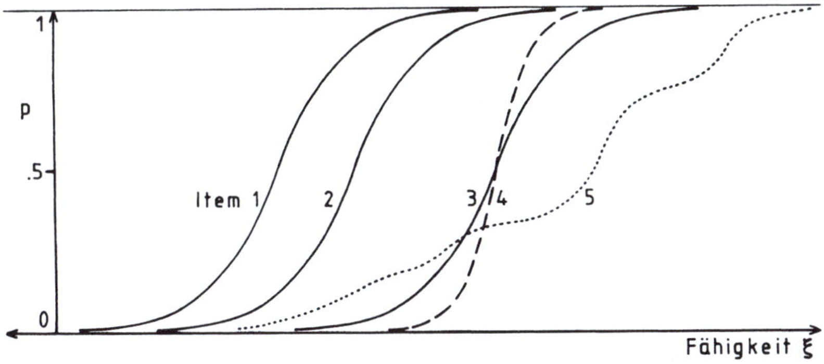

Abbildung 22: Itemcharakteristikkurven (aus Ingenkamp/Lissmann 2008, S. 122)

Deutlich zu erkennen sind die s-förmigen Beziehungen zwischen der Lösungswahrscheinlichkeit (p) und der latenten Fähigkeitsausprägung (griech.: ξ [ksi]) der fünf Beispielaufgaben. Die Aufgaben 1 bis 3 sind modellkonform oder homogen. Sie haben die gleiche Form, sind jedoch in Abhängigkeit von ihrem Schwierigkeitsgrad entlang der Abszisse parallel verschoben. Das heißt konkret, dass zur Lösung der dritten Aufgabe eine höhere Fähigkeitsausprägung erforderlich ist als zur Lösung der zweiten, und zur Lösung der zweiten Aufgabe ist wiederum eine höhere Fähigkeitsausprägung erforderlich als zur Lösung der ersten. Modellkonform oder homogen heißt in diesem Fall, dass durch die drei Testaufgaben ein und dieselbe Fähigkeit erfasst wird. Bezüglich dieses latenten Merkmals stellen diese Aufgaben valide Indikatoren dar. Die Itemcharakteristikkurven der Aufgaben 3 und 4 überschneiden sich, wobei der Anstieg der 4. Itemcharakteristik steiler verläuft. Diese Items verhalten sich ebenso nicht modellkonform, wie das 5. Item.

Lokale stochastische Unabhängigkeit

Lokale stochastische Unabhängigkeit bedeutet, dass die Lösungswahrscheinlichkeit allein von der Aufgabenschwierigkeit und vom Ausprägungsgrad der latenten Fähigkeit abhängt, aber nicht davon, ob eine vorangegangene Aufgabe richtig oder falsch beantwortet wurde und ob sich situative Randbedingungen geändert haben. Diese Aussage impliziert, dass die Aufgabenschwierigkeit unabhängig von der Verteilung der latenten Fähigkeiten in einer Stichprobe ist. Deshalb sind die geschätzten Lösungswahrscheinlichkeiten stichprobenunabhängige Messwerte.

Spezifische Objektivität

Die spezifische Objektivität bezieht sich auf die Unabhängigkeit der latenten Fähigkeit von der Auswahl der Items. »Die Bedingung, Personenparameter und Itemparameter trennen und unabhängig voneinander vergleichen zu können, kennzeichnet die spezifische Objektivität des Modells. Ist sie gegeben, dann muss jede beliebige (repräsentative oder irrepräsentative) Teilmenge von Items korrespondierende Schätzungen der Personenparameter erbringen« (Michel/Conrad 1982, S. 29). Auch für dieses Prinzip gilt, dass die Ergebnisse nicht vom untersuchten Personenkreis abhängig sind.

Relevanz für die Diagnostik

Das Rasch-Modell bringt der pädagogischen Diagnostik, insbesondere der Leistungsmessung und -beurteilung, folgende Neuerungen:

- Eine Person erhält mit einer bestimmten Wahrscheinlichkeit die gleiche latente Merkmalsausprägung, unabhängig davon, welche Aufgaben vorgelegt werden. Die Konsequenz ist, dass die Person nicht mehr alle Aufgaben bearbeiten muss.
- Eine Testaufgabe liefert mit einer bestimmten Wahrscheinlichkeit die gleiche Itemschwierigkeit für verschiedene Personengruppen, vorausgesetzt, dass die Stichproben derselben Grundgesamtheit entnommen wurden. Dadurch, dass die Lösungswahrscheinlichkeit unabhängig von Stichprobencharakteristika ist, wird der gegen die klassische Testtheorie gerichtete Einwand der Abhängigkeit des Messinstruments von den untersuchten Personen nichtig.
- Mit der Merkmalsausprägung einer Person steigt die Wahrscheinlichkeit, dass sie Aufgaben höherer Schwierigkeit löst. Der umgekehrte Fall gilt ebenso. Die Testaufgaben einer bestimmten Schwierigkeitsstufe, die eine Person zu lösen vermag, lassen Rückschlüsse auf ihre Fähigkeitsausprägung zu. Durch diese Implikation wird eine kriteriumsorientierte Testinterpretation ermöglicht.

Löst eine Person beispielsweise eine Aufgabe mit einer Schwierigkeit von 500, dann besitzt sie mit einer bestimmten Wahrscheinlichkeit auch eine Fähigkeit von 500. Dies ergibt sich aus dem Rasch-Modell, das die Aufgabenschwierigkeit und die latente Fähigkeit einer Person auf demselben Maßstab abbildet. Diese Fähigkeit kann inhaltlich beschrieben werden, weil die Aufgaben nach fachdidaktischen und pädagogischen Kriterien konstruiert wurden.

Kriteriumsorientierte Testinterpretation

Auf dieser Grundlage lassen sich z. B. in Mathematik inhaltlich interpretierbare Kompetenzstufen, wie z. B. die folgenden, abgrenzen (aus Walther et al. 2003, S. 202).

I	Rudimentäres schulisches Anfangswissen	< 289
II	Grundfertigkeiten zum Zehnersystem, zur ebenen Geometrie und zu Größenvergleichen	290–410
III	Verfügbarkeit von Grundrechenarten und Arbeit mit einfachen Modellen	411–520
IV	Beherrschung der Grundrechenarten, Bewältigung von Aufgaben der räumlichen Geometrie und begriffliche Modellentwicklung	521–650
V	Problemlösen bei Aufgaben mit innermathematischem oder außermathematischem Kontext	> 650

Abbildung 23: Kompetenzstufen in Mathematik

Jede Kompetenzstufe wird inhaltlich von einer Anzahl Testaufgaben repräsentiert, wie am Beispiel der niedrigsten Kompetenzstufe veranschaulicht werden soll. »Den Schülerinnen und Schülern dieser Stufe [Kompetenzstufe I; U. L.] gelingt die Bearbeitung einfachster arithmetischer Aufgaben ohne Kontextbezug oder mit innermathematischem Kontext. Aufgaben aus Geometrie oder zum Sachrechnen werden nicht bewältigt. Die Rechenfertigkeit der Kinder auf dieser Stufe beschränkt sich auf die Lösung von kontextfreien Additionsaufgaben im Hunderterraum durch Kopfrechnen, d. h. im Test bei offener Aufgabenstellung nur durch Angabe des Resultats. Zahlbeziehungen werden an Punktbildern von Zahlen des ersten Zehners, aber auch in Verbindung mit der Zifferndarstellung von vierstelligen Zahlen mit gleichen Ziffern erkannt« (Walther et al. 2003, S. 202).

Die Eigenschaft des Rasch-Modells, eine kriteriumsorientierte Testinterpretation zu liefern, zeigt der Praxis der schulischen Leistungsbeurteilung neue Wege auf. Weitere Vorteile der probabilistischen Testtheorie betreffen Bereiche wie z. B. Trennschärfe der Items und Ratewahrscheinlichkeit, für die das Rasch-Modell erweitert wurde. Zusammengefasst bietet die probabilistische Testtheorie dort Problemlösungen an, wo die klassische Testtheorie an ihre Grenzen stößt. Sie ergänzen sich mehr, als dass sie miteinander konkurrieren.

5.3 DIN 33430

Die Einhaltung von Qualitätsstandards bei diagnostischen Verfahren soll durch die DIN 33430 gesichert werden. Sie wurde 2002 vom Deutschen Institut für Normen veröffentlicht und stellt ein Regelwerk zur Sicherung oder Verbesserung eines bestimmten Qualitätsniveaus dar. Die DIN ist zwar für den Einsatz in der berufsbezogenen Eignungsdiagnostik entwickelt worden, aber sie besitzt Modellcharakter für andere Anwendungsbereiche, wie z. B. die Leistungsfeststellung und -beurteilung in der pädagogischen Diagnostik.

Anforderungen an diagnostische Verfahren und die Anwendung

Die DIN 33430 informiert über »Anforderungen an Verfahren und deren Einsatz bei berufsbezogenen Eignungsbeurteilungen« (DIN, Deutsches Institut für Normung e.V. 2002). Mit Verfahren sind in erster Linie Verhaltensbeobachtung, Verhaltensbeurteilung und Eignungsinterview angesprochen, die in der Berufseignungsdiagnostik jährlich zigtausend Mal eingesetzt werden – beispielsweise brachte es ein bekannter Persönlichkeitsfragebogen 2001 auf 70 000 Anwendungen (Kersting 2008, S. 112) –, und erst in zweiter Linie Testverfahren, Zeugnisse und andere Bewerbungsunterlagen. Mit dem Einsatz der Verfahren ist deren professionelle Handhabung, also Planung, Durchführung, Auswertung und Interpretation, gemeint. In der DIN wird unter anderem über die Gütekriterien informiert. Sie enthält z. B. die klare Aussage, dass Testnormen nicht älter als acht Jahre sein dürfen. Auf dieses Datum hat man sich nicht geeinigt, weil die Vergleichsgruppe etwa intelligenter werden könnte, sondern weil sich das Aufgabenlösungsverhalten infolge gesellschaftlicher Entwicklungen ändern könnte (Kubinger/Proyer 2004, S. 191).

Verbindlichkeit der DIN 33430

Die DIN 33430 erhält ihre Verbindlichkeit durch die Rechtsprechung und dadurch, dass die Legislative bei Gesetzen und Verordnungen darauf Bezug nimmt. Je größer die Akzeptanz der DIN, desto höher ist die Verbindlichkeit, auch über berufliche Eignungsuntersuchungen hinausgehende Testverfahren regelmäßig zu revidieren. »Als Konsequenz aus der Norm DIN 33430 ist zu erwarten, dass in allen Anwendungsbereichen der Psychologischen Diagnostik (also z. B. auch in der … Pädagogisch-psychologischen Diagnostik …) und nicht nur für die Diagnostik im Personalwesen … diese Norm als allgemeine Orientierung gilt und für juristische Auseinandersetzungen als fachlich fundierter Rahmen vorgegeben ist« (Jäger 2003, S. 405).

Zur Erhöhung der Verbindlichkeit wurden Begleit- und Folgemaßnahmen wie Checklisten, Lizenzen, Zertifikate und ein Beurteilungssystem entwickelt (Kersting 2008).

Checklisten

Die Checkliste »DIN Screen« (Kersting 2006) enthält mehrere Listen mit insgesamt 318 Items, deren Grundlage die DIN 33430 ist. Die Beurteilung der Aussagen erfolgt mit »trifft zu – trifft nicht zu«, »nicht zu bewerten« und »Anmerkungen«. Der Beurteiler eines Testverfahrens kann mit DIN Screen kontrollieren, ob die Anforderungen der DIN für ein konkretes Verfahren erfüllt sind.

Lizenzen

Durch Fort- und Weiterbildung können Lizenzen erworben werden. Die Funktion, die eine Person im Rahmen der Eignungsdiagnostik einnimmt, bestimmt den Umfang des zu erwerbenden Wissens. Das Fortbildungs- und Prüfungssystem der Föderation Deutsche Psychologenvereinigungen sieht drei unterschiedlichen Lizenzen vor: eine Lizenz für Mitwirkende an Verhaltensbeobachtungen, eine Lizenz für Mitwirkende an Eignungsinterviews und eine Lizenz für Auftragnehmer. Die Fortbildungsangebote sind ebenfalls auf diese drei Gruppen zugeschnitten. Des Weiteren steht grundlegende Literatur zur Verfügung (z.B. Westhoff et al. 2004).

Zertifizierung

Im Rahmen der Zertifizierung werden z.B. Organisationen dahingehend überprüft, ob sie die notwendigen Voraussetzungen für die Realisierung der DIN erfüllen. Es geht also nicht darum, Produkte zu prüfen, sondern die Struktur einer Organisation, wie z.B. die Verantwortlichkeiten, Verfahren und Prozesse. Dazu werden meistens Qualitätsmanagementsysteme eingesetzt, die dem ISO-9001-Standard folgen.

TBS-TK

Folgt man Kersting, dann erfolgt die Test*beurteilung* nicht nach der DIN 33430, sondern aufgrund der Informationen, die nach der DIN 33430 zu einem Test vorliegen müssen (Kersting 2008, S. 115). Die DIN 33430 erfüllt demnach lediglich eine Informationsfunktion. Nur für den Fall, dass zentrale Informationen fehlen, liefert die DIN eine, wenn auch negative, Beurteilung. Das Testbeurteilungssystem des Testkuratoriums (TBS-TK) der Föderation Deutscher Psychologenvereinigungen (Testkuratorium 2006) ist dagegen explizit ein Beurteilungssystem. Es umfasst drei Stufen, erstens die Prüfung der Informationsgrundlage nach DIN 33430, dann zweitens die Testbeschreibung nach einem vorgegebenen Raster sowie drittens die Testbeurteilung durch zwei unabhängige Rezensenten. Die Beurteilungskategorien des TBS-TK-Systems sind umfassend und schließen nicht nur allgemeine Informationen über den Test, Beschreibung des Tests und die diagnostische Zielsetzung mit ein, sondern auch die theoretische Grundlage für die Testkonstruktion und die Gütekriterien.

Desiderat Zusatzausbildung

Wenn sich die DIN 33430 auch im schulischen Bereich durchsetzen soll, dann muss die Messlatte der Professionalität höher gelegt werden, als es in aktuellen Lehramtsstudiengängen geschieht. Um sorgfältige Diagnostik betreiben zu können, sollten interessierte Lehrpersonen weiterqualifiziert werden. Die Zukunft wird dann vielleicht so aussehen, dass Beratungslehrer im Rahmen der Fort- und Weiterbildung Zertifikate erwerben, die sie befähigen und berechtigen, diagnostische Verfahren nach DIN-Vorgabe einzusetzen, um den eigenen Informationsbedarf zu decken und den Schulpsychologen zu entlasten.

5.4 Bezugsnormorientierung

Allgemein sind Bezugsnormen eine wichtige Voraussetzung dafür, dass der Prüfling selbst oder der Beurteiler eine Handlung als Leistung akzeptiert. Man denke hierzu noch einmal an das Beispiel des Marathonläufers (siehe Kap. 5.1.2), dessen gelaufene Zeit erst dann als weltrekordverdächtig gelten konnte, als sie mit den Zeiten anderer Läufer verglichen wurde. Der soziale Vergleich ist jedoch nur eine der möglichen Vergleichsperspektiven.

Heckhausen

Schon in den 1970er-Jahren unterschied Heckhausen vier Gütemaßstäbe einer Leistung (Heckhausen 1974):

- Wenn die Leistung einer Person mit der Leistungsverteilung einer Bezugsgruppe verglichen wird, liegt eine *soziale Bezugsnorm* vor.
- Wird die Leistung mit früheren Leistungen derselben Person verglichen, spricht man von *individueller Bezugsnorm*.
- Ein *sachlicher Gütemaßstab* liegt vor, wenn eine Leistung den Anforderungen, die in der Sache selbst liegen, genügt.
- Unter *fremdgesetzter Bezugsnorm* werden Gütemaßstäbe verstanden, die von Institutionen als verbindlich vorausgesetzt werden.

Rheinberg

Die Erforschung der individuellen und sozialen Bezugsnormorientierung (BnO) wurde mit der Dissertation Rheinbergs angestoßen (Rheinberg 1977). Schon bald bestätigte die Befundlage, dass die Bezugsnormorientierung von Lehrpersonen deren Unterricht beeinflusst und motivationale Konsequenzen für die Lernenden hat (Dickhäuser/Rheinberg 2003; Rheinberg 1980, 1982, 2001a, b).

5.4.1 Bezugsnormen und Lehrerverhalten

Bezugsnormen haben Auswirkungen auf die Ursachenerklärung von Erfolg/Misserfolg (Kausalattribution) und die Leistungserwartungen sowie das Individualisierungs- und Sanktionierungsverhalten von Lehrpersonen.

BnO beeinflussen Erklärungen und Erwartungen

Lehrer mit sozialer BnO erklären Schülerleistungen überwiegend mit der Begabung, der Arbeitshaltung und dem häuslichen Milieu, also relativ stabilen Kausalfaktoren, während Lehrer mit individueller BnO dagegen mehr das Sachinteresse, die Unterrichtsmethodik und die Unterrichtsinhalte zur Erklärung heranziehen, also zeitvariable Faktoren.

Außerdem treten bei Lehrpersonen mit sozialer BnO eher langfristige Leistungserwartungen auf, während Lehrpersonen mit individueller BnO langfristige Leistungsprognosen für kaum möglich halten. Bei der Übernahme dieses Attributionsmusters aufseiten der Schüler kommt es jedoch auf die Schulleistung an. Im Fall guter Schulleistungen ist nichts gegen stabile Ursachenerklärungen einzuwenden, z. B. die Leistung mit Begabung zu erklären, im Fall schlechter Schulleistungen sollten jedoch besser zeitvariable Ursachenerklärungen, wie z. B. fehlende Anstrengung, herangezogen werden.

Bno beeinflussen Individualisierungsverhalten

Lehrer mit sozialer BnO stellen nach Möglichkeit gleich schwere Aufgaben für alle Schüler bereit. Sie sind um Angebotsgleichheit bemüht, während Lehrer mit individueller BnO angepasste Aufgaben stellen, die je nach Schüler unterschiedliche Schwierigkeiten aufweisen.

BnO beeinflussen Sanktionierungsverhalten

Unter sozialer BnO loben bzw. tadeln Lehrpersonen Schulleistungen, die über bzw. unter dem Klassendurchschnitt liegen. Im Gegensatz dazu sanktionieren Lehrer unter individueller BnO eher Leistungsfortschritte und Leistungseinbußen.

5.4.2 Bezugsnormen und Schülerverhalten

Die BnO von Lehrpersonen korrespondiert mit motivational bedeutsamen Schülermerkmalen, wie z. B. Leistungsmotivation, Schulangst und Kausalattribution.

BnO beeinflussen motivationale Schülermerkmale

Ein Unterricht unter individueller BnO wirkt sich günstig auf die Zunahme der Erfolgsmotiviertheit und die Abnahme der Misserfolgsmotiviertheit aus. Er trägt dazu bei, dass schulische Ängste abgebaut und stabile Ursachenerklärungen zugunsten variabler Erklärungen seltener genannt werden. Besonders die weniger leistungsfähigen Schüler haben Vorteile von einem Unterricht, bei dem soziale Vergleiche in den Hintergrund treten. Dickhäuser/Rheinberg (2003) zitieren die internationalen Schulleistungsstudien TIMSS (Third International Mathematics and Science Study) und BIJU (Bildungsverläufe und psychosoziale Entwicklung im Jugendalter), die erneut den günstigen Einfluss der individuellen BnO von Lehrpersonen auf motivationale Schülermerkmale bestätigen konnten.

Forschungsdefizit bei Effekten gekoppelter BnO

Weit weniger gut erforscht ist die kriteriale BnO, bei der eine Leistung mit beispielsweise curricularen Kriterien verglichen wird. In der Literatur wird darauf hingewiesen, dass die kriteriale BnO stets an die individuelle BnO gekoppelt ist. »Von daher beruht der Einsatz der individuellen Bezugsnorm auf nichts anderem als der Herstellung von bestmöglicher Passung zwischen sachlicher [kriterialer; U. L.] Bezugsnorm und individuellem Lernentwicklungsstand bzw. internen und externen individuellen Lernvoraussetzungen« (Jürgens 2012b, S. 34). Des Weiteren ist die individuelle BnO jedoch auch an die soziale BnO gekoppelt. Aber diese Verbindung ist für Leistungsschwächere ungünstig, weil sie durch die rückblickenden Vergleiche lediglich feststellen können, dass sie nicht besser werden, solange sich die anderen Lernenden ebenso angestrengt haben. Deswegen wird in der Literatur empfohlen, auf die soziale BnO im Zusammenhang mit der Leistungsbeurteilung ganz zu verzichten. »Sie [die soziale BnO; U. L.] wird weder für die Beurteilungsaufgabe noch für die Unterrichtsdidaktik gebraucht, noch liefert sie irgendwelche positive Hilfe bei der Implementation des schulischen Erziehungs- und Bildungsauftrags« (Jürgens 2012b, S. 35).

Gegen diese Empfehlung sprechen mindestens zwei Gründe: Zum einen wird zur Information der Eltern »… am häufigsten ein Vergleich mit anderen Schülerinnen und Schülern der gleichen Jahrgangsstufe herangezogen …, um Leistungen einzuordnen (46,5 Prozent). Dies entspricht der Praxis der Notengebung, die sich an der Verteilung in der jeweiligen Klasse orientiert. Hier liegt Deutschland sehr nahe am OECD-Durchschnitt (46,7 Prozent)« (Hertel et al. 2010, S. 123). Zum anderen scheinen leistungsstarke Schüler von der sozialen BnO zu profitieren. Das legen die empirischen Ergebnisse eines Quasiexperiments nahe (Lissmann/Paetzold 1982). Schüler mit eher ungünstigen Lernvoraussetzungen profitierten von der sehr differenzierten oder der kriteriumsorientierten LR, während sich auf Schüler mit eher günstigen Lernvoraussetzungen die undifferenzierte oder normorientierte LR günstiger auswirkte.

Zum besseren Verständnis sei kurz über diese empirische Untersuchung berichtet (Lissmann/Paetzold 1982). In einem fünfmonatigen Quasiexperiment wurden die mündliche und die schriftliche Leistungsrückmeldung von Lehrpersonen verändert. Die erste Gruppe sollte undifferenzierte und normorientierte Leistungsrückmeldungen erproben, die zweite Gruppe dagegen undifferenzierte und kriteriumsorientierte Leistungsrückmeldungen. Unter der Versuchsbedingung »normorientierte Leistungsrückmeldung« (soziale BnO) sollten im Mündlichen wie im Schriftlichen soziale Vergleiche geäußert werden. Die schriftlichen Lernkontrollen wurden in Relation zur Klassenleistung benotet. Bei der »kriteriumsorientierten Leistungsrückmeldung« (kriteriale BnO) sollten die sozialen Vergleiche hingegen eingeschränkt werden. Stattdessen standen die Lehrziele im Mittelpunkt. Bei den schriftlichen Lernkontrollen wurden die Anzahl erreichter und nicht erreichter Lehrziele rückgemeldet. In der dritten Gruppe sollten die Lehrpersonen darauf achten, viele sehr differenzierte und normorientierte Leistungsrückmeldungen zu geben, während die vierte Gruppe angewiesen war, sehr differenzierte und kriteriumsorientierte Leistungsrückmeldungen zu geben. Die sehr differenzierte Leistungsrückmeldung umfasste gegenüber der undifferenzierten Leistungsrückmeldung Begründungen, Hilfen und schriftliche Kommentare.

Das herausragende Ergebnis für die Hauptschulklassen bestand im Nachweis eines statistischen Wechselwirkungseffekts. Die sehr differenzierte und zugleich kriteriumsorientierte Leistungsrückmeldung schnitt nur ebenso günstig ab wie die undifferenzierte und normorientierte Leistungsrückmeldung. Davon betroffen waren nicht nur Mathematiktestleistungen, sondern auch kognitive und affektive Schülermerkmale, z. B. das Leistungsmotiv, die günstige variable Ursachenerklärung bei Misserfolg, die Anstrengungsbereitschaft und die Einstellung zum Lernen. Der leistungsfördernde Einfluss der sehr differenzierten und zugleich kriteriumsorientierten Leistungsrückmeldung zeigte sich in den untersuchten Realschulklassen.
Das überraschende und für beide Schulformen einheitliche Ergebnis waren die differenziellen Effekte. Fast durchgängig konnte nachgewiesen werden, dass über die fünf Monate hinweg Schüler mit eher ungünstigen Lernvoraussetzungen von der sehr differenzierten *oder* der kriteriumsorientierten LR profitierten, während sich auf Schüler mit eher günstigen Lernvoraussetzungen die undifferenzierte oder normorientierte LR günstiger auswirkte.

Kombination verschiedener BnO

Was liegt also näher, als den Lernenden im Unterricht mehr als Rückmeldungsform bzw. Bezugsnorm anzubieten. Lernende sollten je nach Lernstand und Lernziel unterschiedliche BnO erleben können. Die Voraussetzung ist jedoch, dass die Lehrpersonen die Leistung der Lernenden unter unterschiedlichen BnO beurteilen können und rechtlich auch dürfen. Es bietet sich darüber hinaus an, verschiedene Bezugsnormen miteinander zu kombinieren, wie z. B. sehr differenzierte Kommentare zu Zensuren unter kriterialer Bezugsnorm. Dadurch ergeben sich neue Möglichkeiten zur pädagogischen Handhabung von Zensuren (Jürgens/Sacher 2000).

6 Prüfungen vorbereiten, durchführen und analysieren

Schulische Prüfungen sind Leistungsbeurteilungen mit dem Ziel der Überprüfung curricularer Lernprozesse. Sie dienen der Information der Lernenden, der Lehrpersonen und der Eltern sowie der Qualifikation der Lernenden im Dienste des Berechtigungswesens. Prüfungen finden in Erhebungssituationen statt, die von sozialwissenschaftlichen Methoden, z.B. der Beobachtung und Befragung, präformiert sind. Davon ausgehend kann zum einen die nachfolgende Kapiteleinteilung in Prüfungsplanung, -durchführung und -reflexion gerechtfertigt werden, zum anderen lassen sich die Vorteile sozialwissenschaftlicher Erhebungsmethoden für Prüfungen nutzen und deren Nachteile vermeiden. Nicht zuletzt trägt das Wissen um die Prüfungsaufgaben und -fragen zur Vielfalt der Leistungsanforderungen und zur Sorgfalt bei der Aufgabenformulierung bei.

6.1 Prüfungsplanung

Im Rahmen der Planungsphase einer Prüfung sind folgende Fragen zu klären:

- Welcher Lehrstoff soll einbezogen werden?
- Welche Prüfungsform ist vorgesehen?
- Welches Aufgabenformat bietet sich an?
- Welches Anforderungsniveau wird zugrunde gelegt?
- Wie soll die Prüfung später korrigiert werden?
- Worauf ist beim Zusammenstellen der Prüfung zu achten?

Lehrstoffauswahl

Bedeutsame Prüfungsthemen

Zunächst gilt es, die Themen festzulegen. Es genügt nicht, den Lehrplan zum Vergleich heranzuziehen, weil man in der Literatur drei Formen von Curricula unterscheidet. Während das intendierte Curriculum überwiegend von der Bildungsverwaltung in Form von Lehrplänen festgelegt ist, umfasst das implementierte Curriculum die eingeführten Lehrbücher, die Freiheit des Lehrers in der Lehrzielauswahl usw. Davon abzuheben ist das realisierte Curriculum, also das, was die Schülerinnen und Schüler an Lehrstoff gelernt haben (Bos/Postlethwaite 2001). Als Grundlage für die Prüfungsthemen wird das implementierte Curriculum empfohlen. In einem zweiten Schritt wird man den Lehrstoff in Abhängigkeit von der verwendeten Unterrichtszeit in Lernzieleinheiten zerlegen, wobei die verwendete Unterrichtszeit einen Indikator für die Bedeutsamkeit und die Schwierigkeit des Lehrstoffs darstellt. Auf diese Weise sind bedeutsame Lernziele automatisch durch mehrere Aufgaben repräsentiert. Eine Alternative wäre es, bedeutsame Lernziele durch Gewichtung der Aufgaben hervorzuheben. In einem weiteren Schritt wird man für die Lernziele geeignete Aufgabenformate suchen (siehe unten).

Prüfungsformen

Mündliche, schriftliche, praktische Prüfungformen

Gesetzlich vorgeschrieben sind mündliche, schriftliche und praktische Prüfungen. Stellvertretend für die Bundesländer heißt es in der Schulordnung von Rheinland-Pfalz: »Bei der Leistungsfeststellung und der Leistungsbeurteilung sind vielfältige mündliche, schriftliche und praktische Beiträge zu berücksichtigen. Alle zur Leistungsfeststellung herangezogenen Arbeitsformen müssen im Unterricht geübt worden sein« (SchulO RP 2009, § 50 Abs. 2). Demzufolge sollten die Prüfungen abwechslungsreich sein (Beispiele siehe Kap. 4.3.3), und die Beiträge müssen vom Unterricht her bekannt sein. Beispielsweise setzen Prüfungsaufgaben in Auswahlantwortform, die ein Wiedererkennen der richtigen Antwort erfordern, voraus, dass sie im vorangegangenen Unterricht in Lernzielkontrollen schon verwendet wurden.

In der Literatur wird der Wechsel in den Prüfungsformen damit begründet, dass bei jeder Form der Leistungserhebung bestimmte Schüler bevorzugt und andere benachteiligt werden (Grundsatz der Variabilität; Jürgens/Sacher 2008, S. 87). Darüber hinaus haben Prüfungsformen eine Reihe von Stärken und Schwächen, von denen die Vorzüge nachfolgend betrachtet werden sollen.

Prüfungsformen	mündlich	schriftlich	praktisch
Antworten nachbessern		x	
Ganzheitlichkeit			x
Hilfestellung geben	x		

Prüfungsformen	mündlich	schriftlich	praktisch
Lebensnähe, Lebensrelevanz			x
Nachfragen können	x		
Ökonomie bei der Organisation		x	
Ökonomie bei der Aufsicht		x	
Prüfungsangst	x		
Reproduzierbarkeit des Ergebnisses		x	x
Vergleichbarkeit von Prüfungen		x	

Tabelle 10: Stärken mündlicher, schriftlicher und praktischer Prüfungsformen

Relative Vorteile der mündlichen, schriftlichen, praktischen Prüfung

Unter den angeführten Kriterien stellt die Prüfungsangst das einzige abwertende Merkmal dar, das der mündlichen Prüfung zugeordnet wurde. Das soll nicht heißen, dass die schriftliche und die praktische Prüfung angstfrei sind, die mündliche Prüfung ist jedoch in der Tendenz die eher Angst evozierende Prüfungsform.

Diese relativierende Sichtweise gilt im Übrigen auch für die anderen Kriterien. Die mündliche Prüfung zeigt ihre Stärken eher im Geben von Hilfestellung und in der Möglichkeit des Nachfragens als die anderen Prüfungsformen. Eine schriftliche Prüfung hat ihre Stärken eher darin, Antworten nachbessern zu können, wenn die falsche Antwort eingekreist und die richtige Lösung neu angekreuzt werden kann, in der Ökonomie und in der Vergleichbarkeit. Das Ergebnis der schriftlichen Prüfung ist im Vergleich mit den anderen Prüfungsformen eher wiederholbar und nachvollziehbar, außer wenn in der praktischen Prüfung ein Werkstück abgeliefert wird. Schließlich wäre die praktische Prüfung zu nennen, die ihre Stärken eher hinsichtlich kognitiver und emotional-sozialer Fähigkeiten (Ganzheitlichkeit), Lebensnähe, Lebensrelevanz und der Reproduzierbarkeit von Werkstücken beweist.

Aufgabenformate

Offene und geschlossene Aufgaben

Durch das Aufgabenformat werden Aufgabenstellung und Beantwortung festgelegt. Nach Gage/Berliner können freie und gebundene Antworten unterschieden werden (Gage/Berliner 1996). Im Rahmen der freien Beantwortung sind in der Regel ein oder mehrere Wörter, wie z.B. beim Lückentext und bei der Satzergänzungsaufgabe, oder eine Zahl hinzuschreiben. Bei der gebundenen Antwortform muss die richtige Antwort meist unter mehreren Antwortvorgaben gefunden werden.

Die Antwortauswahlform, bei der die richtige Antwort unter vier bis fünf Antworten wiedererkannt werden muss, ist wohl am bekanntesten. Des Weiteren können Essay- und Performanzaufgaben unterschieden werden. In Kapitel 4.3.3 sind die Aufgabenformate näher beschrieben.

Die frei zu beantwortenden Aufgaben werden in der Literatur auch offene Aufgaben, die Aufgaben mit gebundenen Antworten auch geschlossene Aufgaben genannt (Jürgens/Sacher 2008; Sacher 2011). Da die folgende Auflistung von Aufgabenmerkmalen der Literatur entnommen wurde, soll diese Begrifflichkeit übernommen werden.

Aufgabenformen	offen	geschlossen
Aufgabenzahl je Prüfung		x
Korrektur der Aufgaben		x
Kreative Leistungen zeigen	x	
Lernprozesse erfassen	x	
Lösung selbst finden	x	
Lösung wiedererkennen		x
Vergleichbarkeit der Lösungen		x

Tabelle 11: Stärken offener und geschlossener Aufgabenformen

Relative Vorteile offener und geschlossener Aufgaben

In Tabelle 11 sind die Stärken der offenen und der geschlossenen Aufgabenformate bei den einzelnen Aufgabenmerkmalen durch ein Kreuz wiedergegeben. Oft handelt es sich dabei lediglich um ein besonderes Kennzeichen der Aufgaben. Deshalb kann bei einem fehlenden Kreuz nicht automatisch auf einen Nachteil des Aufgabenformats geschlossen werden.

Der Vorteil offener Aufgabenformen besteht darin, dass mit ihnen eher Lernprozesse und kreative Leistungen erfasst werden können und dass die richtige Lösung selbst gefunden werden muss. Die Stärke geschlossener Aufgabenformen zeigt sich bei der Aufgabenkorrektur und der Vergleichbarkeit der Lösungen. Die richtige Lösung muss wiedererkannt werden. Dadurch bedingt, können vergleichsweise mehr Aufgaben gestellt werden als bei offener Beantwortung.

Anforderungsniveau

Passung zwischen Anforderungen und Unterricht

Nach Sacher (2009) sollen die Anforderungen der Prüfungsaufgaben proportional zum Arbeitsniveau des Unterrichts sein. »Verständnis z. B.

darf nur dann geprüft werden, wenn der Unterricht auch Verständnis anbahnte. Bewegte er sich nur auf der Ebene von Informationsvermittlung und -wiedergabe, dann ist keine ausreichende Inhaltsvalidität für die Überprüfung von Verständnis gegeben. Die Schüler hatten dann gar nicht die Gelegenheit, im Unterricht zu lernen, was sie in der Prüfung können sollen« (Sacher 2009, S. 68). Des Weiteren liegt eine Fehlanpassung vor, wenn in Prüfungen Faktenwissen abgefragt wird, obwohl der Prüfung anspruchsvoller Unterricht vorausging.

Taylormatrix

Um das richtige Anforderungsniveau zu bestimmen, bietet sich eine Taylormatrix an, benannt nach dem Ingenieur und Betriebswissenschaftler Frederick Winslow Taylor (1856–1915). Wie bei einer Matrix enthält die eine Achse die relevanten Lernziele des Unterrichts, die andere Achse die Anforderungsebenen, z. B. Erinnern, Verstehen und Denken, sodass die zum Lernziel gehörigen Prüfungsaufgaben systematisch erzeugt werden können. Anspruchsvollere Lernzieltaxonomien stammen u. a. von Bloom für kognitive Lernziele (Bloom 1976), Krathwohl et al. für affektive Lernziele (Krathwohl/Bloom/Masia 1975) sowie Anderson/Krathwohl für die Wissensarten (Anderson/Krathwohl 2001).

Anforderungsniveau und korrespondierende Aufgaben

Zur Illustration des Zusammenspiels zwischen dem Anforderungsniveau und den verschiedenen Aufgabenformaten wird bei Obrist/Städeli auf Blooms Taxonomie kognitiver Lernziele Bezug genommen (vgl. Tab. 12).

Art der Denkleistung (Anspruchsniveau)	**Beispiel einer Aufgabenstellung** Thema: Brot	**Mögliche Aufgabenformen,** die sich für das entsprechende Anspruchsniveau gut eignen
1. Kenntnisaufgaben: Hier geht es um das Erinnern. Die Schülerinnen und Schüler sind in der Lage, das zuvor Gelernte so wiederzugeben oder abzurufen, wie sie es gelernt haben: → etwas aufzählen → etwas nennen → im Unterricht eingeübte Regeln am gleichen Beispiel wieder anwenden → etwas in einer Zeichnung oder Abbildung bezeichnen	*Im Unterricht haben wir die Inhaltsstoffe von Brot besprochen. Zählen Sie fünf verschiedene Inhaltsstoffe auf.*	→ Richtig/falsch-Aufgaben → Mehrfachwahlaufgaben → Zuordnungsaufgaben → Vervollständigungsaufgaben → Kurzantwortaufgaben

Art der Denkleistung (Anspruchsniveau)	**Beispiel einer Aufgabenstellung** Thema: Brot	**Mögliche Aufgabenformen,** die sich für das entsprechende Anspruchsniveau gut eignen
2. *Verständnisaufgaben:* Hier können die Schülerinnen und Schüler zeigen, dass sie die gelernten Informationen auf einen sprachlich neuartigen, strukturell gleichen Inhalt übertragen bzw. die gelernte Information sinngemäß abbilden können: → etwas zusammenfassen → etwas erklären → etwas begründen →etwas interpretieren	*Warum ist Brot ein gesundes Nahrungsmittel? Führen Sie drei verschiedene Gründe auf.*	Kurzantwortaufgaben mit gezielten Fragestellungen: → Warum machen ... ? → Wieso haben ... ? → Erklären Sie in eigenen Worten ... → Erläutern Sie drei ... → Mehrfachwahlaufgaben
3. *Anwendungsaufgaben:* Die Schülerinnen und Schüler sollen hier die gewonnenen Einsichten auf einen anderen Sachverhalt oder ein anderes Gebiet übertragen.	*Erstellen Sie ein Rezept für ein Sandwich für zehn Personen.* *Das Sandwich muss den Ansprüchen einer gesunden Zwischenmahlzeit gerecht werden.*	→ Mehrfachwahlaufgaben → kurze Bearbeitungsaufgaben
4. *Analyseaufgaben:* Hier untersuchen die Schülerinnen und Schüler einen Sachverhalt. Sie müssen dabei die Struktur durchschauen und in die grundlegenden Bestandteile zerlegen. Vielfach geht es auch darum, dass sie das zugrunde liegende Prinzip herausfinden und Zusammenhänge aufdecken können.	*Vor Ihnen liegen zwei Rezepturen von zwei verschiedenen Broten. Analysieren Sie die beiden Rezepturen. Warum ist Brot A weniger gesund als Brot B?*	Ausführliche Bearbeitungsaufgaben: → Berichte von Experten vorlegen → eine offene Problemstellung vorgeben → Vergleiche in Form von Tabellen entwickeln lassen, in denen eine eigene Kriterienstruktur erstellt werden muss
5. *Syntheseaufgaben* Die Schülerinnen und Schüler entwickeln hier etwas Neues, sind kreativ, durchschauen verschiedene Strukturen und verbinden diese miteinander.	*Sie finden hier das Rezept eines Zopfbrotes. Welche Änderungen müssen Sie vornehmen, wenn Sie das Brot mit Vollkornmehl herstellen wollen?*	Ausführliche Bearbeitungsaufgaben: → kurze Fallstudien → fächerübergreifende Fragestellungen → eine Expertise erstellen lassen → ein neues Produkt entwerfen lassen → ein komplexes Problem aus dem Berufsfeld vorlegen

Art der Denkleistung (Anspruchsniveau)	**Beispiel einer Aufgabenstellung** Thema: Brot	**Mögliche Aufgabenformen,** die sich für das entsprechende Anspruchsniveau gut eignen
6. Bewertungsaufgaben: Die Schülerinnen und Schüler müssen eine Problemstellung durchschauen, in ihre Struktur zerlegen können, Kriterien zur Beurteilung entwerfen und dann ein Urteil abgeben können. Das Urteil müssen sie begründen.	*Vor Ihnen liegen Fotos von verschiedenen Broten. Beurteilen Sie die Brotqualität nur aufgrund der Fotos mit drei selbst gewählten Kriterien.*	Ausführliche Bearbeitungsaufgaben: → umfangreicher Fall → Artikel für Fachzeitschrift schreiben, dabei beispielsweise einen Systemvergleich erstellen lassen → nach der inneren Stimmigkeit einer Initiative fragen …

Tabelle 12: Beispiel möglicher Prüfungsaufgaben bei unterschiedlichem Anforderungsniveau (nach: Obrist/Städeli 2010, Tabelle 1-1, S. 17)

Anforderungen nach Bloom

Die Taxonomie in der linken Spalte ist hierarchisch aufgebaut. Aufgabenstellungen, die Kenntnisse erfassen, stehen am unteren Ende der Hierarchie bzw. oben in der Tabelle. Dann nimmt die Komplexität der Denkprozesse über Verständnis, Anwendung, Analyse und Synthese zu und erreicht mit Aufgabenstellungen, die eine Beurteilung verlangen, das Optimum. Die möglichen Aufgabenformate in der rechten Spalte lassen die Tendenz erkennen, dass mit steigender Komplexität der Denkprozesse die Wahl geschlossener Aufgabenformen abnimmt, während die der offenen Aufgaben zunimmt. Lediglich Mehrfachwahlaufgaben können bis zur Anwendungsstufe verwendet werden. Dabei sollen unter Mehrfachwahlaufgaben mangels näherer Begriffsbestimmung Antwort-Auswahl-Aufgaben verstanden werden.

Anforderungen nach Anderson/Krathwohl

Die Matrix von Anderson/Krathwohl (2001) stellt eine Weiterentwicklung der bloomschen Taxonomie dar. Sie ist zweidimensional und besteht neben den Kategorien des Anforderungsniveaus aus vier Wissenskategorien. Zum *faktischen Wissen* gehört das detaillierte Fachwissen, während zum *konzeptionellen Wissen* u.a. das Wissen um Strukturen, wie z.B. die Entwicklungsgeschichte der Menschheit, gehört. Das *prozedurale Wissen* umfasst das Wissen um Abläufe, wie z.B. Fahrrad fahren können. Beim *metakognitiven Wissen* geht es um das Wissen über Kognitionen bzw. das Lernen, wie z.B. die Lernstrategie des Textmarkierens.

In der schriftlichen und der mündlichen Prüfung sollten Aufgaben zu jeder Stufe der Taxonomie vertreten sein, vorausgesetzt, die jeweilige Arbeits- oder Aufgabenform wurde im Unterricht auch genügend eingesetzt. Mit der Kontrolle des Anforderungsniveaus lässt sich immerhin vermeiden, dass in Prüfungen lediglich Faktenwissen abgefragt wird.

Fragen der mündlichen Prüfung als Sonderfall

Dennoch unterscheiden sich die Fragen einer mündlichen Prüfung von den Aufgabenformen der schriftlichen Prüfung. Die fehlende Planbarkeit der Situation und die freie Beantwortung der Fragen sind ursächlich dafür verantwortlich. Nachfolgend wird das Vorgehen bei der Fragenentwicklung an einem Beispiel illustriert.

Nr.	Fragen	Kriterien/Lösungen	Bemerkungen	Max. P.	Err. P.
1	Sie erwähnen in Ihrer Arbeit die kommunikativen Herausforderungen				
	1. Welche drei Axiome von Watzlawick spielten für Sie dabei eine wichtige Rolle?	• Man kann nicht nicht kommunizieren. • Kommunikation (K) beinhaltet immer einen Inhalts- und einen Beziehungsaspekt. • Zur K. gehören analoge und digitale Modalitäten.		3	
	2. Begründen Sie die Wahl der Axiome mit drei Argumenten.	• K. findet in der Interaktion statt. • Der Beziehungsaspekt wird in der K. häufig vernachlässigt. • Der erste Eindruck entsteht meistens aufgrund nonverbaler (analoger) K.		3	
	3. Erklären Sie anhand der vier wichtigsten Merkmale das Konfliktlösungsmodell von Harris.	• Kann Modell mit vier Merkmalen sachlich richtig erklären.		4	

Tabelle 13: Beispiel für Fragen in der mündlichen Prüfung (nach: Obrist/Städeli 2010, Tabelle 2-1, S. 36)

Auswertungsplanung

Schwierigkeitseinschätzung

Schon bei der Aufgabenentwicklung sollte an die Korrektur der Prüfung gedacht werden. Dazu gehört, dass der Schwierigkeitsgrad und die voraussichtliche Bearbeitungszeit der Aufgaben eingeschätzt werden.

Punktvergabe

Des Weiteren ist die Frage der Punktvergabe zu klären. Ergibt jede Aufgabenlösung einen Punkt? Gibt es einen Punktabzug bei falschen Antworten? Sollen die Aufgaben gewichtet werden, z. B. nach Anforderungsniveau? Grundsätzlich muss vor einer Gewichtung gewarnt werden, weil bei der Nichtlösung einer z. B. mit dem Faktor 4 gewichteten Aufgabe zum Ausgleichen vier ungewichtete Aufgaben gelöst werden müssen. Sacher spricht sich sogar für ein Verbot der Gewichtung aus und nennt weitere Argumente, die gegen eine Gewichtung nach Bedeutsamkeit oder Schwierigkeit sprechen (Sacher 2011, S. 37).

Mindestkompetenz

Letztendlich sollte schon bedacht werden, welche Mindestkompetenz vorauszusetzen ist. Jürgens und Sacher verstehen unter Mindestkompetenz, »… was die Schüler mindestens können müssen, um aller Voraussicht nach in dem betreffenden Fach und auf dem betreffenden Gebiet erfolgreich weiterzulernen. Dieser Mindestkompetenz ordnen wir in der Regel die Note 4 = ausreichend zu. Schüler, welche die Mindestkompetenz erreichen oder übertreffen, betrachten wir als Lernzielerreicher, solche, welche sie nicht erreichen, als Lernzielverfehler« (Jürgens/Sacher 2008, S. 102). Bei Anlegung der kriterialen Bezugsnorm kann die Mindestkompetenz schon im Voraus bestimmt werden, wenn z. B. als bestanden gilt, dass 66 Prozent der Lernziele erreicht werden. Ebenfalls im Voraus festgelegt werden kann die Mindestkompetenz für die Benotung unter individueller Bezugsnorm, beispielsweise: »Das Wochenziel gilt als erreicht, wenn du 6 von den 10 Aufgaben richtig gelöst hast.« Unter Zugrundelegung der sozialen Bezugsnorm kann die Mindestkompetenz erst dann festgelegt werden, wenn die Punktwerte der ganzen Schulklasse vorliegen, also nach der Prüfung.

Prüfungen zusammenstellen

Formulierung der Aufgaben, Anzahl, Reihenfolge

Die Aufgaben müssen durchweg sorgfältig und entwicklungsgemäß formuliert sein. Außerdem sollten sowohl die Fragen als auch die Antworten möglichst kurz und unmissverständlich sein.

Wie viele Aufgaben in eine Prüfungsarbeit aufgenommen werden sollen, hängt von vielen Faktoren ab und kann deshalb nicht genau festgelegt werden. Man sollte den schulischen Stundentakt berücksichtigen und daran denken, dass ab einer bestimmten Aufgabenmenge Ermüdungseffekte auftreten. Es wird vorgeschlagen, die Anzahl der Aufgaben von der hochgerechneten Bearbeitungszeit abhängig zu machen, die der Prüfer zur Lösung der Aufgaben benötigt.

Bezüglich der Reihenfolge wird empfohlen, als Einstieg einfache Aufgaben einzusetzen und dann die Schwierigkeit langsam zu erhöhen. Man sollte Aufgaben, die thematisch zusammengehören, zu Aufgabengruppen zusammenfassen sowie offene und geschlossene Aufgaben nicht mischen. Frei zu beantwortende Aufgaben gehören an den Schluss der Prüfung, um eine Zeitreserve für schnell arbeitende Schüler zu haben.

Obrist/Städeli (2010) fassen diese und weitere Aspekte in der folgenden Checkliste zusammen:

Checkliste – Prüfung zusammenstellen (Obrist/Städeli 2010, S. 21)
- Aufgabengruppen bilden
- Geschlossene und offene Aufgabenformen berücksichtigen
- Aufgaben verständlich formulieren
- Bearbeitungszeit und Schwierigkeitsgrad der Aufgaben einschätzen
- Punktwerte zuordnen
- Schwierigste Aufgaben im zweiten Teil der Prüfung unterbringen
- Auswertungsökonomie berücksichtigen

6.2 Prüfungsdurchführung

Die Durchführung einer schriftlichen Prüfung unterscheidet sich in vielen Dingen von der Durchführung einer mündlichen Prüfung. Für beide gilt jedoch, dass sie angekündigt sind und pünktlich begonnen wird.

Vorgehen bei schriftlichen Prüfungen

Das Verhalten des Prüfers in der schriftlichen Prüfung sollte zurückhaltend und trotzdem schlüssig sein. Vereinbarte Abmachungen sind konsequent einzuhalten, z.B. das Verhalten bei Rückfragen. Soll der Prüfer zum Prüfling gehen, um ihm zu helfen, oder geht der Prüfling zum Prüfer? Sind Hilfestellungen überhaupt vorgesehen? Das Verhalten bei Täuschungsversuchen und der Gebrauch von Hilfsmitteln gehören ebenfalls zu den Absprachen. Beim Mogeln ist mit aller Härte durchzugreifen. Dabei hilft es, vorher zu klären, ob Spickzettel verwendet werden dürfen. In der Literatur äußert man sich positiv über Spickzettel: »Die Lernenden, die einen Spickzettel erstellen, fassen den Prüfungsstoff sinnvoll zusammen, bringen die Lerninhalte auf den Punkt und bereiten sich auf diese Weise auch mental auf die Prüfung vor. Sie verfügen also über eine Erfolg versprechende Lernstrategie« (Obrist/Städeli 2010, S. 25).

Vorgehen bei mündlichen Prüfungen

Im Gegensatz zur schriftlichen Prüfung ist die mündliche Prüfung adaptiv zu gestalten. Der Prüfer »... sollte dem Kandidaten unter Berücksichtigung seiner bisherigen Antworten und seines nonverbalen kommunikativen Verhaltens Fragen stellen, die in seiner Reichweite liegen, und ihm ggf. Hilfestellungen geben« (Sacher 2011, S. 36). Meistens werden zuerst allgemeine, später präzisere Fragen gestellt. Zum Schluss dürfen auch Fragen gestellt werden, die auf Defizite abzielen.

Die mündliche Prüfung beginnt in der Regel mit der Begrüßung und Vorstellung der Prüfungsteilnehmer. Der geplante Verlauf der Prüfung wird mitgeteilt. Während der Prüfung sollte sich der Prüfer überlegen, welches Feedback er dem Prüfling geben kann. Der Verlauf der Prüfung wird protokolliert. »Die Protokollierung bildet die Grundlage für eine objektive und faire Beurteilung und erlaubt es im Falle eines Rekurses, die Notengebung nachzuvollziehen« (Obrist/Städeli 2010, S. 40). Das Protokoll enthält die Fragen, Schlüsselbegriffe zu den Antworten und Bewertungen. Normalerweise übernimmt der Prüfungsbeisitzer das Anfertigen des Protokolls.

6.3 Prüfungsreflexion

Nach der Durchführung der Prüfung sind folgende Überlegungen anzustellen:

- Wie wird die Gesamtpunktzahl ermittelt?
- Welche Notenschlüssel stehen zur Verfügung?
- Welche Auswirkungen hat der Messfehler?
- Was ist bei der Rückgabe der Arbeit zu beachten?

Gesamtpunktzahl

Leistungsfeststellung

Die Prüfungsarbeit ist geschrieben, und die Korrektur steht an. Obrist/Städeli (2010) empfehlen, sich für die Leistungsfeststellung zunächst einen Überblick zu verschaffen, beispielsweise zwei auffällige Arbeiten zu korrigieren. Dann sollte ein Auswertungsblatt mit den Aufgaben als Spalten und den Schülernamen als Zeilen angelegt werden. Auf diese Weise erhält der Beurteiler einen Überblick über die Aufgabenqualität und die Schülerleistungen. Spaltenweise wird zu erkennen sein, wie häufig eine bestimmte Aufgabe gelöst wurde, ob es sich also um eine leichte, mittelschwere oder schwere Aufgabe handelte. Bei zeilenweiser Betrachtung kann festgestellt werden, welche Aufgaben ein bestimmter Schüler gelöst hat. Durch die Summierung der Punkte für die Aufgabenlösungen wird die Gesamtpunktzahl ermittelt.

Benotungsmodelle

Notenschlüssel

Nach der Leistungsfeststellung folgt die Leistungsbeurteilung. Es gilt, die Bezugsnorm und den Notenschlüssel für die Benotung festzulegen. Mit der Wahl der Bezugsnorm fällt die Entscheidung für den Bezugspunkt der Zensuren. Bezugspunkte können die ganze Schulklasse, die Lernziele oder eigene vorangegangene Leistungen sein. In der genannten Reihenfolge spricht man dann von der sozialen, kriterialen und individuellen Bezugsnorm (vgl. Kap. 5.4). Durch den Notenschlüssel wird festgelegt, wie die Zensuren den Punktwerten zuzuordnen sind, also wann es eine Eins, eine Zwei, eine Drei usw. gibt. »Unter einem Benotungsmodell versteht man eine Regel oder ein Regelsystem, das Schülerleistungen Bewertungen zuweist« (Sacher 2009, S. 103). Den Regeln zufolge können lineare, nicht lineare, partiell lineare und normalverteilte Zensurenskalen unterschieden werden.

Lineare Skala mit Mindestkompetenz 12 Punkte			Nicht lineare Skala mit Mindestkompetenz 12 Punkte		
Erreichte Punkte	Breite des Notenbereichs in Punkten	Note	Erreichte Punkte	Breite des Notenbereichs in Punkten	Note
30–35	6	1	34–35	2	1
24–29	6	2	28–33	6	2
18–23	6	3	20–27	8	3
12–17	6	4	12–19	8	4
6–11	6	5	4–11	8	5
0–5	6	6	0–3	4	6

Tabelle 14: Lineare und nicht lineare Zensurenskalen (angelehnt an Sacher 2009, S. 106)

Lineare und nicht lineare Notenskala

Die lineare Zensurenskala ist durch gleiche Punktwertintervalle gekennzeichnet – in der Tabelle beträgt die Breite des Notenbereichs jeweils sechs Punkte –, während bei der nicht linearen Zensurenskala die Intervallbreite unterschiedlich ist. Nach der Tabelle variiert die Breite des Notenbereichs zwischen zwei und acht Punkten. Um die Mindestnorm, d.h. eine Vier, zu erreichen, müssen mindestens zwölf Punkte erreicht werden.

Partiell lineare Skala mit Mindestkompetenz 16 Punkte			Partiell lineare Skala mit Mindestkompetenz 8 Punkte		
Erreichte Punkte	Breite des Notenbereichs in Punkten	Note	Erreichte Punkte	Breite des Notenbereichs in Punkten	Note
31–35	5	1	29–35	7	1
26–30	5	2	22–28	7	2
21–25	5	3	15–21	7	3
16–20	5	4	8–14	7	4
8–15	8	5	4–7	4	5
0–7	8	6	0–3	4	6

Tabelle 15: Partiell lineare Zensurenskalen (nach: Sacher 2011, S. 41)

Partiell lineare Notenskala

Tabelle 15 enthält eine Variante der linearen Zensurenskala. Bei partiell linearen Zensurenskalen sind die Punktwertintervalle oberhalb und unterhalb der Mindestkompetenz jeweils gleich eingeteilt, aber unterschiedlich breit.

Normalverteilte Notenskala

Das vierte Benotungsmodell ist an der Normalverteilung orientiert. Diese wird auch gaußsche Glockenkurve genannt, weil sie die typische Form einer Glocke hat und streng symmetrisch ist. Der häufigste Punktwert befindet sich im Scheitel der Glocke und wird arithmetischer Mittelwert genannt. Oberhalb und unterhalb des Mittelwerts liegen genau 50 Prozent der Verteilung. Die Verteilung der Zensuren unter Zugrundelegung der Normalverteilung könnte wie folgt aussehen:

Zensur	1	2	3	4	5	6
Prozentteil	9	16	25	25	16	9

Tabelle 16: Zensurenskala auf der Grundlage der Normalverteilung (nach: Ingenkamp/Lissmann 2008, S. 70)

Jeweils neun Prozent der Schüler erhalten auf ihre Gesamtpunkte eine Eins oder eine Sechs, jeweils 16 Prozent bekommen eine Zwei oder eine Fünf, und jeweils 25 Prozent erhalten eine Drei oder eine Vier. Normalverteilte Zensuren sind jedoch aus folgenden Gründen problematisch (nach Sacher 2011, S. 41): Erstens ist die Leistungsverteilung einer einzelnen Schulklasse bei 25 Schülern kaum normalverteilt, denn dazu gehört eine große Zahl von Schülern, und zweitens entsteht eine Normalverteilung durch die Verteilung zufälligern Ereignisse, die in einem erfolgreichen Unterricht weder intendiert noch die Regel sein wird. Erfolgreicher Unterricht intendiert eine linksschiefe Verteilung mit dem Scheitelpunkt bei den Noten 1–2.

Nachteil der linearen Notenskala

Die gleichmäßige Einteilung der Punktwertintervalle bei der linearen Zensurenskala hat den Nachteil, dass die Anforderungen an die Notenstufen immer gleich sind. Sacher nennt dies fehlende Flexibilität: »Auf 83,2 % bis 100 % der Gesamtpunkte (= das obere Sechstel des Punktebereiches) gibt es immer eine 1, auf 66,7 % bis 83,3 % (= das nächstniedrigere Sechstel des Punktebereiches) immer eine 2 usw.« (Sacher 2009, S. 106). Diese Einheitsbenotung sei pädagogisch nicht vertretbar, außer wenn die Anforderungen der einzelnen Prüfungen wirklich gleich wären. Da die Anforderungen von Prüfung zu Prüfung aber eher unterschiedlich sein dürften, werden partiell lineare Zensurenskalen empfohlen (Jürgens/Sacher 2008; Sacher 2009), weil sie je nach Bedeutsamkeit oder Komplexität des zu prüfenden Lehrstoffs den Bereich über oder unter der Mindestkompetenz differenzierter hervortreten lassen.

Messfehler

Grundkönnen vs. Prüfungskönnen

Lehrpersonen sollten wissen, dass der Messfehler der Zensurenskala im Allgemeinen plus/minus eine Zensurenstufe beträgt, dass also Schwankungen zwischen den Zensuren 2 und 4 allein durch die mangelnde Zuverlässigkeit der Prüfung verursacht sein können. Versteht man unter Reliabilität den Grad an Genauigkeit, mit dem ein Leistungsverhalten gemessen wird, dann sind Messfehler bei jeder Messung zu erwarten. Der gemessene Punktwert ist bekannt, die wahre Fähigkeitsausprägung muss geschätzt werden. Jürgens/Sacher (2008) verwenden im Zusammenhang mit dem Messfehler die Begriffe »Prüfungskönnen« und »Grundkönnen« (S. 105), die übernommen werden sollen. Man kommt der wahren Fähigkeitsausprägung näher, wenn die Anzahl der Messungen erhöht und die Anzahl der Prüfungsaufgaben vermehrt wird. Erreicht werden kann die wahre Fähigkeitsausprägung einer Person durch unendlich viele Messungen, also nur theoretisch. Die Frage, ob die geprüfte Aufgabenstichprobe repräsentativ für das intendierte Curriculum ist, ist ein Problem der Kontentvalidität.

Das Prüfungskönnen (gemessener Wert) wird bei wiederholter Messung zufällig um das Grundkönnen (wahrer Wert) herum streuen, es ist normalverteilt. In der nachfolgenden Abbildung ist dargestellt, welche Auswirkungen die Streuung des Prüfungskönnens auf die Lernzielerreichung haben kann (aus Jürgens/Sacher 2008, S. 105).

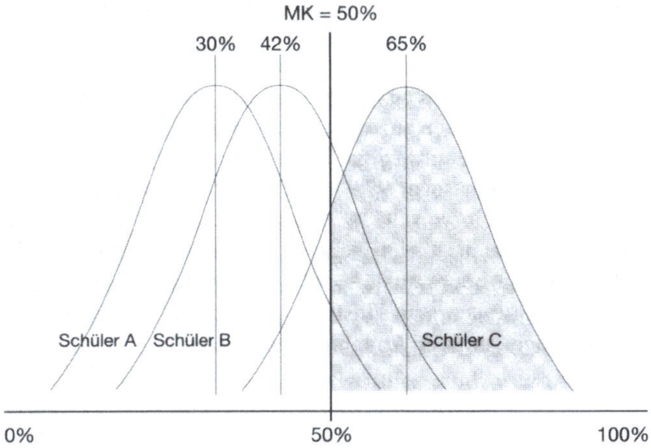

Abbildung 24: Grundkönnen, Prüfungskönnen und Lernzielerreichung

Beispiel

In der Abbildung sind die Verteilungen der Könnenswerte für drei Schüler dargestellt. Schüler A hat ein Grundkönnen von 30 Prozent, das ihn in die Lage versetzt, 30 Prozent der Prüfungsaufgaben zu lösen. Dabei entspricht sein Grundkönnen dem Mittelwert vieler Messungen seines Prüfungskönnens. Das Grundkönnen von Schüler B beträgt 42 Prozent und das von Schüler C 65 Prozent. Als Mindestkompetenz (MK) wird vorausgesetzt, dass 50 Prozent der Aufgaben gelöst bzw. 50 Prozent der Lernziele erreicht werden. Schüler C wird mit hoher Wahrscheinlichkeit die Mindestkompetenz erreichen oder übertreffen, wie die schraffierte größere Fläche der Verteilungskurve des Prüfungskönnens verdeutlicht. Es verbleibt aber immer noch ein Rest an Unsicherheit, der durch den Rest der Verteilungskurve links von der Mindestkompetenzlinie erklärt wird. Umgekehrt verhält es sich bei Schüler A, der mit hoher Wahrscheinlichkeit die Mindestkompetenz nicht erreichen wird. Selbst bei Schüler B ist es fraglich, ob er das Kriterium der Mindestkompetenz erreicht, weil der weitaus größere Teil der Verteilungskurve seines Prüfungskönnens links von der Mindestkompetenz angesiedelt ist.

Zielerreicher vs. Zielverfehler

Jürgens/Sacher (2008) fassen zusammen: »Je geringer der Abstand des Grundkönnens eines Schülers zur geforderten Mindestkompetenz ist, desto leichter kann es geschehen, dass er sich in der Prüfung zufällig als eine Zielerreicher darstellt, obwohl er seinem Grundkönnen nach eigentlich ein Zielverfehler ist, oder auch als ein Zielverfehler, obwohl er eigentlich ein Zielerreicher ist« (S. 106).

Die Klassifikation in Zielerreicher bzw. Zielverfehler lässt sich rechnerisch bestimmen. Mit einer bestimmten statistischen Wahrscheinlichkeit kann dann gesagt werden, bei welchem Prüfungskönnen bzw. welcher Punktzahl jemand ein sicherer Lernzielerreicher oder Lernzielverfehler ist. Nachfolgender Tabelle liegt eine Irrtumswahrscheinlichkeit von 95 Prozent zugrunde, d.h. in 95 Prozent aller Fälle wird die Klassifikation richtig und nur in fünf Prozent falsch sein (nach: Jürgens/Sacher 2008, Tab. 3, S. 107).

maximal erreichbare Gesamtpunktzahl	Mindestkompetenz für Zielerreichung	sichere Zielverfehler	Indifferenzbereich	sichere Zielerreicher
15 P	8 P	0 P – 4 P	5 P – 11 P	12 P – 15 P
25 P	15 P	0 P – 10 P	11 P – 19 P	20 P – 25 P
35 P	20 P	0 P – 15 P	16 P – 24 P	25 P – 35 P
50 P	35 P	0 P – 29 P	30 P – 40 P	41 P – 50 P
60 P	40 P	0 P – 33 P	34 P – 45 P	46 P – 60 P
80 P	50 P	0 P – 42 P	43 P – 56 P	57 P – 80 P
100 P	50 P	0 P – 41 P	42 P – 58 P	59 P – 100 P

Tabelle 17: Indifferenzbereiche bei unterschiedlicher Anzahl von Prüfungsaufgaben

Pädagogische Maßnahmen für den Indifferenzbereich

Die Tabelle gibt Auskunft über die Klassifikation von Lernzielverfehlern, Lernzielerreichern und den Indifferenzbereich in Abhängigkeit von Aufgabenanzahl und Mindestkompetenz. Der Beschreibung von Jürgens/Sacher (2008) ist nichts hinzuzufügen: »Im Falle einer maximal erreichbaren Gesamtpunktzahl von 15 Punkten können wir also Schüler, welche 0 bis 4 Punkte haben, mit der gewünschten Sicherheit als Zielverfehler einstufen, und solche, welche auf 12 oder mehr Punkte kommen, als Zielerreicher. Schüler jedoch, welche 5 bis 11 Punkte haben, können nicht mit der gewünschten Sicherheit beurteilt werden, sie sind ›unsichere Fälle‹. Deshalb bezeichnen wir den Bereich von 5 bis zu 11 Punkten als ›Indifferenzbereich‹ « (S. 107).

Man ist also auf der sicheren Seite, wenn man jemanden mit 0–4 Punkten als Zielverfehler und jemanden mit 12–15 Punkten als Zielerreicher bezeichnet. Was aber geschieht mit den Schülern im Indifferenzbereich? Für diese Schüler und Schülerinnen sind weitere Überprüfungen mit anderen Aufgaben, mündlichen und schriftlichen Lernzielkontrollen usw. notwendig. Dieser Gruppe sollte ebenso Gelegenheit gegeben werden, an Förder- und Stützmaßnahmen teilzunehmen, wie der Gruppe der sicheren Zielverfehler auch.

Wie die Tabelle zeigt, ist die sichere Klassifikation in zwei Leistungsniveaus mit einem beträchtlichen Messfehler behaftet, der sich jedoch verkleinert, wenn die Anzahl der Prüfungsaufgaben erhöht wird. Allerdings wird man unter Unterrichtsbedingungen selten 100 Aufgaben stellen können, und außerdem werden in der Schule sechs Leistungsniveaus, die Zensuren, zugrunde gelegt. Sechs Notenstufen erscheinen auch Sacher (2009) als überdifferenziert. »Es zeigt sich, dass meistens zwei, in manchen Fällen sogar drei Notenstufen nicht hinreichend sicher auseinandergehalten werden können. Das deckt sich auch mit den Erfahrungen von Lehrkräften: Darüber, ob eine Schülerleistung gut, schlecht oder mittelmäßig ist, können Kollegen sich gewöhnlich leicht verständigen. Die Schwierigkeiten beginnen dann, wenn auch noch entschieden werden soll, ob die mittelmäßige Leistung mit der Note 3 oder 4, die gute mit 1 oder 2 und die schlechte mit 5 oder 6 zu bewerten ist« (Sacher 2009, S. 116).

Rückgabe der Arbeit

Nachträgliche Analyse der Prüfung

Nach der Korrektur der Prüfungsarbeiten und vor der Rückgabe kann eine Aufgaben- und Prüfungsanalyse durchgeführt werden. Dabei wird vor allem Fragen nach der Schwierigkeit und Trennschärfe der Aufgaben, der Bemessung der Bearbeitungszeit, der Angemessenheit der Mindestkompetenz und dem Vergleich mit früheren Prüfungen nachgegangen (ausführlich Sacher 2009, S. 133–149). Der Hauptzweck solcher Analysen besteht jedoch darin, Prüfer bzw. Lehrpersonen zu sensibilisieren und einen Pool brauchbarer Aufgaben zu gewinnen (Sacher 2011).

Rückgabe im Überblick

Auch die Rückgabe der Prüfungsarbeit verlangt ein Minimum an Vorbereitung. Vor allem sollte die Rückgabe ohne Ritual erfolgen, z. B. die beste Arbeit zuerst. Die Aufgaben und Lösungen sollten besprochen und mögliche Fördermaßnahmen überlegt werden. Was im Einzelnen zu beachten ist, kann der folgenden Checkliste entnommen werden.

Checkliste – Prüfungsarbeiten zurückgeben (Obrist/Städeli 2010, S. 120):

- Die Arbeiten so bald wie möglich zurückgeben
- Die Situation der Rückgabe entritualisieren
- Die Zuordnung der Punkte erklären
- Auf eine sachliche Gesprächsatmosphäre achten
- Beanstandungen ohne Zeit- und Handlungsdruck prüfen
- Bestimmte Aufgaben mit den Lernenden analysieren
- Die Lernenden ihrem Leistungsvermögen entsprechend loben
- Maßnahmen zur individuellen Förderung einleiten
- Die Weiterführung des Unterrichts planen

Sonderformen der Prüfung

Gegenstand dieses Kapitels war die Auswertung von Prüfungen, deren Aufgabenlösungen in Punkte umgerechnet werden konnten. Es gibt jedoch eine Reihe von Prüfungsformen, die eine gesonderte Auswertung erfordern. Beim Diktat werden nicht die richtigen Lösungen, sondern die Fehler gezählt. Bei ganzheitlichen Leistungsanforderungen, wie z. B. bei Aufsätzen und Präsentationen, beim Spielen eines Musikstücks und beim Geräteturnen im Sport, müssen vor der Leistungsfeststellung Beobachtungs- und Beurteilungskriterien erstellt werden. Lernberichte und Lerntagebücher werden möglicherweise inhaltsanalytisch ausgewertet, bevor die Beurteilung erfolgt. Es würde den Rahmen dieses Kapitels sprengen, wenn auch auf diese Prüfungsformen ausführlich eingegangen würde. Dazu sei auf die Literatur verwiesen (Obrist/Städeli 2010; Jürgens/Sacher 2008; Sacher 2009, 2011).

7 Beurteilungsformen

Wenn Beurteilungsformen im deutschen Schulwesen thematisiert werden, dann konzentriert sich die Diskussion zumeist ohne Umschweife auf die Zensurengebung und, weil Zensuren oft die Grundlage der Zeugnisse bilden, ebenso auf die Zeugnisvergabe. Genauer gesagt, auf die Ziffernzeugnisse. Diese Präzisierung ist deshalb wichtig, weil es als alternative Beurteilungsformen wahrscheinlich schon ebenso lange, vielleicht sogar länger, zensurenfreie Zeugnisse als Wort- und Berichtszeugnisse gibt. Ebenfalls gibt es eine lange Geschichte, diesen Beurteilungsformen im Schulwesen mehr Bedeutung zuzuerkennen. Doch bisher halten sich die Erfolge, verbale Beurteilungen über die Eingangsstufe in der Grundschule hinaus bis in die höheren Klassen der Sekundarstufe I trotz immer wieder unternommener Reformversuche zu etablieren, in Grenzen. Nach wie vor spielen (Ziffern-)Zensuren und (Ziffern-)Zeugnisse in der Beurteilung von Schülerleistungen eine dominierende Rolle, und es ist erwartbar, dass das noch auf lange Sicht so bleiben wird.

Ziffernzeugnisse vs. Wort- und Berichtszeugnisse

Dominanz von (Ziffern-) Zensuren und (Ziffern-) Zeugnissen

Die zögerliche Reformbereitschaft hat viele und recht unterschiedliche Gründe, die nicht unbedingt alle etwas mit der Zensurengebung zu tun haben müssen. Dennoch bleibt angesichts der zahlreichen empirischen Studien zur »Fragwürdigkeit der Zensurengebung« (vgl. Ingenkamp 1977, 1989; Olechowski/Rieder 1990; Sacher 2009; Weiss 1965; Ziegenspeck 1979, 1999) die Frage, warum das so ist. Warum werden auf der einen Seite so viele Argumente gegen die traditionelle Zensurengebung ins Feld geführt, und warum wird andererseits so beharrlich, mitunter sogar trotzig, an diesem Instrument festgehalten? Werden im wissenschaftlichen Diskurs die Schwächen überbetont und die Stärken unterbewertet, vielleicht sogar kleingeredet, sodass es der Schulpraxis vorbehalten ist, diese Schieflage wieder geraderücken zu müssen, indem sie weiterhin an diesem Instrument festhält? Oder geht es gar nicht um den »Beweis« einer besseren Praxis, sondern um die Verteidigung einer gewohnten Praxis, die zwar genau so ist, wie sie die Wissenschaft beschreibt, aber trotzdem einige entscheidende Vorteile gegenüber möglichen Alternativen bietet? In der kritischen Beschäftigung mit Zensuren und Zeugnissen ist deshalb sehr sauber auseinanderzuhalten, welche Schwächen der Zensurenskala als »messmethodischem« Instrument di-

Fragwürdigkeit der Zensurengebung

Verteidigung einer gewohnten Praxis

rekt anzulasten sind und welche sich auf allgemeine Urteilsfehler beziehen, die nicht zensurenspezifisch sind, sondern gleichfalls auf alle Beurteilungsformen zutreffen (vgl. Jäger 2007a, S. 23 ff.; Lissmann 2010b, S. 8 ff.; Sacher 2009, S. 48 ff.).

7.1 Zensuren und Zeugnisse

Ursprünglich ist das »Zeugnis« aus der Zeugentätigkeit einer Person zu einem Sachverhalt hervorgegangen, »den sie aus eigener Anschauung kennt. *Zensieren bedeutet: begutachten, prüfen, raten bzw. schätzen, umfasst also eine breites Spektrum von beurteilendem Tätig-Sein*« (Ziegenspeck 1999, S. 65 – Hervorhebungen E. J.). Im Grunde wird mit diesem historischen Aufriss schon angedeutet, wozu die Zensurengebung herangezogen werden sollte und wozu nicht. Sicher ausgeschlossen werden kann, dass es sich bei der Anlegung der Zensurenskala an Prüfungsergebnisse um einen exakten Messvorgang handelt. Lehrerinnen und Lehrer nutzen zwar vorhandene Ergebnisse von Messungen als Grundlage für die Urteilsfindung, die zur Festlegung einer Zensur führt, d.h. Messwerte (z.B. Rohpunkteverteilung) werden Zensuren zugeordnet, »die eine Rangfolge zum Ausdruck bringen sollen« (Sacher 2009, S. 33). Letztendlich handelt es sich aber um Schätzurteile. Trotzdem ist zu erwarten, dass die vorhandenen Informationen kritisch gewendet werden, um zu einem »vernünftigen« Urteil zu gelangen (vgl. Zimbardo/Gerrig 2004, S. 384). Urteile können zutreffender oder weniger zutreffend sein. Um so rationale Urteile wie nur möglich zu fällen, ist es notwendig, über berufliche Handlungskompetenzen (vgl. Jäger 2007a, S. 15) und berufs- bzw. tätigkeitsbezogene Ressourcen zu verfügen, auf die schnell und sicher zurückgegriffen werden kann. Allerdings ist deren Qualität schwankend. Das trifft auf die Zensurengebung in besonderem Maße zu und bedeutet aber, dass man die Leistungsbeurteilung via Zensuren besser oder schlechter machen kann (vgl. Jäger 2007a, S. 354 ff.). Das ist für sich genommen schon eine sehr wichtige Aussage, werden doch mitunter von der Schulpraxis die empirisch belegten gütekriterialen Schwächen der Zensurengebung, die sich zusammenfassend in deren mangelhafter Objektivität, Validität und Reliabilität zeigen (vgl. Ingenkamp/Lissmann 2008, S. 139 f.), als Rechtfertigung dafür herangezogen, der »Subjektivität« der Zensurengebung nun einmal mehr oder weniger hilflos ausgeliefert zu sein. Die Einnahme einer solchen Position ist genauso falsch wie der Hoffnung auf »objektive« Urteile nachzuhängen, wie die weiteren Ausführungen noch zeigen werden.

Kein exakter Messvorgang

Schätzurteile

Qualitätsunterschiede bei der Zensurengebung

Objektivität

»Gesellschaftliche Funktion«

Zensuren und Zeugnisse werden in der Schule verwendet, um Ein- und Zuordnungen vorzunehmen. Dieser Zweck wird allgemein als »gesellschaftliche« Funktion der Leistungsbeurteilung bezeichnet und unter verschiedenen Begrifflichkeiten, die allesamt ähnliche Aufgaben und Zwecksetzungen beschreiben, geführt. Am bekanntesten dürfte die »Selektionsfunktion« sein (vgl. Sacher 2009, S. 22 f.). Doch Begriffe wie »Berechtigungs-«, »Zuteilungs-«, »Rangierungs-«, »Klassifikations-« und »Allokations-« oder »rechtliche Funktion« haben sich ebenfalls eingebürgert und werden entsprechend häufig verwendet (vgl. Jürgens/Sacher 2008, S. 54).

Weil Schulleistungskontrollen und -beurteilungen nicht ausschließlich der optimalen individuellen Förderung und der chancengleichen Gewährung des »Rechts auf Bildung« dienen, sondern ebenso der »Auslese befähigter Anwärter auf höhere Bildungslaufbahnen, begehrte Abschlüsse und angesehene berufliche und gesellschaftliche Positionen« (Sacher 2009, S. 22), wird Schule nolens volens zu einer Verteilungsagentur für Bildungslaufbahnen und Lebenschancen. Ihre genuin pädagogische Aufgabe, allen Schülerinnen und Schülern so viel Allgemein- und Persönlichkeitsbildung wie irgend möglich angedeihen zu lassen, gerät in Konkurrenz zu der parallel verlangten Funktion, nahezu durchgängig im gesamten Schulsystem Auswahlen, Zuteilungen und Klassifizierungen vornehmen oder Zugangsberechtigungen vergeben zu sollen. Das führt dazu, dass mit der Beurteilungsaufgabe in der Schule stets eine Doppelrolle zu erfüllen ist, indem sowohl der pädagogischen als auch gesellschaftlichen Funktion der Leistungsbeurteilung entsprochen werden soll.

Schule als »Verteilungsagentur« für Bildungslaufbahnen und Lebenschancen

Doppelfunktion der Leistungsbeurteilung

Mit der Zensurengebung bzw. Zensurenskala liegt ein relativ weitmaschiges, einfach handhabbares und leicht lesbares Instrument vor. Dabei wäre es ein Irrtum, zu glauben, nur weil Zensuren und Zeugnisse verfahrenstechnisch unkompliziert einsetzbar und vermittelbar seien, handle es sich gleichzeitig um ein qualitativ hochwertiges Verfahren. Dem ist überhaupt nicht so. Tatsächlich ist nämlich zu fragen, inwieweit Zensuren überhaupt geeignet sind für die Implementierung derartig wichtiger, Schule und Unterricht über weite Strecken bestimmender Funktionen. Die dazu in der wissenschaftlichen Literatur auf der Basis empirischer Befunde vertretenen Positionen lassen sich in einem einhelligen Fazit zusammenführen: Noten und Ziffernzeugnisse können der ihnen übertragenen gesellschaftlichen Funktion und auch allen weiteren Funktionen nicht gerecht werden. »Ihr Fortbestand ist nur dadurch zu erklären, dass sie die am einfachsten und vielseitigsten handhabbare Beurteilungsform ist. Alternativen fordern mehr Ausbildung und Aufwand« (Ingenkamp 1985, S. 177).

Zensurenskala weitmaschig, einfach handhabbar, leicht lesbar

Die Kritik an der Zensurengebung steht vor allem unter dem Einfluss pädagogischer, diagnostischer und didaktischer Einsprüche und Missbilligungen. Immer wieder ist in diesem Zusammenhang moniert

Rangskala, Rangplätze

Kontextbedingungen der Zensurenvergabe unbekannt

worden, dass die Notengebung als Rangskala vorliegt und deshalb auch ausschließlich erlaubt, ermittelten Prüfungsergebnissen einen Rangplatz (Zensur) auf einer sechsstufigen Besser-schlechter-Rangreihe zuzuordnen. Damit erfahren allerdings die Adressaten, wie ebenso alle weiteren Abnehmer bzw. Nutzer von Zensuren innerhalb und außerhalb des Schulsystems, weder etwas über das Zustandekommen der Leistungen, die Relation der Leistungen zu den Lernzielen und den Lehrplananforderungen noch zu den Leistungsabständen zwischen den Zensurenrängen, d.h. zur Frage, um wie viel besser eine »Zwei« als eine »Vier« ist. Auskünfte über Lernprozesse, über Mindestanforderungen oder Fördernotwendigkeiten können schon gar nicht einer Zensur entnommen werden. Stellvertretend für alle weiteren Mängelanalysen zur Zensurengebung kann deshalb diese Erkenntnis gelten: Bei Berücksichtigung und kritischer Abwägung aller Argumente kann schlussendlich konstatiert werden, dass die Zensurengebung »nur von einer einzigen Funktion gekennzeichnet ist, die als gültig anerkannt werden kann: die Informationsverdichtungsfunktion in Form einer rationellen Informationsverschlüsselung« (Brütting 1981, S. 195). Trotzdem hat diese Mängelbilanz nicht zur Konsequenz geführt, sofort wegen erwiesener Untauglichkeit auf dieses Instrument zu verzichten. Und zwar deshalb nicht, weil die unwiderlegbare Schwäche zugleich die »Stärke« der Zensurengebung zu sein scheint, die ausgerechnet im eingeschränkten Informationsgehalt ihren Grund hat.

Informationverdichtungsfunktion

Trotz Mängel Beibehaltung der Zensurengebung

Die schulische Zensurenskala vergibt nach gültigem Recht sechs Rangplätze. Dem höchsten wird das Prädikat »sehr gut« zugewiesen, dem niedrigsten das Prädikat »ungenügend«. Die Information, die die Rezipienten von Zensuren erhalten, ist zwar äußerst simpel, aber trotzdem und gerade deshalb absolut zuverlässig und eindeutig, zumindest wenn man den Informationszweck auf das beschränkt, wozu mit diesem Instrument Angaben gemacht werden können. Das betrifft die Auskunft über die Verteilung der Rangplätze und die Konsequenzen, die daraus von dem Personenkreis gezogen werden können, der von den Zensuren mittelbar und unmittelbar betroffen ist, z.B. den Heranwachsenden und deren Eltern.

Einfache Botschaft

Das den Zensuren zugrunde liegende systemimmanente Informationssystem ist vergleichbar mit dem einer Ampelschaltung und genauso einfach zu verstehen, vorausgesetzt, es ist bekannt, dass »sehr gut« besser als »gut«, »gut« besser als »befriedigend« ist und so weiter bis zum letzten Rangplatz. Weiterhin sollte bekannt sein, dass für Versetzungsentscheidungen mangelhafte oder ungenügende Zensuren ungünstig sind und für Übergänge in eine höhere Schullaufbahn oder zur Aufnahme eines Studiums in einem Numerus-clausus-Fach sehr gute Leistungen notwendig sind. Dann funktioniert die »Zensurenampel« problemlos. Bei Rot, d.h. bei mangelhaften oder ungenügenden Leistungen,

Zensurenampel

droht Gefahr, bei Grün ist alles in bester Ordnung, und die gewünschten Ziele rücken in greifbare Nähe. Gelb liegt dazwischen, die Leistungen sind durchschnittlich bis noch ausreichend. In diesem Mittelbereich besteht die Gefahr des Abstiegs, aber ebenso gut kann der Anschluss an die Spitzenleistungen geschafft werden. Um angemessen reagieren zu können, reichen vielen diese Informationen vollkommen, egal, ob es die Kinder und Jugendlichen, die Eltern oder die Lehrkräfte sind. Wenn alles glatt, d. h. erwartungsgemäß, verläuft, gibt es sowieso keinen Grund zum Eingreifen. Wenn nicht, reicht es allemal, sich ab sofort Gedanken über die Ursachen zu machen.

Problemhafte Akzeptanz der Zensuren

So oder ähnlich könnte man vielleicht die weitverbreitete Akzeptanz von Schulnoten interpretieren. Es ist deshalb kein Zufall, wenn Zensuren als selbstverständliches Element von Schule weiterhin auf große Zustimmung stoßen, obgleich deren Informationsarmut schon einen Kritikpunkt darstellt, wie u. a. die Hamburger Studie zur Beurteilungspraxis aus der Sicht von Schülern, Lehrern und Eltern (vgl. Beutel et al. 2000) belegt.

Kritik an Informationsarmut

In dieser repräsentativen Befragung lehnten 76 Prozent der Schülerinnen und Schüler und 74 Prozent ihrer Eltern eine Schule ohne Zensuren ab, »obwohl der Informationsgehalt einer Zensur als gering eingeschätzt wurde« (Vollstädt 2013, S. 11). Selbst bei den befragten Lehrkräften votierten immerhin mehr als drei Fünftel (63 Prozent) gegen eine »notenfreie« Schule (vgl. Beutel et al. 2000, S. 206).

Zensurenfreiheit als Alternative?

Als ergänzende Abrundung der Zensuren wünschten sich allerdings die Befragten, sozusagen als nützliche Zugabe, »zusätzliche Berichte bzw. Kommentare, die erklären, welche Leistungen zu welchen Noten geführt haben. Darüber hinaus wünschten die Befragten Hinweise dazu, wie Leistungen (sowohl schwächere als auch stärkere – Ergänzung E. J.) ggf. verbessert werden können« (ebenda). Auf dem Hintergrund des Vorangestellten hieße das, die Ampelfunktion solle zwar uneingeschränkt fortbestehen und Priorität haben, um auch künftig die schnelle Orientierung über individuelle »Leistungsbilanzen« zu gewährleisten. Doch darüber hinaus wären Kommentare praktisch, um die hinter den Zensuren verschwundenen Leistungen, u. a. über erreichte Lern- und Kompetenzziele, fachliche oder überfachliche Kompetenzentwicklungen und allgemeine oder spezifische Fördernotwendigkeiten etc., wieder ans Licht zu holen.

Rückgewinnung pädagogischer Verantwortung

Das ist sicherlich als verständlicher Versuch zu verstehen, die mit der Zensurengebung verloren gegangene Pädagogik ansatzweise zurückgewinnen zu wollen (vgl. Flitner 1999, S. 244).

Wenn folglich Ziffernzensuren im deutschen Schulsystem so hartnäckig verteidigt werden, dann geschieht das, obwohl die Schwächen dieses Instruments offensichtlich sind. Sacher (2009) führt dieses Beharrungsvermögen darauf zurück, dass ansonsten der sozialisationsfunktionelle Beitrag von Leistungsbeurteilungsrückmeldungen – in Form der

»Cooling out«

»Degagement«

Vorteile der Verbalzeugnisse

»Scheinobjektivität«

Zensuren – »die Auslösung von ›Abkühlungsreaktionen‹, des sogenannten ›Cooling out‹, eingeschränkt würde. Dabei handelt es sich um eine ›Strategie‹, Personen mit Misserfolgen aufgrund vermeintlich zu hoher eigener Leistungsansprüche sukzessive neue Perspektiven zu eröffnen, die ihren Fähigkeiten und Bedürfnissen mehr entsprechen sollten und künftig als Folge davon wieder Erfolge erwarten lassen. Der Sozialisationseffekt besteht darin, die ›überzogene‹ Bildungsaspiration ›abzukühlen‹, wodurch eine ›realistischere‹ Selbsteinschätzung entstehen soll, die in der defensiven Neuorientierung auf niedrigere Schullaufbahnziele besteht. Im schrittweisen ›Degagement‹ wird die Fixierung der weniger Erfolgreichen auf die höheren Ziele gelockert. Dies geschieht z. B. durch permanente Anstöße zu einer Revision der ursprünglich zuversichtlichen Selbstbeurteilung« (Sacher 2009, S. 25). Leistungsüberprüfungen und -beurteilungen spielen dabei eine zentrale Rolle. Wer ständig mit seiner angeblich geringen Leistungsfähigkeit konfrontiert wird, erhält zugleich die Botschaft, dass er sich augenscheinlich zu anspruchsvolle (unrealistische) Ziele gesetzt hat und es geboten scheint, diese zu korrigieren oder aufzugeben, wenn nicht weiterhin dauerhafter Misserfolg riskiert werden soll. Damit dieses »Cooling out« funktioniert, »muss er sich permanent mit den Besseren vergleichen. Einen solchen Vergleich regen Ziffernnoten sehr viel stärker an als Verbalzeugnisse; denn sie weisen den Rangplatz in der Gruppe so unmissverständlich zu, dass auch der Letzte begreift, wo er steht« (Sacher 2009, S. 25).

Damit die »Abkühlung« als legitim und gerechtfertigt akzeptiert werden kann, müsste im Grunde zugesichert werden, dass diese auf »objektiver« Grundlage erfolgt, was den fachgerechten Einsatz testtheoretischer Gütekriterien notwendig machen würde, von dem aber in den wenigsten Fällen ausgegangen werden kann. Doch unter welchen gütekriterialen Bedingungen Zensuren und Zeugnisse zustande gekommen sind, lässt sich wiederum nicht den Ziffern entnehmen. Doch für deren Berichts- und Rückmeldefunktion scheint das auch nicht unbedingt von Belang zu sein, weil schon die Numerik der Zensurenskala »Objektivität« suggeriert, obwohl bekanntlich die Verwendung der Ziffern von 1 bis 6 genauso gut nur Urteilsgenauigkeit vorgaukeln könnte. »Die Verdecktheit und Abstraktheit der Bewertungen bei schulischen Leistungsbeurteilungen erzeugen eine bedenkliche Scheinobjektivität: Noten geben sich als Ergebnisse exakter Messvorgänge, während sie in Wahrheit Werturteile darstellen, die nur Aussagekraft haben, wenn man den normativen Standpunkt des Wertenden kennt, und Gültigkeit, wenn man diesen teilt« (Sacher 2009, S. 86).

Im Zusammenhang mit der schrittweisen »Abkühlung« kommt so »der Scheinobjektivität und Scheinexaktheit der Ziffernbenotung enorme Bedeutung zu: Kritische Rückfragen von Eltern und Schülern werden gewöhnlich schon im Keim erstickt, wenn eine Lehrkraft vorrechnen kann, dass sich eine umstrittene Zeugnisnote durch Mitteilung einer Reihe von Einzelnoten exakt – möglichst auf mehrere Nachkommastellen – so ergibt, wie sie erteilt wurde« (ebenda). Wie drastisch diese Scheinobjektivität in der Schulpraxis ausfallen kann, verdeutlicht ein simpler Hinweis auf die Mathematik. Aufgrund des Ordinalskalenniveaus der Zensurenskala ist es nämlich gar nicht zulässig, arithmetische Mittelwerte, d.h. Durchschnittszensuren, zu berechnen, weil dazu mindestens eine Intervallskalierung vorliegen müsste (vgl. Ingenkamp/Lissmann 2008, S. 48). Überhaupt ist jeder »rechnerische Umgang mit Ordinalzahlen« mathematisch unstatthaft (vgl. Fischer 1991, S. 235) und führt zu Urteilsverzerrungen. Doch gemacht wird es in der Schulpraxis trotzdem. Das führt zu großen Ungerechtigkeiten und Falschaussagen mit Übervorteilungen und Benachteiligungen.

Unzulässigkeit von Mittelwertberechnungen

Urteilsverzerrungen

Klasseninterner Maßstab

Noch ein ganz anderes Phänomen von Scheinobjektivität entsteht durch den problematischen Gebrauch des klasseninternen Maßstabs, der ebenfalls zu »Abkühlungsreaktionen« bei Schülerinnen und Schülern führt und dabei auch solche trifft, die beim Anlegen einer klassenübergreifenden sachlichen, d.h. anforderungs- und kompetenzbezogenen Bezugsnorm als »erfolgreich« gegolten hätten. Wie umgekehrt das »Cooling out« dann auch Schülerinnen und Schüler getroffen hätte, die nur deshalb als »erfolgreiche« Lerner eingestuft wurden, weil sie das Glück hatten, einer »leistungsschwachen« Klasse anzugehören. Kurzum: Die Zugehörigkeit zu einer Schulklasse entscheidet trotz gleicher Schulleistung über Erfolg oder Misserfolg. Mit welchen Konsequenzen die Leistungsbeurteilung unter dieser Kautel verbunden ist, die für die Zensurenverteilung einen klasseninternen Vergleich herstellt (soziale Bezugsnorm), dokumentiert die folgende Abbildung.

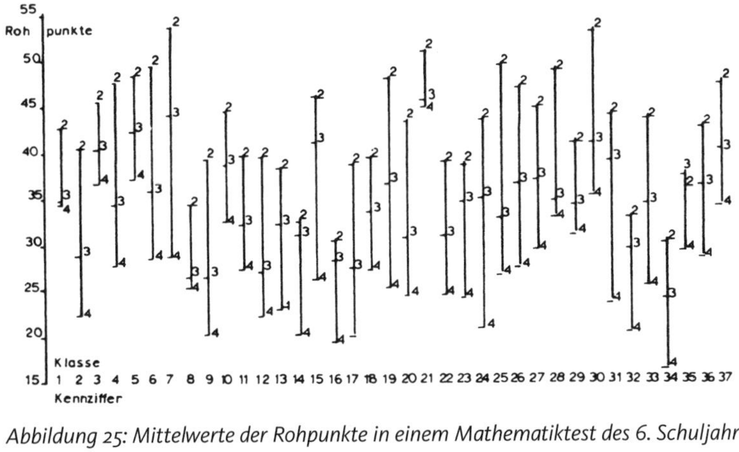

Abbildung 25: Mittelwerte der Rohpunkte in einem Mathematiktest des 6. Schuljahres (Grundschule Berlin). (Quelle: Ingenkamp/Lissmannn 2008, S. 146)

Anwendung der sozialen Bezugsnorm führt zu zufälligen Vor- und Nachteilen

Der insgesamt mit 37 Klassen durchgeführte Test ist ein überzeugendes Beispiel für Urteilsverzerrungen bei Anwendung der klasseninternen Norm, die zu eklatanten Fehleinschätzungen führt und als Folge davon ungerechtfertigte Benachteiligungen oder zufällige Vorteile nach sich zieht. In den miteinander verglichenen Klassen führen gleiche Testleistungen nicht zu denselben Zensuren, womit zu rechnen gewesen wäre, sondern zu unterschiedlichen. So weisen beispielsweise Schülerinnen und Schüler der Klasse 7 mit der Note »gut« einen Mittelwert von 53,5 Rohpunkten auf, während in der Klasse 16 für das Erreichen dieser Zensur schon ein Rohpunktmittelwert von 30,9 genügt. Es liegt also eine Differenz von unglaublichen 22 Rohpunkten in den Testleistungen vor, und trotzdem wird dafür jeweils dieselbe Notenstufe vergeben. Noch absurder erscheint die Vergabe der Note »gut« für gerade einmal 30,9 Rohpunkte, wenn die gesamte Stichprobe als Referenzgruppe herangezogen wird. »Dieser Wert liegt ganz erheblich unter dem Mittelwert von 44,8, den in Klasse 21 die Schülerinnen und Schüler mit der Mathematikzensur 4 erzielen. Der Mittelwert dieser Schülerinnen und Schüler mit einer 4 liegt höher als die Mittelwerte, die in 23 anderen Klassen Schülerinnen und Schüler mit der Zensur 2 erreichen« (Ingenkamp/Lissmann 2008, S. 147).

Erfolg und Misserfolg hängen von der Klassenzugehörigkeit ab

Dieser Musterfall veranschaulicht auf klare Weise, dass es in unseren Schulen leistungsstarke und leistungsschwache Klassen gibt und deshalb die Orientierung der Leistungsbeurteilung am klasseninternen Maßstab zu großen Ungerechtigkeiten und zu falschen Rückmeldungen führt, d. h. die Zertifizierung von Erfolg oder Misserfolg mehr von der zufälligen Klassenzugehörigkeit als der tatsächlich erbrachten Lernleistung abhängen kann. Das führt mitunter zu grotesken Folgewirkungen. So erhielten Kinder aus leistungsstärkeren Klassen seltener eine Übertrittsempfehlung für das Gymnasium oder die Realschule als solche aus leistungsschwächeren, obwohl ein genau umgekehrtes Empfehlungsverhalten sowohl naheliegend als auch nach vorliegendem Leistungsstand gerechtfertigt und chancengerecht gewesen wäre.

Bezogen auf die Sozialisationsfunktion von Zensuren und Zeugnissen in der Wirkung des »Cooling out« werden die in leistungsstarken Klassen weniger Erfolgreichen einem schrittweisen »Degagement« unterworfen, und infolgedessen nehmen sie Abstand von ihren ursprünglichen, anscheinend zu hoch angesetzten Bildungszielen. Wären aber dieselben Schülerinnen und Schüler zufällig in eine leistungsschwache Klassenzusammensetzung geraten, wären sie nicht nur nicht von »Cooling out« betroffen gewesen, sondern sie hätten sogar möglicherweise zu den souveränen Erfolgreichen mit guten Bildungsaussichten gehört. Zu solchen Fehlschlüssen sowohl in die eine als auch in die andere Richtung wäre es allerdings überhaupt nicht gekommen, wenn zur Leistungsbeurteilung, wie es der Erziehungs- und Bildungsauftrag übrigens vorsieht, die sachliche, auf die Implementation der offiziellen Lehrpläne bzw. Kerncurricula bezogene Bezugsnorm zur Richtschnur gemacht worden wäre. Somit handelt es sich letztlich bei der Leistungsbeurteilung in Verbindung mit der sozialen klasseninternen Bezugsnorm um einen Referenzfehler, der beim Intergruppenvergleich ohne Weiteres zu Fehlurteilen führt (siehe auch Kap. 3.3.3).

Ausweg: sachliche Bezugsnorm als Richtschnur

Referenzfehler

Die Orientierung am klasseninternen Maßstab bzw. am Klassendurchschnitt verwässert und verzerrt die sachliche (kriteriale) Bezugsnorm und gibt den Heranwachsenden Rückmeldungen hinsichtlich ihres Leistungsstands (besser: ihres Rangplatzes) innerhalb der Klasse, die aber außerhalb der Klasse ihre Geltung verlieren, weil die Vergleichsgruppe eine andere ist. Dadurch werden sämtliche weiteren pädagogischen und unterrichtlichen Funktionen in Mitleidenschaft gezogen, wie ein kurzer Querverweis belegen kann. Wenn Leistung auf herausforderndem und gekonntem Lernen beruht (vgl. Jürgens/Sacher 2008, S. 47 ff.), dann können Schülerinnen und Schüler das in leistungsschwachen Klassen weniger gut entwickeln. Sie erhalten auch weniger Förderung, weil sie für »sehr gute« und »gute« Zensuren niedrigere Lern- und Kompetenzziele erreichen müssen. Doch was noch fataler ist: Sie bekommen sogar Erfolgsrückmeldungen für Leistungen, die in vergleichsweise leistungsstarken Klassen schon Misserfolgsrückmeldungen sein müssten, was z. B. bei einem Lehrkraft- oder Schulwechsel zu unvorhersehbaren Konsequenzen führen kann, die die Schülerinnen und Schüler im Vorhinein kaum beeinflussen können und auf die sie sich auch nicht einstellen können. In diesem Sinne werden Zensuren zu »Falschgeld«, sobald man die Klasse verlässt, was Ingenkamp (1971) so kommentiert: »Diese Ergebnisse besagen nicht mehr und nicht weniger, als dass es für unser gesamtes schulisches Berechtigungswesen keine sachliche Rechtfertigung gibt« (S. 162).

Sozialnorm-bezogene Rückmeldungen verlieren außerhalb der Klasse ihre Geltung

Keine sachliche Rechtfertigung

Kurzum: Die Anwendung des klasseninternen Maßstabs deutet auf einen unzulässigen und irreführenden Umgang mit der Mindestkompetenz hin (vgl. Sacher 2009, S. 81).

Unzulässiger und irreführender Umgang mit Mindestkompetenz

> Die Mindestkompetenz legt fest, in welchem Maß die intendierten Lern- und Kompetenzziele erreicht werden sollen, damit erfolgreiches Weiterlernen im Anschluss an das geprüfte Aufgaben- und Themengebiet sichergestellt werden kann.

Pragmatische Beurteilungsmodelle legen für die Prüfungsinhalte anforderungsbezogene Mindestkompetenzgrade fest, die 40 bis 75 Prozent der Zielerreichung bzw. des geprüften Curriculums betragen können und mit der Note »ausreichend« belegt werden (vgl. Sacher 2009, S. 130–131).

Durch diese Maßnahme kann die Zensurengebung »verobjektiviert« und aussagefähiger gemacht werden. Neutrale Objektivität ist damit mitnichten zu realisieren; Zensuren bleiben fehlerbehaftet und sind deshalb mess- und beurteilungsmethodisch stets infrage zu stellen. Das gilt besonders, wenn Zensuren pädagogisch »verzweckt« werden sollen. Betrachtet man deshalb die Frage, inwieweit Zensuren aus pädagogischer Perspektive zu kritisieren sind, sollte man sich unbedingt ins Gedächtnis rufen, dass es so gut wie überhaupt keine pädagogischen Gründe waren, auf die man sich berief, als man die Zensurengebung als ordnungspolitisches Instrument im gesamten Schulsystem zugrunde legte (vgl. Ingenkamp 1985, S. 176). Vermutlich weil jede Frage nach einem wie auch immer gearteten pädagogischen »Sinn« der Zensurengebung so unbefriedigende und letztlich ablehnende Antworten gegenüber der Verwendung dieses Instruments hervorruft, hat es aus unterschiedlichen Interessen immer wieder Versuche gegeben, Zensuren und Zeugnisse doch noch irgendwie »pädagogisch« aufzuwerten, um wenigstens den Anschein zu erwecken, die schulische Zensurengebung diene der positiven Gestaltung des pädagogischen Verhältnisses zwischen Lehrendem und Lernenden. Allerdings mussten diese allesamt scheitern.

Fazit: Zensurengebung ist pädagogisch »unsinnig«

Egal, ob es sich um die Anreiz-, Disziplinierungs-, Sozialisations- oder Chancenausgleichsfunktion etc. handelt (vgl. Jürgens/Sacher 2008, S. 53 ff.), in keiner vermag die Zensurengebung pädagogisch überzeugend zu wirken. Sie setzt fragwürdige Belohnungs- und Bestrafungsakzente, die der Weckung von Lerninteresse und Lernfreude entgegenstehen und die Lern- und Leistungserziehung von der Bedeutsamkeit der Unterrichtsinhalte für die Umsetzung des schulischen Erziehungs- und Bildungsauftrags abkoppeln.

Fragwürdige Belohnungs- und Bestrafungsakzente

Unter der Prämisse, dass die Förderung des Lernens und die Entwicklung von Kompetenzen die zentrale Bildungsaufgabe der Schule ausmachen, kann die Zensurengebung als diagnostisches Unterstützungssystem aufgrund ihrer Mangelhaftigkeit für die Begründung, Planung und Durchführung von pädagogisch-didaktischen Treatments nur wenig Substanzielles bieten. Von daher sollte diese Beurteilungsform auf das beschränkt werden, wozu sie taugt: zur schnellen und sichtbaren Verteilung von Beurteilungen auf einer Rangplatzskala. Für unterrichtliche und erzieherische Maßnahmen ist die eindimensional vergleichende Zensurenskala weitgehend ungeeignet, weil letztlich die pädagogische Diagnostik adaptiv auf die Lern- und Leistungsentwicklung des Individuums gerichtet ist, d. h. die individuelle Bezugsnorm im Zusammenspiel mit der kriterialen zum Maßstab hat, die mit der Zensurengebung gewöhnlich nicht kompatibel ist.

Für unterrichtliche und erzieherische Maßnahmen ungeeignet

Ordnungspolitische und schulorganisatorische Relevanz

So weit kann zusammenfassend festgehalten werden, dass die Zensurengebung im Wesentlichen der Umsetzung ordnungspolitischer und schulorganisatorischer Vorgaben vorbehalten sein sollte. Aufgrund bekannter Ergebnisse der Schulforschung (vgl. Brügelmann et al. 2006) ist zu konstatieren, dass die Zensurengebung für die pädagogische und didaktische Diagnostik nur sehr eingeschränkt tauglich ist und deswegen durch aussagefähigere Verfahren ergänzt oder ersetzt werden sollte. Doch die weiterhin bestehende Pflicht zur Beurteilung von Schulleistungen via Zensurengebung im Zuge der Orientierungs- und Berechtigungsfunktion (Qualifikationsfunktion) macht es trotz allem erforderlich, mit diesem Instrument verantwortungsvoll und professionell umzugehen, was unter anderem heißt, das Instrument sachkundig zu handhaben, denn zwischen qualitativ anspruchsvoller und minderwertiger Zensurengebung liegen große Unterschiede, die erhebliche Auswirkungen für alle Beteiligten haben, insbesondere für die Schülerinnen und Schüler (vgl. Sacher 2009, S. 42 ff.; Ziegenspeck 1999, S. 136 ff.; Jäger 2007a, S. 35 ff.). In diesem Kontext spielen subjektive Unzulänglichkeiten, d. h. Beurteilungstendenzen und -fehler, und die Möglichkeit, diese zu kontrollieren und zu reduzieren (vgl. Kap. 3.3.3), eine große Rolle. Ebenfalls ist die Qualität der Zensurengebung stark abhängig von den Methoden, die herangezogen werden, um erfasste Leistungen in Noten zu überführen (Jäger 2007a, S. 354).

Verantwortungsvoller und professioneller Umgang mit diesem Instrument unerlässlich

7.2 Rasterzeugnisse/Verbalzeugnisse

Auf die vor allem »pädagogische« Fragwürdigkeit der Zensurengebung, die zwar schon lange bekannt war, aber erst mit der Publikation von Ingenkamp (1970) unter dem gleichnamigen Titel in der Breite der Gesellschaft zum bildungspolitischen Diskussionsgegenstand erhoben wurde, reagierte die Kultusministerkonferenz mit der Empfehlung für einen veränderten Umgang mit der Beurteilungsaufgabe. Zensurenzeugnisse sollten zugunsten notenfreier Berichte zurückgedrängt werden, indem in allen Bundesländern zumindest in der Eingangsstufe der Grundschulen solch ein Wechsel der Beurteilungsform stattfinden sollte. »Die Umsetzung des Grundsatzbeschlusses dauerte in den alten Bundesländern ganze acht Jahre, und weitere zehn Jahre vergingen, bis die Zeugnisreform auch in den neuen Bundesländern Geltung bekam« (Ingenkamp/Lissmann 2008, S. 188). Doch dem Einstieg in die Notenfreiheit folgte keine generelle Reform der Beurteilungspraxis für die gesamte Grundschulzeit.

Zeugnisreform: notenfreie Berichte

Keine generelle Reform der Beurteilungspraxis

Nach derzeitigem Stand werden in sechs von 16 Bundesländern schon zum Ende des zweiten Schuljahres Berichts- durch Ziffernzeugnisse ersetzt. In der dritten Klasse werden dann Ziffernzensuren und Ziffernzeugnisse zur Regel, soweit nicht Möglichkeiten bestehen, davon abweichen zu können. Einige Länder, wie beispielsweise Nordrhein-Westfalen (vgl. Ministerium für Schule und Weiterbildung des Landes NRW 2013), lassen solche Entscheidungsspielräume zu, die auf Antrag und unter Beteiligung der Schulgremien wahrgenommen werden können. Teilweise können dadurch Regelungen umgesetzt werden, sogar die Berichtszeugnisse bis zum Ende der vierten Grundschulklasse zu tolerieren (vgl. Ingenkamp/Lissmann 2008, S. 188).

Entscheidungsspielräume/ Entscheidungsfreiheit

Ein über die Grundschule hinausgehender Einsatz von Berichtszeugnissen findet nur vereinzelt statt und ist meist mit Versuchen verbunden, Schulen umfassend neu auszurichten. Demzufolge haben Reformschulen fast immer auch versucht, »die verordneten Ziffernzeugnisse durch differenzierte, an den Bedürfnissen des Individuums orientierte Beurteilungen zu ersetzen oder mindestens zu ergänzen« (ebenda, S. 185). An solchen Schulen ist es im Allgemeinen sogar möglich, bis zum Ende der achten Jahrgangsstufe auf Ziffernzensuren vollkommen zu verzichten. Auch wenn es sich, bezogen auf die Gesamtzahl der Schulen in Deutschland, bei den Reformschulen und Schulen mit besonderen pädagogischen Profilen um eine vergleichsweise kleine Gruppe handelt, ist es dennoch beeindruckend, wie vielfältig die Ansätze sind, um Berichtszeugnisse zu einer tragfähigen, erfolgreichen Alternative zu den Ziffernzeugnissen zu entwickeln (vgl. Arnold/Jürgens 2001; Döpp/von der Groeben/Thurn 2002, Hofmann 2007; Weiland 1994).

Reformschulen: Berichtszeugnisse als Alternative

Doch was sind überhaupt die Argumente für eine zensurenfreie Zeugnisgebung? Wie weiter oben herausgearbeitet werden konnte, ist die ungebrochene Dominanz der Zensuren in unserem Schulsystem u.a. damit zu erklären, dass es sich um ein einfach handhabbares, wenig anspruchsvolles und leicht verständliches Hilfsmittel zur Steuerung und Verteilung der Schülerströme innerhalb des Schulsystems und zur Vergabe von Abschlüssen und Zertifikaten handelt, mit dem sich die sogenannte Selektionsfunktion geregelt bewältigen lässt. Als Instrument der individuellen Lern- und Leistungsdiagnostik sowie für die Begleitung und Unterstützung von Lernprozessen zeigt die Zensurenregelung große Schwächen, weil sie die nötigen Detailinformationen nicht liefern kann. Die sechsteilige Zensurenskala ist und bleibt ein grobes Raster, mit dem lediglich Informationen über Gesamtleistungen ausgedrückt werden können, nicht aber über »das Leistungsprofil, d.h. über die besonderen Stärken und Schwächen eines Schülers in den verschiedenen Bereichen des betreffenden Faches« (Sacher 2009, S. 165). Auch eine Aufstockung der Zahl der Abstufungen würde an der grundsätzlichen Problematik so gut wie gar nichts ändern (vgl. ebenda). Folglich beziehen und konzentrieren sich die Argumente für die Verbalbeurteilung hauptsächlich auf die gleichermaßen mögliche wie wünschenswerte »Pädagogisierung« der Leistungsbeurteilung, indem neben der diag-

»Pädagogisierung« der Leistungsbeurteilung

nostischen Erfassung von Endprodukten auch bzw. vor allem Informationen zu den prozessualen Veränderungen in den Fokus der Aufmerksamkeit gelangen. Berichtszeugnisse können beides, d.h. sowohl summativ als auch formativ Lern- und Leistungsentwicklungen dokumentieren, bewerten und reflektieren, wohingegen Ziffernzensuren allein auf summative Evaluationsergebnisse beschränkt werden. Der der Ziffernbenotung immanente Prozess der Informationsverdichtung, der mit der Auskunft über Rangabstufungen den konkreten Abschluss seiner Abstraktion findet, lässt sich nicht rückgängig machen. Somit ist es naheliegend und nachvollziehbar, dass die überwiegende Zahl der Argumente für die Einführung von Verbalzeugnissen sich auf prozessuale Informationsrückkopplungen bezieht (vgl. Jürgens 2010b; Jürgens 1999; Arnold/Jürgens 2001; Sacher 2009). Außerdem werden ebenso verständlich Argumente ins Feld geführt, die sich eindeutig der Förderdiagnostik und -didaktik zuordnen lassen und deshalb auf Informationen zur Lernsituation bzw. zum Lernumfeld, die Arbeitsbedingungen und Voraussetzungen des Individuums sowie die indizierten Handlungsoptionen abheben. Im Einzelnen lassen sich folgende Aspekte nennen:

Summative und formative Dokumentation, Bewertung und Reflexion von Lern- und Leistungsbeurteilungen

Prozessuale Informationsrückkopplungen

Pädagogische und diagnostische Vorteile der Berichtszeugnisse

- Berichtszeugnisse können ein differenziertes Bild von den »individuellen Lernverläufen« der Kinder und Jugendlichen zeichnen (vgl. Sacher 2009, S. 166) und dabei die Forderung nach Berücksichtigung der individuellen Bezugsnorm zusammen mit der kriterialen erfüllen (vgl. Jürgens 2010b, S. 52 ff.). Darüber hinaus enthalten Verbalbeurteilungen zusätzliche Hinweise und Ratschläge für das weitere Lernen, indem beispielsweise konkrete Fördermaßnahmen vorgeschlagen werden.
- Leistungsdruck, der auch durch den sozialen Vergleich entsteht, kann durch die Vergabe von Berichtszeugnissen vermieden werden. Rangplatzvergleiche entfallen. Dadurch wird das Klassenklima verbessert, Kinder werden in ihrem Selbstvertrauen gestärkt, »Konkurrenzverhalten in der Klasse reduziert und Kooperation gefördert« (Sacher 2009, S. 166).
- Die nachweislich einfachere Vergleichbarkeit der Ziffernzensuren gegenüber den Aussagen in den Berichtszeugnissen führt bei lern- und leistungsschwächeren Schülerinnen und Schülern zu öffentlicher negativer Etikettierung und erschwert es ihnen, »das Gesicht zu wahren, Mut zu behalten und sich trotz (ihrer) Lernschwierigkeiten weiter zu bemühen« (Ramseger 1993, S. 51). Damit einhergehend können Versagensängste, d.h. die Furcht vor Misserfolg, noch zusätzlich verstärkt werden. Statt Motivation, an den Schwächen zu arbeiten, entsteht Demotivation. »Die gehäufte öffentliche (zensurenmäßige) Rückmeldung von Misserfolgen und erniedrigende Vergleiche mit den erfolgreicheren Klassenkameraden zerstören dauerhaft

die Leistungsbereitschaft der langsam lernenden Schülerinnen und Schüler. Zensuren sind leistungsfeindlich« (von Saldern 1999, S. 208 – Ergänzung E. J.).
Selbstverständlich ist es nicht das Ziel von Ziffernnoten, den sozialen Vergleich zu forcieren. Doch die Einteilung von Schülerinnen und Schülern entlang der Besser/schlechter-Rangskala lässt gar nichts anderes zu, als ständig darauf zu achten, wer über oder unter einem rangiert. Zensuren erhalten damit eine Eigendynamik, die sich darin äußert, dass der klasseninterne Vergleich zum wichtigsten Maß der Selbst- und Fremdwahrnehmung wird. Nicht selten sind deshalb auch Zensurenskalen zugleich Beliebtheits- und Ablehnungsbarometer (vgl. Brügelmann et al. 2006).

Selbst- und Fremdwahrnehmung

Betrachtung der Gesamtpersönlichkeit

Aufbau einer vertrauensvollen, persönlichen Beziehung

- Berichtszeugnisse helfen, den Heranwachsenden in seiner Gesamtpersönlichkeit wahrzunehmen, und können dadurch der Lehrkraft Anknüpfungspunkte für den Aufbau einer vertrauensvollen und persönlichen Beziehung liefern (vgl. Ziegenspeck 1999, S. 167).

Veränderte Kommunikation mit dem Elternhaus

Neben den Wirkungen eines veränderten Beurteilungshandelns, das sich mit der Verwendung von Berichtszeugnissen entwickelt, gibt es noch eine Reihe weiterer positiver Nebeneffekte. Dazu zählt der veränderte Umgang mit dem Elternhaus in Leistungsbewertungsfragen. Verbalzeugnisse regen den Austausch darüber an und geben Eltern die Gelegenheit, konkrete Nachfragen zu den Beurteilungsprozessen ebenso zu stellen wie zu den zurückliegenden Lern- und Arbeitszusammenhängen. Verbalbeurteilungen können und werden stärker als Ziffernzeugnisse zum Dialog mit der Schule genutzt. Generell können Berichtszeugnisse »den Kontakt zwischen Schule und Elternhaus verbessern« (Sacher 2009, S. 166). Dementsprechend haben sich in der Praxis verschiedene Verfahren etabliert, mit denen das Gespräch über die schulische Leistungsbeurteilung im Allgemeinen und speziell auf das eigene Kind bezogen mit den Eltern intensiviert werden kann. Beispielhaft könnte das wie folgt geschehen:

- »Auf einem Elternabend gegen Ende des Schulhalbjahres erhalten die Eltern die Zeugnisse, zugleich werden Gesprächstermine an den nachfolgenden Tagen oder gebündelt an einem Elternsprechtag vereinbart.
- Die Eltern kommen sukzessive in den letzten Tagen vor dem Ende des Schulhalbjahres nach Vereinbarung in die Schule, sie erhalten hier zu Beginn des Beratungsgesprächs das Zeugnis.
- Die Schüler bekommen das Zeugnis mit nach Hause; einige Tage später findet der Elternsprechtag statt.
- Die Eltern bekommen das Zeugnis am Elternsprechtag« (Barnitzky/Christiani 1994, S. 194).

Dadurch dass Berichtszeugnisse von den Lehrkräften in gewisser Weise eine Rechenschaftslegung über ihren Unterricht und ihre Aufgabenwahrnehmung »verlangen«, geben sie sich selbst mit dem Geschriebenen eine differenzierte Rückmeldung zu ihrer Tätigkeit und gewinnen somit konkrete Anknüpfungspunkte für Reflexionen über die Qualität der eigenen Professionalität und des eigenen Kompetenzprofils. Doch bezüglich der Vorzüge der Verbalbeurteilungen gegenüber der Zensurengebung sind durchaus Relativierungen angezeigt, um deutlich zu machen, dass die Güte zensurenfreier Verfahren unter dem Vorbehalt einer gelingenden Praxis steht.

Reflexionsmöglichkeit

Gegenüber den genannten Vorzügen der Berichtszeugnisse werden verschiedentlich, z. T. empirisch belegte, Zweifel und Einsprüche vorgebracht, auf die anschließend genauer eingegangen werden soll. Wie schon bei der Zensurengebung ist es ratsam, wiederum zwischen »systembedingten Mängeln« und »subjektiven Unzulänglichkeiten« zu differenzieren. Die vorliegenden Forschungsberichte liefern zu beiden Aspekten mancherlei wichtige Befunde. Im Zentrum und deshalb auch zuerst erwähnt dürfte die Frage nach der »Güte« der Verbalbeurteilungen stehen, die u. a. damit zusammenhängt, wie Textzeugnisse zustande kommen und messtheoretisch kontrolliert werden. Wie sich zeigt, werden »die allgemein bekannten Probleme der Ziffernbenotung« mit der Verbalbeurteilung genauso fortgesetzt. Die intersubjektive Objektivität zwischen verschiedenen Gutachtern ist bei Berichtszeugnissen sogar auch dann gering, wenn die Verantwortlichen »Experten« sind. Ebenso unzureichend fallen die Reliabilität und die Validität aus. »Verbalzeugnisse sind messtheoretisch mindestens um nichts besser als Ziffernnoten« (Sacher 2009, S. 167). Ob man das erwarten konnte, steht auf einem anderen Blatt. Jedoch konnte man auf keinen Fall ernsthaft erwarten, dass die bloße Substitution der Ziffernzensuren durch sprachliche Äußerungen schon Reform genug wäre und die Problemhaftigkeit der Zensurengebung sich durch die verbale Beurteilung in Luft auflösen würde. Die »Änderung der Mitteilungsform bedeutet für die Güte des diagnostischen Prozesses überhaupt nichts« (Ingenkamp 1987, S. 60) oder besser so lange nichts, bis methodische Maßnahmen ergriffen werden, um die Praxis tatsächlich mängelfreier zu gestalten. Wenn Sacher (2009) angesichts dieser Situation argumentiert, dass damit Verbalzeugnisse aber noch nicht ad absurdum geführt würden, hat er fraglos recht, denn einerseits sollten sie vor allem zur fördernden Bewertung genutzt werden, und andererseits können sie »diagnostisch« nur so gut sein, wie es die Praxis zulässt, d. h. die Güte dieses Instruments ist entscheidend von den Kompetenzen der Lehrkräfte abhängig. Ein Überblick über die Befunde und Erkenntnisse aus empirischen Studien macht das deutlich (vgl. Jürgens 2010b, S. 166).

Geringe intersubjektive Objektivität

Unzureichende Reliabilität und Validität

Bedeutung der Mitteilungsform

Güte des Instruments ist abhängig von den beruflichen Kompetenzen der Lehrkräfte

- Tendenziell besteht eine Praxis, Berichtszeugnisse »eigenschaftsorientiert« zu schreiben, ohne im nötigen Maß auf unterrichtliche und außerunterrichtliche Entstehungs- und Bedingungskontexte einzugehen, wodurch es zu einer ungenügenden Würdigung des Zusammenhangs von Lehren und Lernen kommt, d.h. verantwortlicher Gestaltung der Lernumgebung durch die Lehrkraft und dem Lernerfolg des Kindes oder Jugendlichen (Benner/Ramseger 1985; Hausser 1991). Eine Untersuchung an Berliner Schulen (vgl. Valtin 2002) ergab ein ebenfalls in dieser Hinsicht ernüchterndes Ergebnis. »Die mit Verbalzeugnissen verknüpften Reformintentionen – mehr Informationsgehalt, stärker ermutigender Charakter, förderdiagnostische Hinweise – waren nur in Spurenelementen verwirklicht« (Sacher 2009, S. 168). Ein in die gleiche Richtung weisendes Ergebnis ergab die Begleituntersuchung zu einem Schulprojekt zur Leistungsbewertung ohne Zensuren in der Grundschule des Landes Nordrhein-Westfalen (vgl. Landesinstitut für Schule und Weiterbildung NRW 1997). Auch in diesem Fall blieben die Chancen ungenutzt, Lernentwicklungen und Lernstände differenziert, mehrdimensional und umfeldanalytisch zu dokumentieren und zu bewerten. Lübke (1996) berichtet davon, dass es selbst an ausgewiesenen Modellschulen, die explizit die Reform der Beurteilungspraxis zu einem Kernanliegen gemacht haben, schwerfällt, eine veränderte und erweiterte Lerndiagnostik umzusetzen. So kommt es immer noch vor, »dass Eigenschaftsbeschreibungen und Verbalisierungen von Noten statt der eigentlich geforderten Entwicklungsberichte geliefert (...) werden, dass Lehrkräfte stereotype Beurteilungsmuster verwenden, in denen die Schülerinnen und Schüler sich nicht wiederfinden, (...) und dass weder Entwicklungsperspektiven aufgezeigt noch weiterführende Hinweise gegeben werden« (Sacher 2009, S. 167 f.).

Keine differenzierte, mehrdimensionale und umfeldanalytische Dokumentation und Bewertungen

- Das Instrument »Berichtszeugnis« ist methodisch vielseitig angelegt, was allerdings die Berücksichtigung verschiedener Einflussfaktoren voraussetzt, und erst das Zusammenwirken solcher Merkmale scheint dazu zu führen, dass Verbalbeurteilungen die in sie gesetzten Erwartungen erfüllen können. Die Absicht, durch zensurenfreie Zeugnisse vorrangig »pädagogische Effekte« zu erzielen (vgl. Sacher 2009, S. 167), kann allerdings nicht unabhängig von diagnostischen Vorarbeiten realisiert werden. Dementsprechend ist die »fördernde« Bewertung, eine pädagogische Maxime des Berichtszeugnisses, auf sorgfältige diagnostische Befunde und Rückschlüsse angewiesen, die wiederum den sachkundigen Einsatz diagnostischer Instrumente und Verfahren voraussetzen. Die Durchführung von Beobachtungen wäre so ein Verfahren, das zwar einerseits ein in den Lauf der alltäglichen Berufsarbeit von Lehrkräften integriertes Element darstellt,

Diagnostische Vorarbeiten

andererseits aber geht die Beobachtung im Kontext der Aufgaben der pädagogischen Diagnostik weit über das hinaus, was sowieso schon beiläufig und relativ unkontrolliert während des Unterrichts in den Blick genommen wird. Um allerdings für Verbalbeurteilungen aussagekräftige, über die Zufälligkeit des Augenblicks hinausgehende Informationen gewinnen zu können, ist es zwingend, auf den Einsatz entwickelter Beobachtungsverfahren zurückzugreifen. Wie das Ergebnis einer empirischen Studie (Jürgens 1998) belegt, scheint dieser Zusammenhang in der Praxis so nicht gesehen zu werden. Noch nicht einmal jede sechste Grundschullehrkraft, die Berichtszeugnisse schreibt, kann auf systematisch erhobene Beobachtungen zurückgreifen, weil überhaupt keine kriteriengeleiteten Beobachtungsverfahren eingesetzt werden und oft nicht einmal schriftlich festgehaltene Beobachtungen vorliegen. Das fällt umso gravierender ins Gewicht, als die systematische Beobachtungsmethode als besonders geeignet gilt, Lern- und Leistungsprozesse wahrzunehmen, aufzuzeichnen und auszuwerten (vgl. Jürgens 2010b, S. 90 ff.). Damit fehlen wichtige Informationen, die nicht ohne Weiteres durch die Verwendung anderer Verfahren ersetzt werden können, und das kann zu inhaltsschweren Konsequenzen beim Schreiben des Berichtszeugnisses führen. Formelhafte, schablonenhafte Wortpassagen können die Folge davon sein. Je geringer die eigene diagnostische Datenbasis – sowohl in qualitativer als auch quantitativer Hinsicht – ausfällt, umso größer ist die Gefahr, »dass in den Verbalzeugnissen häufig nur stereotype Wendungen durchvariiert werden, wie sie sich in einschlägigen Listen finden« (Sacher 2009, S. 167). Dabei führt die Verwendung amtlicher oder frei angebotener Formulierungshilfen nicht zwangsläufig zu einem derartigen Schreibstil, wie eine empirische Studie (Jürgens 2001) bestätigt. Sie können durchaus hilfreiche Orientierungen und Anregungen für eigene Formulierungen bieten. Problematisch werden sie erst, wenn sie zum »Ersatz für die eigene Formulierungstätigkeit« werden (ebenda, S. 483 f.) und eine leerformelhafte Beurteilungsrhetorik begünstigen. Fehlende Datenbasis dürfte ein Grund dafür sein, sich vom Gesamteindruck des Kindes oder Jugendlichen leiten zu lassen und aus vorformulierten Versatzstücken eine Beurteilung zusammenzustellen. Ein anderer Grund für die Verwendung vorgefertigter Formulierungshilfen könnte schlicht mit der mangelnden Schreibkompetenz der Lehrkräfte zu tun haben (vgl. Jürgens 2001, S. 163). Verbalzeugnisse benötigen nämlich eine individuumsbezogene und höchst feinsinnige pädagogische Stilistik, die viel Wissen über die Prinzipien der Textverständlichkeit und ebenso viel Übung erfordert (vgl. Arnold/Jürgens 2001, S. 106 f.). Solche und weitere Ursachen führen dazu,

Einsatz entwickelter Beobachtungsverfahren

Problem: formelhafte, stereotype Wortpassagen

Formulierungshilfen

Fehlende Datenbasis

Mangelnde Schreibkompetenz

dass die erwarteten Vorzüge der Berichtszeugnisse bisher nicht durch die Praxis bestätigt werden konnten und deshalb das wichtigste Ziel der Reform, die individuelle Entwicklung des einzelnen Individuums zum Gegenstand einer fördernden Bewertung zu machen, weitgehend verfehlt wurde. »Nicht die Person des Schülers, sondern die des Lehrers bestimmt die Auswahl und Kombination der Inhaltskategorien, die angesprochen werden«, so fassen Scheerer/Schmied/Tarnai (1985, S. 194) die Ergebnisse ihrer empirischen Untersuchung zusammen, womit die Diskrepanz zwischen einem geeigneten Theorie- und Handlungskonzept einerseits und einer mangelhaften Praxis andererseits auf den Punkt gebracht wird.

Theorie-/Praxis-Divergenz

Zusammenfassend lässt sich feststellen, dass die Verbalbeurteilungspraxis ein sehr gemischtes Bild abgibt und die positiven Wirkungen bisher nicht – wie gehofft – eingetreten sind. Es gibt sicherlich eine Reihe guter Reformansätze, die aber bisher nur zur punktuellen Einlösung einer verbesserten, förderorientierten Lerndiagnostik und einer veränderten Wahrnehmung des Heranwachsenden geführt haben. Über solche positiven Wechselwirkungen zwischen veränderter Beurteilungstätigkeit und umgestalteter Lern- und Unterrichtskultur berichtet beispielsweise eine nordrhein-westfälische empirische Studie (vgl. Haenisch 1996, Landesinstitut für Schule und Weiterbildung NRW 1997). Danach waren Lehrkräfte, die die verbale Beurteilungsform praktizierten, vermehrt bereit, eine auf das Individuum abgestimmte Kultur des Lernens zu ermöglichen, was alles in allem zu einer angstfreien, kooperativen Lernatmosphäre beigetragen hat (vgl. ebenda).

Punktuelle Verbesserungen

Angstfreie, kooperative Lernatmosphäre

Wenn trotz allem die praktische Umsetzung des Programms zur verbalen Beurteilung bisher als unzureichend anzusehen ist (vgl. Sacher 2009, S. 173), dann sollte nicht außer Acht gelassen werden, dass die Hauptgründe dafür nicht in einem Theoriemangel, sondern in einem Handlungsdefizit zu suchen sind (vgl. Arnold/Jürgens 2001, S. 39). Sicherlich mag es auch in den Schulen eingeschränkte bzw. ungünstige Bedingungen geben, unter denen verbale Beurteilungen ihr Wirkungspotenzial noch gar nicht entfalten konnten (vgl. Sacher 2009, S. 172). Aber ausschlaggebend dürften letztlich fehlende oder unzureichende Kompetenzen der Lehrkräfte sein, und zwar Kompetenzen, die über die sachverständige Wahrnehmung der Beurteilungsaufgabe hinausgehen sollten. Um etwa einen anderen Umgang mit Leistungen und der Diagnose von Leistungen in der Unterrichtsarbeit zu verankern, »bedarf es eines ganzen Bündels diagnostischer, pädagogischer und didaktisch-methodischer Maßnahmen. Dabei muss letztlich die gesamte Schul- und Lernkultur auf den Prüfstand kommen« (Sacher 2009, S. 172). Doch nicht zuletzt sind solche Umstellungen des Unterrichts mit per-

Kein Theoriemangel, sondern Handlungsdefizit

Wandel betrifft die gesamte Schul- und Lernkultur

sönlichen Überzeugungen verbunden, sodass auch hier ein Wandel zu vollziehen ist, d.h. die Sicht auf den Heranwachsenden sich gemäß den Reformzielen verändern muss (vgl. Kegler 2010, S. 155 ff.)

Formen der Berichtszeugnisse

Grob lassen sich zwei Grundformen des verbalen Zeugnisschreibens unterscheiden:

Standardisierte Vorgaben vs. freie Formulierungen

Erstens strukturieren standardisierte Vorgaben das Beurteilungsfeld (z.B. tabellarische Textzeugnisse, Rasterzeugnisse).

Zweitens kann das Berichtszeugnis auf der Verwendung freier Formulierungen beruhen (z.B. »freies« Berichtszeugnis, Lernentwicklungsbericht, Zeugnis als Wortgutachten). Unter diese Rubrik fallen auch Wortzeugnisse, in die Standardaussagen aus auf dem Markt befindlichen oder von der Kultusverwaltung zur Verfügung gestellten Formulierungshilfen direkt übernommen oder in abgewandelter Form mit der eigenen Diktion verbunden werden.

Formalinhaltlich gliedert sich die Beurteilung in Berichtszeugnissen ebenfalls in zwei große Bereiche:

zum einen das Arbeits- und Sozialverhalten und zum anderen die fachlichen und überfachlichen Lernleistungen und deren Entwicklung. Daneben finden sich noch perspektivische Aussagen zur Begründung von Fördermaßnahmen und zu Angeboten zur Auseinandersetzung mit neuen Kompetenzzielen (vgl. Arnold/Jürgens 2001, S. 95). Darüber hinaus werden mitunter auch schulische und außerschulische Aktivitäten in Arbeits-, Sport- oder Freizeitgruppen erwähnt.

Formal-inhaltliche Bereiche:

(1) Beschreibung und Bewertung des Lern-, Arbeits- und Sozialverhaltens
(2) fachliche und überfachliche Lernstandsdiagnose und Aufzeigen von Entwicklungen
(3) weitere Beobachtungen
(4) Perspektive/Prognose
- Informieren über Weiterlernmöglichkeiten
- beabsichtigte / vorgeschlagene Fördermaßnahmen
- Neigungs- und Interessenvertiefung

Abbildung 26: Beschreiben, Bewerten und Beraten mit dem Berichtszeugnis

Rasterzeugnisse

Wenn die tabellarische Grundstruktur eines Berichtszeugnisses aus standardisierten Beurteilungselementen besteht, »spricht man – vielleicht eher im pädagogischen Jargon – von Rasterzeugnissen«. Die Text-

Performanz und Kompetenz

bausteine enthalten jeweils eine Feststellung, die eine zu erreichende Lernleistung (Performanz) in einer fachlichen oder überfachlichen Kompetenz (lehrplanbezogener Sachnormbezug) beschreibt »und aus einer skalierten Bewertung, ob bzw. in welchem Maße die vorbezeichnete Lernleistung« erfüllt worden ist (Arnold/Jürgens 2001, S. 93), besteht. Wie sich dem beigefügten Exemplar (vgl. Abbildung 21) entnehmen lässt, bezieht sich die Beurteilung auf die Güte der Leistung, wobei allerdings ohne eine weitere Erklärung nicht eindeutig ersichtlich wird, ob sich die rubrizierten Urteile auf die lehrplanbezogene Sachnorm, d.h. auf Kompetenzstufen von 4 bis 1 beziehen oder vielleicht der klasseninterne Maßstab als Referenzgröße herangezogen wird, was den Informationswert der Beurteilungen erheblich verändern, verringern und verzerren würde. Überhaupt ist es von großer, aber mitunter übersehener Bedeutung, ob ein inhaltliches Merkmal bzw. Kompetenzziel in seiner Güte (Skalierung der Qualitätsdimension, z.B. »stark, noch stark, eher schwach, schwach« oder »sicher, überwiegend sicher, teilweise sicher oder unsicher«) oder der Häufigkeit (Skalierung der Quantitätsdimension, z.B. »immer, meistens, selten, nie«) eingeschätzt werden soll. Eine Auseinandersetzung mit der Frage, in welchen Merkmalsbereichen bzw. fachlichen und überfachlichen Kompetenzanforderungen wann

Qualität oder Quantität?

der Qualitäts- und/oder der Quantitätsaspekt berücksichtigt werden sollte, führt in eine wichtige pädagogische und didaktische Diskussion, die vor der redaktionellen Bearbeitung des Rasterzeugnisses erfolgen (vgl. Arnold/Jürgens 2001, S. 93) und zumindest auf Schulebene, wenn

Einheitliche Schreibweise

es denn keine amtlichen Vorgaben dazu gibt, zu einer einheitlichen Schreibweise führen sollte.

Allerdings taucht vor diesem Hintergrund noch eine andere Problematik auf, die schon aus der Zensurengebung bekannt ist. Die Grundidee lernzielorientierter Leistungsbeurteilung war es ursprünglich, auf Abstufungen verzichten zu können, indem es als vollkommen ausrei-

Dichotome Rückmeldeform

chend angesehen wurde, mit einer dichotomen Rückmeldeform zu arbeiten: Lernziel erreicht vs. (noch) nicht erreicht. Selbst für die methodisch auf hohem Niveau angesiedelte pädagogisch-psychologische Diagnostik sei es nämlich eine äußerst schwierige Anforderung – so die Argumentation –, die jeweiligen Ausmaße der Entfernung von der Lernzielerreichung zu erfassen, d.h. beispielsweise genau zu bestimmen, wie weit weg jemand vom Ziel sei, der eine »Lernsache« »überwiegend sicher« beherrsche. »Die in den Rasterzeugnissen anzutreffenden Qualitätsskalierungen basieren insofern auf generalisierenden Einschätzungen der Lehrerinnen und Lehrer«, die empirisch eigentlich nur sehr ungenau aufgeschlüsselt werden können; »es handelt sich um Rating-Skalen relativ unklarer Operationalisierung« (Arnold/Jürgens 2001, S. 93).

Schätzskalen

Das gilt es zu beachten, wenn mithilfe von Schätzskalen die Stufen der

Lernzielerreichung bestimmt werden sollen, zumal die Abstände zwischen den Stufen im Allgemeinen nicht gleich, sondern unterschiedlich groß sein werden.

Rasterzeugnisse überzeugen durch ihre transparente Struktur aufgrund der ausgewiesenen inhaltlichen Kategorien, Kriterien und Ziele. Sie ermöglichen damit einen schnellen, relevanten Überblick über die (real)curricularen Lerngelegenheiten und Bildungsschwerpunkte in den Fächern bzw. Lernbereichen sowie den überfachlichen, methodischen und sozialen Aufgabenfeldern.

Schneller, relevanter Überblick

Arbeits- und Sozialverhalten				
Name	oberer Bereich	mittlerer Bereich, Tendenz nach oben	mittlerer Bereich, Tendenz nach unten	unterer Bereich
Arbeitsverhalten				
Leistungsbereitschaft				
beteiligt sich am Unterricht				
arbeitet zielgerichtet				
konzentriert sich über einen angemessenen Zeitraum				
setzt sich selbstständig mit Aufgabenstellungen auseinander				
zeigt Anstrengungsbereitschaft				
Zuverlässigkeit / Sorgfalt				
hält Lern- und Arbeitsmaterialien bereit				
achtet auf Ordnung (Hefte, Schultasche usw.)				
geht sorgfältig mit eigenen Dingen und der Ausstattung der Schule um				
fertigt Hausaufgaben sorgfältig und zuverlässig an				
findet sich im Schulalltag zurecht				
Sozialverhalten				
hält vereinbarte Regeln ein und begegnet anderen mit Respekt und Höflichkeit				
löst Konflikte mit friedlichen Mitteln				
überdenkt das eigene Verhalten				
arbeitetet produktiv mit anderen zusammen (Partner- und Gruppenarbeiten)				
erkennt eigene Meinungen und Leistungen an				
übernimmt Aufgaben für die Klassengemeinschaft				
Hinweise zur Lernentwicklung und Förderung: ______________________				

Fachliche und überfachliche Kompetenzen				
Lernbereich/Fach Mathematik				
Name	oberer Bereich	mittlerer Bereich, Tendenz nach oben	mittlerer Bereich, Tendenz nach unten	unterer Bereich
Zahlen und Operationen (Arithmetik) – Rechnen im Zahlenraum bis 20				
addiert Zahlen				
subtrahiert Zahlen				
ergänzt Zahlen				
kann die Kernaufgaben des Einspluseins auswendig				
erkennt, nutzt und erläutert Gesetzmäßigkeiten (geschicktes Rechnen)				
erkennt Zusammenhänge in verschiedenen Übungsformen (»schöne Päckchen«, Zahlenmauer)				
Raum und Form (Geometrie)				
benennt Lagebeziehungen (rechts, links, oben, unten, innen, außen)				
zeichnet, legt und setzt einfache Muster fort				
erkennt und benennt die geometrischen Formen Quadrat, Rechteck, Dreieck und Kreis				
Größen und Messen/Daten, Häufigkeiten und Wahrscheinlichkeiten				
rechnet mit Größen (Euro, Cent, Stunden)				
Hinweise zu Fähig- und Fertigkeiten, zur Lernentwicklung und Förderung: ______ ______ ______				

Abbildung 27: Rasterzeugnis

Produktorientierung

Keine Verlaufsbeurteilung

Optional: offene Kategorien

Weil Rasterzeugnisse »produktorientiert« ausgerichtet sind und mit ihnen Lernleistungsstände dokumentiert, zugeordnet und beurteilt werden sollen, fehlt diesem Instrument die »Entwicklungskomponente«. »Einer wie auch immer gearteten Verlaufsbeurteilung steht das Format der Rasteritems grundsätzlich entgegen« (Arnold/Jürgens 2001, S. 94). Vergleichbar den Ziffernzensuren, sind Rasterzeugnisse individuelle Leistungsbilanzen, was aber im Grunde der Idee des Berichtszeugnisses widerspricht. Mit diesem sollten nämlich gemäß dem erweiterten Leistungsverständnis sowohl prozessuale als auch produktive Lernleistungen erfasst und diagnostiziert werden. Um diesem pädagogischen Manko etwas entgegenzusetzen, findet sich »oft am Ende der Rasterzeugnisse eine ›offene‹ Kategorie, die in etwa lauten könnte: ›Hinweise zur Lernentwicklung und zum Weiterlernen‹ « (Arnold/Jürgens 2001, S. 92 ff.). Auf diesem Wege können sicherlich eine Reihe wichtiger Ergänzungen und Erklärungen (nach)geliefert werden, sodass die relativ abstrakten, ergebnisbezogenen Schätzurteile mit Informationen zur besseren Interpretation unterfüttert werden. Doch dadurch werden Rasterzeugnisse mitnichten zu Berichtszeugnissen, weil es ihnen trotz allem weiterhin an der konsistenten Betrachtung interner, externer und moderierender Faktoren der Entstehung von Schulleistungen ebenso mangelt wie an der gleichzeitigen Sicht auf Prozesse und Produkte der Leistungsentwicklung.

Dennoch: keine Berichtszeugnisse

»Freie« Textzeugnisse

In »freien« Textzeugnissen, die grundsätzlich als Entwicklungsberichte geschrieben werden sollten, ist unbedingt auf den Zusammenhang und die Einheit von Diagnose, Prognose und pädagogischen Empfehlungen als verfahrenslogische Grundstruktur zu achten. An die auf Vergleichen und Analysen basierende lernleistungsdiagnostische Dokumentation schließen sich demzufolge weitere Phasen des Beurteilungsprozesses an, und zwar die der Interpretation, Bewertung und Reflexion sowie Überlegungen zur anschlussfähigen und anforderungsgerechten Fortsetzung des fachlichen und überfachlichen Lernens des betreffenden Individuums. Auf der Grundlage formativer und summativer Beurteilungen werden Prognosen zur erwarteten weiteren Lernentwicklung abgegeben und durch steuernde und stützende Maßnahmen flankiert. Wichtig ist deshalb der unterrichtliche Kontextbezug. Die Gültigkeit der Aussagen wird erhöht, wenn entsprechend der didaktischen Grundstruktur des Unterrichts die geltenden Leistungsstandards und Qualitätsanforderungen vermittelt und in die Beurteilung einbezogen werden. Das kann auch durch eine ergänzende Mitteilung erfolgen. Diesen Vorschlag macht zum Beispiel Freese (1990): Demgemäß sollte das Textzeugnis »von einem Arbeits- und Rechenschaftsbericht begleitet sein, in dem die Lehrkraft über ihre Zielsetzungen und die Arbeit der zurückliegenden Monate berichtet und das von der gesamten Klasse (laut Lehrplan bzw. Kerncurriculum – Ergänzung E. J.) Erreichte schildert. Vor diesem Hintergrund lassen sich erst die individuellen Fortschritte einordnen« (S. 22). Als wichtig ist auf jeden Fall festzuhalten, dass Evaluationen nur dann informativ sind, wenn klar wird, worauf sich die Aussagen bzw. Beurteilungen beziehen, d. h. was eigentlich womit in Beziehung gesetzt und verglichen wird. Aus pädagogischer und diagnostischer Sicht ist es deshalb notwendig, Schreibstandards einzuhalten (Arnold/Jürgens 2001, S. 105 ff.), die sich auf Ergebnisse empirischer Analysen von Text-

Einheit von Diagnose, Prognose und pädagogischen Empfehlungen

Unterrichtlicher Kontextbezug

Arbeits- und Rechenschaftsbericht

Schreibstandards

zeugnissen beziehen. Wie die aufgetretenen, empirisch belegten Grundprobleme des Schreibens entwicklungsbezogener Zeugnissen angegangen werden können, zeigen exemplarisch einige Passagen aus gelungenen Verbalbeurteilungen (vgl. Abb. 28).

1. Arbeits- und Sozialverhalten

Interaktionale Beschreibung* gegenüber isolierter Sicht (auf das Individuum)
Beispiel:
»Sie versuchte mit ihrem Tischnachbarn immer dann, wenn sich die Gelegenheit dazu bot, gemeinsam zu arbeiten und zusammen zu lernen. Vor allem im Wochenplanunterricht und in Phasen der freien Arbeit geschah dies regelmäßig.«

Entwicklungsbeschreibung gegenüber Eigenschaftszuschreibung
Beispiel:
»Sie hat es in dem zurückliegenden Zeitraum immer besser verstanden, sich während der Gruppenarbeit aktiv am Gespräch und an der gemeinsamen Arbeit zu beteiligen.«

Diagnose zur Förderung gegenüber Diagnosen als Selbstzweck
Beispiele:
»Um ihre Mappenführung im Sachkundeunterricht zu verbessern, haben wir vereinbart, dass sie künftig die Mappe in jeder Stunde zur Kontrolle vorlegt.«
»Mit der korrekten Einhaltung der vereinbarten Klassengeschäftsordnung für die Freiarbeit hatte er noch einige Schwierigkeiten. Deshalb soll er im kommenden Halbjahr verstärkt mit einem seiner Tischnachbarn zusammenarbeiten, der es sehr genau mit der Einhaltung verabredeter Regeln nimmt.«

2. Lernbereiche/Fächer

Verhaltensbeschreibung gegenüber Seinsbeschreibung
Beispiele:
»Sie zeigte, dass sie kurze Geschichten fehlerfrei las und schrieb.«
»Im Rechnen beherrschte er den Zehnerübergang problemlos und außerdem wagte er sich selbstständig an Aufgaben im Zwanzigerbereich heran.«

Entwicklungsbeschreibung gegenüber Eigenschaftsbeschreibung
Beispiel:
»Im Lesen waren seine Lernfortschritte äußerst erfreulich. Alle bearbeiteten Fibeltexte liest er inzwischen fehlerfrei, flüssig und mit einfühlsamem Sinnverständnis.«

* Die Schreibstandards pädagogischer Stilistik sind fett gedruckt.

Abbildung 28: »Freie« Textzeugnisse/Entwicklungsberichte. Exemplarische Auszüge aus Berichtszeugnissen unter Beachtung von Schreibstandards (nach: Jürgens 2003, S. 99 ff.; Arnold/Jürgens 2001, S. 109)

Wechsel der Beurteilungsform

Ein Wechsel der Beurteilungsform von den Ziffernzensuren zu Verbalbeurteilungen kann tatsächlich eine umfassende Verbesserung der Wahrnehmung der schulischen Beurteilungsaufgabe bedeuten. Allerdings unter der Einschränkung, dass dies nur »durch wissenschaftlich gesicherte und praxisnahe diagnostische Bemühungen in Verbindung mit pädagogisch sinnvollen Mitteilungsformen geschehen« kann (Ingenkamp/Lissmann 2008, S. 191). Unter diesen Bedingungen, die sich insbesondere auf Kompetenzen und die Professionalisierungsentwicklung von Lehrerinnen und Lehrern beziehen, können Berichtszeugnisse die Leistungsbeurteilung als »aktuelle Reformaufgabe der Schule« maßgeblich erweitern, differenzieren und weiterentwickeln (vgl. Beutel 2011).

Professionalisierungsentwicklung

8 Fazit: Fördernde Leistungsbeurteilung

Recht auf Bildung und Recht auf Förderung

Das »Recht auf Bildung« als Bürgerrecht (vgl. Dahrendorf 1965, S. 23 f.) und das »Recht auf Förderung« sind nicht voneinander zu trennen. Ohne Gewährung und Verankerung des Anspruchs auf eine umfassende, bedürfnisorientierte Förderung für alle Schülerinnen und Schüler in allen Schulformen und Schulstufen könnte die Schule ihrer Verantwortung, einen fundamentalen Beitrag zum Abbau von Chancenungleichheit zu leisten, nicht gerecht werden, ebenso wenig ihrer Verantwortung für die Entwicklungsmöglichkeiten der Heranwachsenden, indem durch Bildung Lebensperspektiven eröffnet werden. Das Recht auf Bildung ist sowohl ein »Zugangsrecht« als auch ein »Entfaltungsrecht«, das an unterstützende und sich in Anspruch nehmen lassende Maßnahmen gebunden ist. Dieser Zusammenhang findet sich in zahlreichen bildungspolitischen, administrativen sowie schultheoretischen und -praktischen Aussagen. So hat zum Beispiel der Deutsche Bildungsrat in seinen Empfehlungen schon vor über 40 Jahren darauf hingewiesen, dass das Recht auf Bildung nur dann in seiner Bandbreite verwirklicht werden kann, wenn in der Schule »jeder Heranwachsende so weit gefördert wird, dass er die Voraussetzungen besitzt, die (ihm mit dem Erziehungs- und Bildungsauftrag gebotenen – Ergänzung E. J.) Chancen tatsächlich wahrzunehmen« (Deutscher Bildungsrat 1970, S. 30). Diese Erklärung hat Grundsatzcharakter. Das Primat der Förderfunktion der Schule gilt unumstritten. Förderung soll als eine zentrale Querschnittsaufgabe von allen Schulformen und allen Unterrichtsfächern wahrgenommen werden. In neuerer Zeit hat Andreas Schleicher (2007) im Zusammenhang mit den internationalen PISA-Untersuchungen auf die Bedeutung der individuellen Förderung für den Erfolg eines Bildungssystems hingewiesen: »Gewöhnliche Schülerinnen und Schüler haben ungewöhnliche Fähigkeiten«, die es durch fortwährende Diagnose und Rückmeldung zu entdecken und zu entwickeln gelte (S. 6 ff.). Demgemäß ist es schlüssig, der Leistungserziehung und der pädagogischen Diagnostik eine besondere Rolle bei der Bewältigung des Förderauftrags zukommen zu lassen.

Chancengleichheit

Zugangs- und Entfaltungsrecht

Stellenwert der individuellen Förderung

Weil »Leistungsbeurteilungen nicht Zweck und nicht bloße Anhängsel, sondern wichtige Mittel des Unterrichts sind«, müssen sie »als Entscheidungsgrundlage für Lernen und Unterrichten fruchtbar gemacht werden« (Sacher 2009, S. 212 f.), d.h. systematisch zur Lernbegleitung, -dokumentation, -reflexion und -beratung eingesetzt werden. In diesem Sinne würde die von Sacher (2009) aus der Vorrangstellung der »pädagogischen Intentionalität« der Schule abgeleitete Schlussfolgerung, »alle Funktionen der Leistungsbeurteilung auf das übergeordnete Ziel der Förderung hin zu konzipieren« (S. 213), dazu führen, die gesamte pädagogische Diagnostik »adaptiv« zu verstehen (vgl. Jürgens 2012b), als Anpassung an die individuelle »Lernwirklichkeit« des Heranwachsenden (vgl. Krainer 2001). Damit stimmt auch die Forderung von Klafki (1995) überein, dass eine pädagogische Leistungsdiagnose in erster Linie Informationen für die Schülerinnen und Schüler und nicht über sie liefern solle (vgl. S. 234). Damit jedoch fördernde Diagnostik greifen kann, braucht es Rahmenbedingungen, die über die Wahrnehmung der Beurteilungsaufgabe hinausreichen. »Das komplexe Wechselspiel zwischen Unterrichtsgestaltung, Aufgabenkultur, Leistungsverständnis und dem dazu gehörigen Bewertungsprozess erbrachter Leistungen« (Geist 2012, S. 7) gerät somit in den Blick, wenn die Förderung von Schülerinnen und Schülern im Zentrum schulischer Arbeit stehen soll. Pädagogische Diagnostik schließt deshalb stets die didaktische Perspektive ein, mit der die Verbindung zu Fragen des Unterrichts und zur Gestaltung produktiver, sachgerechter und personenzentrierter Lernumwelten hergestellt wird (vgl. Jäger 2007b, S. 155).

Systematischer Einsatz von Leistungsbeurteilungen

Adaptives Verständnis von pädagogischer Diagnostik

Berücksichtigung der didaktischen Perspektive

Zusammenfassend lässt sich mit dem Gesagten konstatieren: Diagnostik und Förderung stellen zwei Seiten ein und derselben Medaille dar. Zur Beschreibung dieser Gegenseitigkeit und interdependenten Beziehung hat sich der Begriff der »Förderdiagnostik« etabliert (vgl. Krapp 2008, S. 200). Ursprünglich wurde er eingeführt als Gegenbegriff zur »Selektions- und Statusdiagnostik«, weil im Unterschied dazu die Förderdiagnostik das Ziel verfolgt, auf der Grundlage genau erfasster Ursachen oder Bedingungsfaktoren individueller Lernkonstellationen gezielte Fördermaßnahmen zu ergreifen, d.h. »modifikationsstrategisch« zu handeln (vgl. ebenda). Heute findet zudem eine stärkere Verankerung des Begriffs in den Verbindlichkeiten und Erfordernissen einer schülerzentrierten Unterrichts- und Schulpraxis statt (vgl. Sacher 2009; Winter 2004; Jürgens 2012a; Bambach 1994).

Förderdiagnostik

Unstreitig sind mit dem Entschluss, pädagogische Diagnostik als Förderdiagnostik zu charakterisieren, wichtige normative Prinzipien verbunden, die persönliche Grundeinstellungen genauso tangieren wie professionelle Kompetenzen und die generelle Sicht auf den Lernenden betreffen (vgl. Häcker 2011, S. 217, und Abb. 29).

Normative Prinzipien

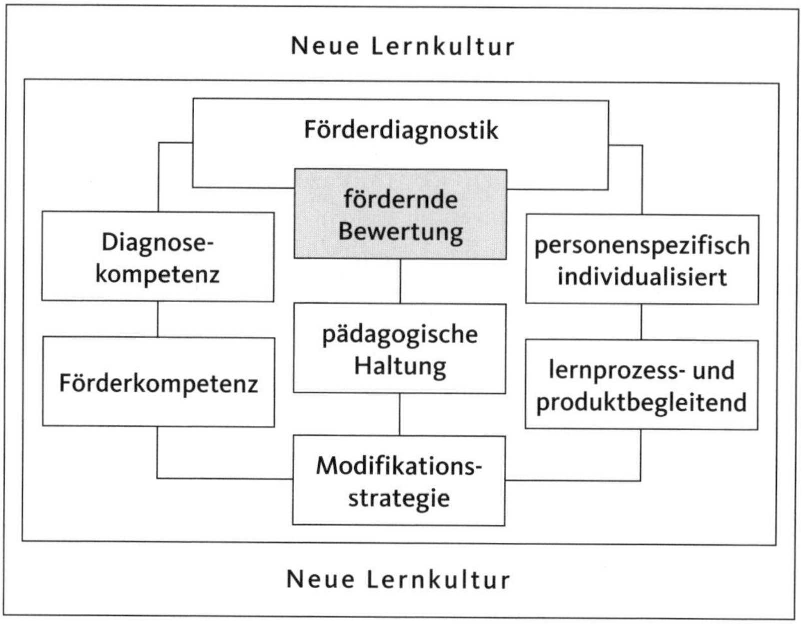

Abbildung 29: Förderdiagnostik im Feld der Bedingungs- und Handlungskomponenten

Das bedeutet jedoch nicht, dass Zugangsweisen, Verfahren und Instrumente einer sozialwissenschaftlich orientierten Diagnostik generell infrage zu stellen wären oder obsolet würden. Eine solche Alternative würde zu einer falschen Frontstellung führen, weil sie nicht differenzierte zwischen einem pädagogisch verantwortungsvollen Umgang mit der Förderaufgabe und den für die Umsetzung dieser Zielsetzung instrumentellen und funktionalen Möglichkeiten eines diagnostischen Instrumentariums, das selbstverständlich über gesicherte Gütekriterien verfügen sollte. Präzise auf den Punkt gebracht hat Schuck (2008) dieses Spannungsverhältnis, indem er »Förderdiagnostik« als eine »pädagogische Diagnostik« begreift, »die auf erziehungswissenschaftlichen, bildungstheoretischen und entwicklungspsychologischen Konzepten beruht, sich erkenntnistheoretischer, methodischer und testtheoretischer Grundlagen der empirischen Sozialforschung bedient und die nicht aus sich heraus Ziele pädagogischen Handelns bestimmt« (S. 106). Was eine pädagogische Problemstellung, die sich im Unterricht stellt, zu einer Förderaufgabe macht und welche diagnostischen Aktivitäten zu ihrer Lösung beitragen können, ist einzig und allein von Entscheidungen der beteiligten Akteure, in erster Linie den Schülerinnen und Schülern sowie den Lehrkräften abhängig. Das gilt in gleicher Weise für die Handlungswirksamkeit einer Beurteilung, die »fördernd« sein soll. Auch sie setzt die pädagogische Frage voraus und ist angewiesen auf pädagogische Zielvorstellungen, ihre besondere Rolle der Hilfe für die Schülerinnen und Schüler erfüllen zu können. Doch »fördernde Beurteilung« ist nicht identisch mit dem Begriff »Förderdiagnostik«. Das weiter gefasste Verständnis liegt der Förderdiagnostik zugrunde, während die fördernde Beurteilung als ein in die Förderdiagnostik integriertes Element sich vor allem auf das Beurteilungsprozedere und die daraus hervorgehenden pädagogischen Maßnahmen bezieht (Jürgens 2012b, S. 32).

Passungs- bzw. Adaptionsprobleme

Förderinterventionen werden nötig, wenn Passungs- bzw. Adaptionsprobleme zwischen geforderten Kompetenzzielen und den individuellen Bewältigungsmöglichkeiten im Unterricht auftreten. Fördernachfrage entsteht allerdings auch da, wo das (leistungsstarke) Individuum den legitimen Wunsch äußert, seine fachlichen und überfachlichen Kompetenzen über das angebotene Maß der Zielerreichung hinaus weiter ausbauen zu wollen, weil spezielle Interessen, Begabungen und Neigungen vorhanden sind. Die Zubilligung eines solchen Anspruchs dokumentiert nicht nur die Verantwortung der Schule, Förderung wirklich allen Heranwachsenden zuteil werden zu lassen, sondern ebenso, wie ernst es diese Institution mit der Implementation des Mündigkeitspostulats nimmt, in dessen Zentrum der kompetente Lerner als zielbewusster, selbstverantwortlicher und selbstreflexiver Akteur seiner Lernentwicklung und Bildungsbiografie steht. Während sich das Passungsprinzip auf qualitative und quantitative Aspekte curricularer Kompetenzanforderungen an das Individuum bezieht, ist Adaptivität bzw. Adaption verbunden mit der Modifikation großer Teile oder der gesamten unterrichtlichen Lernwelt, und damit kommt eine sehr viel stärkere systematische Förderstrategie zum Zuge.

Kompetente Lernerinnen und Lerner als Ziel schulischer Förderung

Kontinuität von Feedback und Beratung

Ohne kontinuierliches Feedback und Beratung, ohne systematische Effektivitätskontrolle und gründliche Reflexion, ohne Dokumentation der Prozesse und Auswertung der Ergebnisse und ohne Würdigung und Anerkennung wären diese Lernaktivitäten unvollständig. Tragende Elemente für die Verständigung und den Austausch über weitere Lernprozesse wie Entscheidungen über Unterstützungsmaßnahmen blieben ungenutzt. Wirksame Informationsrückkopplung ist stärkenorientiert, ermutigend und vom Respekt für den individuellen Könnenszuwachs gekennzeichnet. Im Kontext einer fördernden Beurteilung wird den Schülerinnen und Schülern Rückmeldung darüber gegeben, wie sie sich in ihren kognitiven, sozialen und methodischen Kompetenzen entwickelt haben, welche Ziele erreicht, welche Fortschritte gemacht wurden und welche nächsten Aktivitäten in Angriff genommen werden sollten. Ebenso dient Feedback dazu, das Selbstwertgefühl zu stärken und ein positives individuelles Selbstkonzept aufzubauen sowie Freude beim Lernen und Leisten zu empfinden und vor allem beizubehalten (vgl.

Wild/Hofer/Pekrun 2006). Fördernde Beurteilung und sachinformatives Feedback gehören demnach zusammen. Ebenso ist fördernde Bewertung eine pädagogische Haltung, zugleich aber sehr viel mehr als das, nämlich die Zusammenführung konstruktiver pädagogischer Grundeinstellungen mit der Bereitschaft zu professionellem diagnostischem Handeln. Demzufolge ist fördernde Beurteilung als adaptives Unterrichtshandeln »ohne reichhaltiges Arsenal möglichst genauer diagnostischer Verfahrensweisen nicht zu verwirklichen« (Ingenkamp/Lissmann 2008, S. 22).

Problemstellung, Urteilsfindung, pädagogische Konsequenzen

Dem Zusammenhang von Diagnose, Prognose und pädagogischer Beratung bzw. Intervention, beispielsweise im Zuschnitt eines Fördertreatments bzw. Förderplans, liegen stets ein hypothesengeleiteter Beurteilungs- und Entscheidungsprozess zugrunde. Pädagogisches Diagnostizieren durchläuft dabei mehrere Phasen: von der Problemstellung bis hin zur Urteilsfindung und den daraus zu ziehenden pädagogischen Konsequenzen. Wie auch immer Prozessmodelle diagnostischen Urteilens (vgl. Lukesch 1998) und diagnostischen Handelns (vgl. Wild/Krapp 2006) strukturiert sind, ausgehend von einer Ausgangslage und einer daran orientierten, problemspezifischen Fragestellung, geht es zuerst um Informationsgewinnung mittels geeigneter diagnostischer sowohl fremd- als auch selbstkontrollierender Verfahren, die generell lernprozessvorbereitend, -begleitend und -abschließend einsetzbar sein sollten. Danach folgen Informationsverarbeitung, Interpretation und Bewertung der Datenlage, Rekonstruktion und Analyse von Lern- und Arbeitsvorgängen, Äußern von Vermutungen über die weitere Kompetenzentwicklung, Begründung von Förderzielen und Entscheidung über Fördermaßnahmen und –formen und Realisierung des Förderplans. Die Tätigkeit des Diagnostizierens beinhaltet also weit mehr, als die Informationserhebung und -auswertung vorzunehmen. Darüber hinaus werden »Fördermaßnahmen geplant, durchgeführt, kontrolliert und das erzielte Ergebnis geprüft« (Hesse/Latzko 2009, S. 65). Weil in einem zeitgemäßen Unterricht mehr gelernt als gelehrt werden soll (vgl. Jürgens 2010a, S. 55) und auf dem Hintergrund der Selbstständigkeitserziehung in einem besonderen Maße schüleraktive Unterrichtsformen zur Ermöglichung selbstregulierter und selbstbestimmter Lern- und Arbeitsprozesse realisiert werden, kann es nicht ausbleiben, dass der eigenverantwortlichen Reflexion von Kompetenzentwicklungen, Lernprozessen und Lernleistungen ebenfalls eine besondere Bedeutung zufällt. Schließlich können eigene Lernperspektiven und -aktivitäten nur mit der notwendigen Sorgfalt und Qualität geplant werden, wenn man über sein eigenes Lernen Kenntnisse hat und sich darüber »Gedanken machen kann«. Voraussetzung für die eigenständige Prozesssteuerung und Beurteilung des eigenen Lernens »ist eine kontinuierliche Informa-

Schüleraktive Unterrichtsformen/ autonomes Lernen

Eigenverantwortliche Reflexion

tionsrückkopplung und Orientierung über die Erreichung bzw. Nichterreichung von Zielen. Solche Prozesse sind umso sinnvoller, je mehr sie selbst initiiert und selbst verantwortet werden« (Bildungskommission NRW 1995, S. 97). Leistungsanforderungen und -standards sollten dann ebenso wenig ausschließlich fremdbestimmt sein wie die inhaltliche Auswahl der Aufgaben in Lernkontrollen und Prüfungen, die Entscheidung über den Einsatz geeigneter Verfahren und die Festlegung von Prüfkriterien und -indikatoren. Von daher schließt autonomes Lernen der Schülerinnen und Schüler eigene Diagnose- und Rückmeldeprozesse ein, was die pädagogische Aufgabe nach sich zieht, »die Selbstdiagnose- und Selbstbeurteilungskompetenz der Lerner zu entwickeln und zu verbessern« (Sacher 2009, S. 211). Fördernde Beurteilung ist in einer Unterrichtskultur, in der die Schülerinnen und Schüler selbst planen, gestalten und organisieren sowie selbst Verantwortung im Rahmen des Erziehungs- und Bildungsauftrags übernehmen sollen, keine ausschließlich in der Hand der Lehrkraft liegende, sondern eine geteilte Aufgabe. Selbst- und fremddiagnostische Evaluationen werden miteinander verknüpft und gemeinsam für die »Förderdiagnostik« genutzt, die somit zu einem »koproduktiven Prozess« pädagogischer und didaktischer Diagnostik wird (vgl. Jürgens 2012b, S. 35). Wenn also eine lernerzentrierte Unterrichtskultur, an der nach heutigen wissenschaftlichen Erkenntnissen aus verschiedenen Fachdisziplinen (vgl. Jürgens/Standop 2010) und nicht zuletzt wegen des Gebots zur Mündigkeitserziehung kein Weg vorbeiführt, implementiert werden soll, hat das selbstverständlich Konsequenzen für den Umgang mit der schulischen Beurteilungsaufgabe, d.h. der pädagogischen und didaktischen Diagnostik. Aufgrund der Bedeutsamkeit des Förderprinzips muss schulische Beurteilung »diagnostisch-förderorientiert und dialogisch-partizipativ« angelegt sein (vgl. Häcker 2011, S. 217). Das verändert nicht nur die Lehrer-Schüler-Beziehung, sondern beeinflusst ebenfalls die Wahl geeigneter diagnostischer Verfahren und Instrumente und den Umgang mit den durch deren Einsatz gewonnenen Informationen und Erkenntnissen, »sodass das (förderwirksame) didaktische Handeln auf didaktische Einsichten aufgebaut werden kann« (Weinert 2000, S. 14).

Partizipative Diagnostik

Entwicklung und Verbesserung der Selbstdiagnose- und Selbstbeurteilungskompetenz

Förderdiagnostik als »koproduktiver Prozess«

Diagnostisch-förderorientiert, dialogisch-partizipativ

Somit begründet sich unmittelbar aus der schulischen Förderaufgabe die Bedeutung der diagnostischen Kompetenz für das schulische Lernen, für das schließlich Lehrkräfte »Experten« sein sollen (vgl. Bremer Erklärung 2000). Auch deshalb ist die förderliche Leistungsbeurteilung Teil der diagnostischen Kompetenz.

Literatur

Achilles, H. (2008): Diagnostisches Potential von Klassenarbeiten und schriftlichen Übungen. In: Kliemann, S. (Hrsg.): Diagnostizieren und Fördern in der Sekundarstufe I. Schülerkompetenzen erkennen, unterstützen und ausbauen. Berlin: Cornelsen Scriptor, S. 36–45.

Achilles, H. / Brautmeier-Ulrich, M. (2010): Klassenarbeiten und schriftliche Übungen als Instrumente zur Diagnose und Förderung. In: Kliemann, S. (Hrsg.): Diagnostizieren und Fördern. Kompetenzen erkennen, unterstützen und erweitern. Beispiele und Anregungen. Für die Jahrgänge 1 bis 4. Berlin: Cornelsen Scriptor, S. 36–46.

Anderson, L. W. / Krathwohl, D. R. (Hrsg.) (2001): A taxonomy for learning, teaching and assessing. New York: Longman.

Arbeitsstab Forum Bildung (2001): Neue Lern- und Lehrkultur. Vorläufige Empfehlungen und Expertenbericht. Materialien des Forums Bildung: Band 10. Bonn.

Arnold, K.-H. (1997): Lernprozesse neu gestalten und bewerten. In: Hendricks, W., et al. (Hrsg.): Bildungsfragen in kritisch-konstruktiver Perspektive. Weinheim/Basel: Beltz, S. 186–193

Arnold, K.-H. / Graumann, O. / Rahkochkine, A. (2008) (Hrsg.): Handbuch Förderung. Weinheim/Basel: Beltz.

Arnold, K.-H. / Jürgens, E. (2001): Schülerbeurteilung ohne Zensuren. Neuwied: Luchterhand.

Arnold, R. / Nolda, S. / Nuissl, E. (Hrsg.) (2001): Wörterbuch Erwachsenenpädagogik. Bad Heilbrunn: Klinkhardt

Arnold, R. / Schüßler, J. (1998): Wandel der Lernkulturen. Darmstadt: Wissenschaftliche Buchgesellschaft.

Atteslander, P. (2010): Methoden der empirischen Sozialforschung (13., neu bearbeitete und erweiterte Auflage). Berlin: Erich Schmidt.

Bambach, H. (1994): Ermutigungen. Nicht Zensuren. Ein Plädoyer in Beispielen. Lengwil: Libelle.

Bartnitzky, H. (Hrsg.) (2005): Beiträge zum pädagogischen Leistungsbegriff. Pädagogische Leistungskultur: Materialien für Klasse 1/2. Beiträge zur Reform der Grundschule, Bd. 119. Frankfurt: Grundschulverband.

Barnitzky, H. / Christiani, R. (1994): Zeugnisschreiben in der Grundschule. Heinsberg: Agentur Dieck.

Bastian, J. / Combe, A. (2008): Feedbackarbeit und Individualisierung. Zum Wechselverhältnis zweier Lehr-Lern-Formen. In: Kunze, I. / Solzbacher, C. (Hrsg.): Individuelle Förderung in der Sekundarstufe I und II. Baltmannsweiler: Schneider Hohengehren, S. 173–180.

Baumert, J. / Bos, W. / Lehmann, R. H. (Hrsg.) (2000a): TIMSS/III. Dritte Internationale Mathematik- und Naturwissenschaftsstudie. Mathematische und naturwissenschaftliche Bildung am Ende der Schullaufbahn (Bd. 1: Mathematische und naturwissenschaftliche Grundbildung am Ende der Pflichtschulzeit). Opladen: Leske + Budrich.

Baumert, J. / Bos, W. / Lehmann, R. H. (Hrsg.) (2000b): TIMSS/III. Dritte Internationale Mathematik- und Naturwissenschaftsstudie. Mathematische und naturwissenschaftliche Bildung am Ende der Schullaufbahn (Bd. 2: Mathematische und physikalische Kompetenzen am Ende der gymnasialen Oberstufe). Opladen: Leske + Budrich.

Beck, O. (1979): Theorie und Praxis der Aufsatzbeurteilung. Bochum: Kamp.

Benner, D. / Ramseger, J. (1985): Zwischen Ziffern, Zensur und pädagogischem Entwicklungsbericht: Zeugnisse ohne Noten in der Grundschule. In: Zeitschrift für Pädagogik, 31. Jg., H. 2, S. 151 – 174.

Besser, H. / Wöbcke, M. / Ziegenspeck, J. (1977): Der Schülerbeobachtungsbogen. Braunschweig: Westermann.

Betsch, T. / Funke, J. / Plessner, H. (2011): Denken – Urteilen, Entscheiden, Problemlösen. Berlin/Heidelberg: Springer.

Beutel, S.-R. (2011): Zeugnisse und Lernberichte. Zwischen Standardisierung und individualisierender Anerkennung. In: Sacher, W./Winter, F. (Hrsg.): Diagnose und Beurteilung von Schülerleistungen. Hohengehren: Schneider.

Beutel, S. / Lütgert, W. / Tillmann, K.-J. / Vollstädt, W. (2000): Ermittlung und Bewertung schulischer Leistungen. Expertisen zum Entwicklungs- und Forschungsstand. Hrsg. von der Behörde für Schule, Jugend und Berufsbildung der Freien und Hansestadt Hamburg.

Beyer-Kessling, V. (2002): Portfolio – ein Zauberwort? In: Grundschulunterricht, 49, H. 11, S. 19–22.

Bildungskommission NRW (Hrsg.) (1995): Zukunft der Bildung. Schule der Zukunft. Denkschrift der Kommission »Zukunft der Bildung – Schule der Zukunft« beim Ministerpräsidenten des Landes Nordrhein-Westfalen. Kriftel / Neuwied: Luchterhand.

Birkel, P. (2003): Aufsatzbeurteilung – ein altes Problem neu untersucht. In: Didaktik Deutsch, 15, S. 46 – 63.

Birkel, P. (2005): Beurteilungsübereinstimmung bei Mathematikarbeiten? In: Journal für Mathematik-Didaktik, 28, S. 28 – 51.

Birkel, P. (2009): Rechtschreibleistung im Diktat – Eine objektiv beurteilbare Leistung? In: Didaktik Deutsch, 27, S. 5 – 32.

Birkel, P. / Birkel, C. (2002): Wie einig sind sich Lehrer bei der Aufsatzbeurteilung? Eine Replikationsstudie zur Untersuchung von Rudolf Weiss. In: Psychologie in Erziehung und Unterricht, 49, S. 219 – 224.

Bloemen, A. / Schlömer, T. (2013): Berufliche Handlungskompetenz. In: Paechter, M., et al. (Hrsg.): Handbuch Kompetenzorientierter Unterricht. Weinheim/Basel: Beltz, S. 119 – 134.

Bloom, B. S. (1976): Taxonomie von Lernzielen im kognitiven Bereich (5. Auflage). Weinheim/Basel: Beltz.

Boekaerts, M. (1999): Self-regulated learning: where we are today. In: International Journal of Educational Research, 21, S. 445 – 457.

Bohl, T. (2001): Theoretische Strukturierung – Begründung neuer Beurteilungsformen. In: Grunder, H.-U. / Bohl, T. (Hrsg.): Neue Formen der Leistungsbeurteilung in den Sekundarstufen I und II (S. 9 – 49). Baltmannsweiler: Schneider Hohengehren.

Bohl, T. (2004): Prüfen und Bewerten im offenen Unterricht (2. Auflage). Weinheim/Basel: Beltz.

Bohl, T. (2005): Neuer Unterricht – neue Leistungsbewertung. Grundlagen und Kontextbedingungen eines veränderten Bewertungsverständnisses. [Download]. Verfügbar unter http://methodenpool.uni-koeln.de/benotung/3976-4000-1-bohl_leistungsbewertung_2te_version020505zo.pdf (Abruf am 03.11.2014).

Bohl, T. (2013): Neuer Unterricht – neue Leistungsbewertung. In: SchulVerwaltung Spezial. 14. Jg., H. 1/2013, S. 4–7.

Bohl, T. / Kucharz, D. (2010): Offener Unterricht heute. Konzeptionelle und didaktische Weiterentwicklung. Weinheim/Basel: Beltz.

Bortz, J. / Döring, N. (2006): Forschungsmethoden und Evaluation (4., überarbeitete Auflage). Berlin: Springer.

Bos, W. / Postlethwaite, T. N. (2001): Internationale Schulleistungsforschung: Ihre Entwicklungen und Folgen für die deutsche Bildungslandschaft. In: Weinert, F. E. (Hrsg.): Leistungsmessungen in Schulen (S. 251–267). Weinheim/Basel: Beltz.

Braun, A. K. / Meier, M. (2006): Wie Gehirne laufen lernen, oder: »Früh übt sich, wer ein Meister werden will«. In: Herrmann, U. (Hrsg.): Neurodidaktik. Grundlagen und Vorschläge für gehirngerechtes Lehren und Lernen. Weinheim/Basel: Beltz, S. 97–110.

Bremer Erklärung (2000): Gemeinsame Erklärung des Präsidenten der Kultusministerkonferenz und der Vorsitzenden der Bildungs- und Lehrergewerkschaften sowie ihrer Spitzenorganisationen. Deutscher Gewerkschaftsbund DGB und DBB – Beamtenbund und Tarifunion. Beschluss der Kultusministerkonferenz vom 5.10.2000 in Bremen.

Brügelmann, H., et al. (Hrsg.) (2006): Sind Noten nützlich und nötig? Ziffernzensuren und ihre Alternativen im empirischen Vergleich. Frankfurt am Main: Arbeitskreis Grundschule – Grundschulverband.

Brunner, I. / Krimplstätter, A. / Kummer, A. (2006): Mit Portfolios Lernfortschritte belegen und Qualitätsempfinden entwickeln. In: Brunner, I. / Häcker, T. / Winter, F. (Hrsg.): Das Handbuch Portfolioarbeit. Konzepte, Anregungen, Erfahrungen aus Schule und Lehrerbildung. Seelze-Velber: Kallmeyer bei Friedrich in Velber, S. 179–186.

Brunner, I. / Schmidinger, E. (2001): Leistungsbeurteilung in der Praxis: Der Einsatz von Portfolios im Unterricht der Sekundarstufe I. Linz: Veritas.

Brunstein, J. C. / Spörer, N. (2006): Selbstgesteuertes Lernen. In: Rost, D. H. (Hrsg.): Handwörterbuch Pädagogische Psychologie (3. Auflage). Weinheim/Basel: Beltz, S. 677–685.

Brütting, L. (1981): Leistungsmessung, Leistungsbeurteilung und Notengebung in der Schule. In: Schnitzer, A. (Hrsg.): Schwerpunkt Leistung in der Schule. München: Oldenbourg.

Buschmann, R. / Buhren, C. G. (2004): QuiSS. Schülerkompetenz Ergebnisse aus dem schleswig-holsteinischen Modellprogramm QuiSS Flensburg/Dortmund.

Chaiken, S. / Literman, A. / Eagly, A. H. (1989): Heuristic and systematic information processing within and beyond the persuasion context. In: Uleman, J. S. / Borgh, J. A. (Hrsg.): Unintended Thought. New York: Guilford, S. 212–252.

Cortina, K. S. (2006): Psychologie der Lernumwelt. In: Krapp, A. / Weidenmann, B. (Hrsg.): Pädagogische Psychologie. 5. Auflage. Weinheim/Basel: Beltz, S. 477–524.

Cronbach, L. J. / Gleser, G. (1965): Psychological tests and personnel decisions (2. Auflage). Urbana, Ill.: University of Illinois Press.

Cunningham, G. K. (1998): Assessment in the classroom: Constructing and interpreting tests. London/Washington: The Falmer Press.
Dahrendorf, R. (1965): Bildung ist Bürgerrecht. Plädoyer für eine aktive Bildungspolitik. Hamburg
Delors, J. (1997): Bildung: Eine notwendige Utopie. In: Lernfähigkeit: Unser verborgener Reichtum. UNESCO-Bericht zur Bildung für das 21. Jahrhundert. Neuwied: Luchterhand.
Deutscher Bildungsrat (Hrsg.) (1970): Empfehlungen der Bildungskommission: Strukturplan für das Bildungswesen. Verabschiedet auf der 27. Sitzung der Bildungskommission am 13. Februar 1970. Bundesdruckerei: Bonn.
Deutsches PISA-Konsortium (Hrsg.) (2001): PISA 2000 – Basiskompetenzen von Schülerinnen und Schülern im internationalen Vergleich. Opladen: Leske + Budrich.
Dickhäuser, O. / Rheinberg, F. (2003): Bezugsnormorientierung: Erfassung, Probleme, Perpektiven. In: Stiensmeier-Pelster, J. / Rheinberg, F. (Hrsg.): Diagnostik von Motivation und Selbstkonzept. Jahrbuch der pädagogisch-psychologischen Diagnostik. Tests und Trends. Neue Folge Band 2 (S. 41–55). Göttingen: Hogrefe.
DIN, Deutsches Institut für Normung e.V. (2002): DIN 33430. Anforderungen an Verfahren und deren Einsatz bei berufsbezogenen Eignungsbeurteilungen. Berlin: Beuth.
Döpp, W. / von der Groeben, A. / Thurn, S. (2002): Lernberichte statt Zensuren: Erfahrungen von Schülern, Lehrern und Eltern. Bad Heilbrunn: Klinkhardt.
Eberwein, H. / Knauer, S. (Hrsg.) (1998): Handbuch Lernprozesse verstehen. Wege einer neuen (sonder)pädagogischen Diagnostik. Weinheim/Basel: Beltz.
Elashoff, J. D. / Snow, R. E. (1972): Pygmalion auf dem Prüfstand. München: Kösel.
Erpenbeck, J. / von Rosenstiel, L. (Hrsg.) (2003): Handbuch Kompetenzmessung. Erkennen, verstehen und bewerten von Kompetenzen in der betrieblichen, pädagogischen und psychologischen Praxis. Stuttgart: Schäffer-Poeschel.
Faßnacht, G. (1995): Systematische Verhaltensbeobachtung. Eine Einführung in die Methodologie und Praxis (2., völlig neu bearbeitete Auflage). München: Ernst Reinhardt.
Feindt, A. (2010): Kompetenzorientierter Unterricht – wie geht das? Didaktische Herausforderungen im Zentrum der Lehrerarbeit. In: Feindt, A. / Klaffke, T. / Röbe, E. / Rothland, M. / Terhart, E. / Tillmann, K.-H., et al. (Hrsg.): Lehrerarbeit – Lehrer sein. Friedrich Jahresheft 2010, S. 85–89.
Fischer, C. / Mönks, F. J. / Westphal, U. (2008) (Hrsg.): Individuelle Förderung: Begabungen entfalten – Persönlichkeit entwickeln: Allgemeine Forder- und Förderkonzepte. Münster: Lit.
Fischer, L. / Schilmöller, R. (Hrsg.) (2010): Was ist guter Unterricht? Qualitätskriterium auf dem Prüfstand. Münster: Aschendorff.
Fischer, W. L. (1991): Mathematische Kritik der Ziffernnoten und ihrer Interpretation. In: von Hohenzollern, J. G. / Liedtke, M. (Hrsg.): Schülerbeurteilungen und Schulzeugnisse. Historische und systematische Aspekte. Bad Heilbrunn: Klinkhardt.
Fisseni, H.-J. (2004): Lehrbuch der psychologischen Diagnostik. Mit Hinweisen zur Intervention (3., überarbeitete und erweiterte Auflage). Göttingen: Hogrefe.
Fittkau, B. (1982): Ratingskalen in der pädagogischen Beurteilung. In: Klauer, K. J. (Hrsg.): Handbuch der Pädagogischen Diagnostik. Band 2 (Studienausgabe). Düsseldorf: Schwann, S. 727–747.
Flitner, A. (1999): Reform der Erziehung. Impulse des 20. Jahrhunderts. München: Piper.

Fraser, B. J. (1991): Educational environments: Education, antecedents and consequences. Oxford: Pergamon.

Fraser, B. J. / Walter, H. J. / Welch, W. W. / Hattie, J. A. (1987): Syntheses of educational productivity research. International Journal of Educational Research 11(1), S. 145–252.

Freese, H.-L. (1990): Abschlussbericht der Untersuchung zur abweichenden Organisationsform »Verbale Beurteilungen in der 3. Klassenstufe« im Auftrag des Senators für Schulwesen, Berufsbildung und Sport Berlin.

Fricke, R. (1972): Über Messmodelle in der Schulleistungsdiagnostik. Düsseldorf: Schwann.

Friedrichs, J. (1990): Methoden empirischer Sozialforschung (14., überarb. Auflage). Opladen: Westdeutscher Verlag.

Furck, C. L. (1975). Das pädagogische Problem der Leistung in der Schule (5. Auflage). Weinheim/Basel: Beltz.

Gage, N. L. / Berliner, D. C. (1996): Pädagogische Psychologie. 5., vollständig überarbeitete. Auflage. Weinheim: Psychologie Verlags Union.

Gasser, P. (1999): »Neue« Lernkultur. Eine integrative Didaktik. Aarau: Sauerländer.

Geist, S. (2012): Fördernde Bewertung. Konzept und Erfahrungen. In: Pädagogik. 64. Jg., H.2, S. 6–9

Gemeinsame Erklärung der Präsidenten der Kultusministerkonferenz und der Vorsitzenden der Bildungs- und Lehrergewerkschaften sowie ihrer Spitzenorganisationen (Hrsg.) (2000): Sogenannte »Bremer Erklärung«: Beschluss der Kultusministerkonferenz vom 05.10.2000. Bremen.

Gläser-Zikuda, M. (Hrsg.) (2007): Lerntagebuch und Portfolio auf dem Prüfstand. Landau: Verlag Empirische Pädagogik.

Gläser-Zikuda, M. (Hrsg.) (2010): Lerntagebuch und Portfolio aus empirischer Sicht. Landau: Verlag Empirische Pädagogik.

Gläser-Zikuda, M. / Hascher, T. (Hrsg.) (2007): Lernprozesse dokumentieren, reflektieren und beurteilen. Bad Heilbrunn: Klinkhardt,

Gmelch, A. (2001): Qualifikationsforschung. In: May, H. (Hrsg.): Lexikon der ökonomischen Bildung. 4. Auflage. München: Oldenbourg, S. 430–434.

Goodrich, H. (1996/1997): Understanding rubrics. In: Educational Leadership, December/January, S. 14–17.

Gräber, K. (1997): Vergleichbarkeit von Beurteilungspraktiken bei Klassenarbeiten in Mathematik?! In: Mathematische Unterrichtspraxis, 18, II. Quartal, S. 1–11.

Gudjons, H. (Hrsg.) (2003): Handbuch Gruppenunterricht (2. Auflage). Weinheim/ Basel: Beltz.

Gulliksen, H. (1950): Theory of mental tests. New York: Wiley.

Haarmann, D. (2002): Lernfelder, Wissen, Kompetenzen und Werte. In: Böttcher, W. / Kalb, P. F. (Hrsg.): Kerncurriculum. Weinheim/Basel: Beltz, S. 127–151.

Häcker, T. (2006): Vielfalt der Portfoliobegriffe. Annäherung an ein schwer fassbares Konzept. In: Brunner, I. / Häcker, T. / Winter, F. (Hrsg.): Das Handbuch Portfolioarbeit: Konzepte, Anregungen, Erfahrungen aus Schule und Lehrerbildung. Seelze-Velber: Erhard Friedrich, S. 33–39.

Häcker, T. (2011): Portfolioarbeit – ein Konzept zur Wiedergewinnung der Leistungsbeurteilung für die pädagogische Aufgabe der Schule. In: Sacher, W. / Winter, F. (Hrsg.): Diagnose und Beurteilung von Schülerleistungen. Baltmannsweiler: Schneider Hohengehren, S. 217–230.

Haenisch, H. (1996): Beurteilungen ohne Noten auf dem Prüfstand. Landesinstitut für Schule und Weiterbildung Soest. Arbeitsbericht zur Curriculumentwicklung, Schul- und Unterrichtsforschung Nr. 42.

Haladyna, T. M. (1994): Developing and validating multiple-choice test items. Hillsdale, New Jersey: Lawrence Erlbaum Associates.
Hartmann, W. / Lehmann, R. (1993): Schüleraufsätze – international untersucht. Abdruck in den Schriften zur Schreib-Lehr-Lernforschung Nr. 13. Hamburg: Universität, Institut für Didaktik der Sprachen, Arbeitsstelle für Schreib-Lehr-Lernforschung.
Hattie, J. (1992): Measuring the effects of schooling. In: Australian Journal of Education. 36 (1), p. 5–13
Hattie, J. A. (2013): Lernen sichtbar machen. Überarbeitete, deutschsprachige Ausgabe von Beywl, W. / Zierer, K. Baltmannsweiler: Schneider Hohengehren.
Hattie, J. A. / Timperley, H. (2007): The power of feedback. In: Review of Educational Research. 77. Jg., H. 1. Los Angeles: SAGE Publications, S. 81–112.
Hausser, K. (1991): Verbalbeurteilungen in Schulzeugnissen. Eine psychologische Inhaltsanalyse. In: Die Deutsche Schule. 83. Jg., H. 3, S. 348–359
Hechenleitner, A. / Schwarzkopf, K. (2006): Kompetenz – mehr als nur Wissen. München: Staatsinstitut für Schulqualität und Bildungsforschung.
Heckhausen, H. (1974): Leistung und Chancengleichheit. Göttingen: Hogrefe.
Heller, K. A. (1984): Einleitung und Übersichtsreferat. In: Heller, K. A. (Hrsg.): Leistungsdiagnostik in der Schule. 4., völlig neu bearbeitete Auflage. Bern: Hans Huber. S 15–38.
Helmke, A. (2005): Unterrichtsqualität erfassen, bewerten, verbessern. 4. Auflage. Seelze: Kallmeyer.
Helmke, A. (2010): Unterrichtsqualität und Lehrerprofessionalität. Diagnose, Evaluation und Verbesserung des Unterrichts. 4. Auflage. Stuttgart/Seelze: Klett/ Kallmeyersche Buchhandlung.
Herrmann, U. (2003): »Bildungsstandards« – Erwartungen und Bedingungen, Grenzen und Chancen. In: Zeitschrift für Pädagogik, 18. Jg., H. 5, S. 625–639.
Hertel, S. / Hochweber, J. / Steinert, B. / Klieme, E. (2010): Schulische Rahmenbedingungen und Lerngelegenheiten im Deutschunterricht. In: Klieme, E. / Artelt, C. / Hartig, J. / Jude, N. / Köller, O. / Prenzel, M., et al. (Hrsg.): PISA 2009. Bilanz nach einem Jahrzehnt. Münster/New York/München/Berlin: Waxmann, S. 113–151.
Hesse, J. / Latzko, B. (2009): Diagnostik für Lehrkräfte. Opladen/Farmington Hills: Barbara Budrich.
Hofer, M. (1969): Die Schülerpersönlichkeit im Urteil des Lehrers. Weinheim/Basel: Beltz.
Hofmann, J. (Hrsg.) (2007): Neue Formen des Lehrens und Lernens. Bad Heilbrunn: Klinkhardt.
Holodynski, M. / Oerter, R. (2008): Tätigkeitsregulation und Entwicklung von Motivation, Emotion, Volition. In: Oerter, R./Montada, L. (Hrsg.): Entwicklungspsychologie. 6. Auflage. Weinheim/Basel: Beltz, S. 535–541.
Holzkamp, K. (1995): Lernen. Subjektwissenschaftliche Grundlegung. Frankfurt am Main/New York: Campus.
Hübner, S. / Nückles, M. / Renke, A. (2007): Lerntagebücher als Medium des selbstgesteuerten Lernens – Wie viel instruktionale Unterstützung ist sinnvoll? In: Empirische Pädagogik 21(2), S. 119–137.
Ingenkamp, K. (1970): Zur Problematik der Zensurengebung. In: Die Deutsche Schule. 62. Jg., Heft 4, S. 438–456.
Ingenkamp, K. (Hrsg.) (1971): Die Fragwürdigkeit der Zensurengebung. Weinheim/ Basel: Beltz.

Ingenkamp, K. (Hrsg.) (1977): Schüler- und Lehrerbeurteilung. Empirische Untersuchungen zur Pädagogischen Diagnostik. Weinheim/Basel: Beltz.

Ingenkamp, K. (1985): Erfassung und Rückmeldung des Lernerfolgs. In: Otto, G./Schulz, W. (Hrsg.): Methoden und Medien der Erziehung und des Unterrichts. Enzyklopädie der Erziehungswissenschaft. Bd. 4. Stuttgart: Klett.

Ingenkamp, K. (1987): Zeugnisse und Zeugnisreform in der Grundschule aus der Sicht empirischer Pädagogik. In: Olechowski, R./Persy, E. (Hrsg): Fördernde Leistungsbeurteilung. Wien und München: Jugend und Volk, S. 39–79.

Ingenkamp, K. (1989): Diagnostik in der Schule. Beiträge zu Schlüsselfragen der Schülerbeurteilung. Weinheim/Basel: Beltz.

Ingenkamp, K. (1997): Verzeichnis deutschsprachiger Schultests. In: Jäger, R. S./Lehmann, R. H./Trost, G. (Hrsg.): Tests und Trends 11. Jahrbuch der Pädagogischen Diagnostik. Weinheim/Basel: Beltz, S. 192–207.

Ingenkamp, K./Lissmann, U. (2008): Lehrbuch der Pädagogischen Diagnostik. 6. Auflage. Weinheim/Basel: Beltz.

Jäger, R. S. (1999): Diagnostische Aufgaben und Kompetenzen von Lehrkräften. In: Arnold, K.-H./Sandfuchs, U./Wiechmann, J. (Hrsg.): Handbuch Unterricht. Bad Heilbrunn: Klinkhardt, S. 471–476.

Jäger, R. S. (2003): Testkuratorium. In: Kubinger, K. D./Jäger, R. S. (Hrsg.): Schlüsselbegriffe der Psychologischen Diagnostik. Weinheim: BeltzPVU, S. 403–405.

Jäger, R. S. (2007a): Beobachten, beurteilen und fördern! Lehrbuch für die Aus-, Fort- und Weiterbildung. Landau: Empirische Pädagogik.

Jäger, R. S. (2007b): Diagnostik. In: Tenorth, H.-E./Tippelt, R. (Hrsg.): Lexikon Pädagogik. Weinheim/Basel: Beltz, S. 154–155.

Jürgens, E. (1997): Offener Unterricht im Spiegel empirischer Forschung. In: Pädagogische Rundschau, 51, S. 677–697.

Jürgens, E. (1998): Das Wortgutachten in der Grundschule. Eine empirische Untersuchung zur Praxis der Verbalbeurteilung. Zentrum für Pädagogische Berufspraxis. Oldenburger Vor-Drucke H. 380/1998.

Jürgens, E. (1999): Zeugnisse ohne Noten. Ein Weg zur differenzierten Leistungserziehung. Braunschweig: Westermann.

Jürgens, E. (2000). Leistung und Beurteilung in der Schule: Eine Einführung in Leistungs- und Bewertungsfragen aus pädagogischer Sicht. 5. Auflage. Sankt Augustin: Academia.

Jürgens, E. (2001): Lern- und Leistungsberichte. Zur Praxis der Verbalbeurteilung am Beispiel der Grundschule. In: Die deutsche Schule, 93, S. 469–485.

Jürgens, E. (2008a): Was ist »guter« Unterricht? Neue Zusammenhänge in der Unterrichtsentwicklung. In: Stadler-Altmann, U./Schindele, J./Schraut, A. (Hrsg.): »Neue« Lernkultur – neue Leistungskultur. Bad Heilbrunn: Klinkhardt, S. 68–89.

Jürgens, E. (2008b): Pädagogische Implikationen der KMK-Entwürfe für Bildungsstandards. In: Die Deutsche Schule. 8. Beiheft. Weinheim: Juventa, S. 48–65.

Jürgens, E. (2010a): Was ist guter Unterricht aus der Perspektive »der« Reformpädagogik? Vom Aktivitätsparadigma zum »schüleraktiven Unterricht«. In: Jürgens, E./Standop, J. (Hrsg.): Was ist »guter« Unterricht? Bad Heilbrunn: Klinkhardt, S. 39–81.

Jürgens, E. (2010b): Leistung und Beurteilung in der Schule. 7. Auflage. Sankt Augustin: Academia.

Jürgens, E. (2012a): Diagnosefunktion: Fehlanzeige. Ist eine Neuorientierung der Beurteilungspraxis nötig? In: Fischer, C. (Hrsg.): Diagnose und Förderung statt Notengebung? Problemfelder schulischer Leistungsbeurteilung. Münster/New York/München/Berlin: Waxmann, S. 23–44.

Jürgens, E. (2012b): Diagnose und »fördernde« Bewertung. Pädagogisch-didaktische Prinzipien der Förderdiagnostik. In: Pädagogik, 64. Jg., H. 2, S. 32–35.

Jürgens, E. (2013a): Außerschulische Lernorte. Argumente für einen Bildungsauftrag. In: Schulmagazin 5–10, H. 4. Minden: Oldenbourg, S. 51–54.

Jürgens, E. (2013b): Leistungsverständnis – Eine Klärung vorweg. Über die Funktionen schulischer Leistungsbeurteilung. In: SchulVerwaltung Spezial. 14. Jg., H. 1/2013, S. 8–10.

Jürgens, E. / Sacher, W. (2000): Leistungserziehung und Leistungsbeurteilung: schulpädagogische Grundlegung und Anregungen für die Praxis. Neuwied: Luchterhand.

Jürgens, E. / Sacher, W. (2008): Leistungserziehung und Pädagogische Diagnostik in der Schule. Grundlagen und Anregungen für die Praxis. Stuttgart: Kohlhammer.

Jürgens, E. / Standop, J. (Hrsg.) (2010): Was ist »guter« Unterricht? Bad Heilbrunn: Klinkhardt.

Kegler, U. (2010): In Zukunft lernen wir anders. Weinheim und Basel: Beltz

Keller, S. (2011): Beurteilungsraster und Kompetenzmodelle. In: Sacher, W. / Winter, F. (Hrsg.): Diagnose und Beurteilung von Schülerleistungen. Grundlagen und Reformansätze. Unter Mitarbeit von Claudia Schreiner. Zürich: Pestalozzianum.

Kersting, M. (2006): »DIN SCREEN«. Leitfaden zur Kontrolle und Optimierung der Qualität von Verfahren und deren Einsatz bei beruflichen Eignungsbeurteilungen. Lengerich: Pabst Science Publishers.

Kersting, M. (2008): Qualität in der Diagnostik und Personalauswahl – der DIN-Ansatz. Göttingen: Hogrefe.

Klafki, W. (1980): »Mut zur Erziehung« – Kritik einer konservativen Erziehungskonzeption. In: Wissenschaftsforum 43/44, S. 41–48.

Klafki, W. (1983): Leistung. In: Lenzen, D. / Mollenhauer, K. (Hrsg.): Enzyklopädie der Erziehungswissenschaft. Band 1. Stuttgart: Klett, S. 491–495.

Klafki, W. (1995): Schlüsselprobleme und fachbezogener Unterricht. Kommentare aus bildungstheoretischer und didaktischer Sicht. In: Die Deutsche Schule. Beiheft 3 (Schlüsselprobleme im Unterricht), S. 32–46.

Klafki, W. (2007a): Sinn und Unsinn des Leistungsprinzips in der Erziehung. In: Klafki, W.: Neue Studien zur Bildungstheorie und Didaktik. Zeitgemäße Allgemeinbildung und kritisch-konstruktive Didaktik. 6., neu ausgestattete Auflage. Weinheim/Basel: Beltz, S. 209–247.

Klafki, W. (2007b): Neue Studien zur Bildungstheorie und Didaktik. Zeitgemäße Allgemeinbildung und kritisch-konstruktive Didaktik. 6. Auflage. Weinheim/Basel: Beltz.

Klauer, K. J. (1972): Zur Theorie und Praxis des binomialen Modells lernzielorientierter Tests. In: Klauer, K. J. / Fricke, R. / Herbig, M. / Rupprecht, H. / Schott, F. (Hrsg.): Lehrzielorientierte Tests. Düsseldorf: Schwann, S. 161–195.

Klauer, K. J. (Hrsg.). (1982): Handbuch der Pädagogischen Diagnostik (Band 2, Studienausgabe), Düsseldorf: Schwann.

Klauer, K. J. (2001): Wie misst man Schulleistungen? In: Weinert, F. E. (Hrsg.): Leistungsmessungen in Schulen. Weinheim/Basel: Beltz, S. 103–115.

Kleber, E. W. (1976): Tendenzen, die das Urteil des Lehrers beeinflussen. In: Kleber, E. W. / Meister, H. / Schwarzer, C. / Schwarzer, R. (Hrsg.): Beurteilung und Beurteilungsprobleme. Weinheim/Basel: Beltz, S. 39–62.

Kleber, E. W. (1992): Diagnostik in pädagogischen Handlungsfeldern. Weinheim/München: Juventa.

Klein, H. (2009): Transparente Leistungsbewertung und Zensurengebung in der Sekundarstufe I. Umfassend – praxisorientiert – fair. Baltmannsweiler: Schneider Hohengehren.

Klieme, E. / Avenarius, H. / Blum, W. / Döbrich, P. / Gruber, H. / Prenzel, M. / Reiss, K. / Riquarts, K. / Rost, J. / Tenorth, H.-E. / Vollmer, H. J. (2003): Zur Entwicklung nationaler Bildungsstandards. Eine Expertise. Bonn: BMBF.

Klieme, E. / Avenarius, H. / Blum, W. / Döbrich, P. / Gruber, H. / Prenzel, M. / Reiss, K., et al. (2003): Zur Entwicklung nationaler Bildungsstandards. Eine Expertise. Bonn: Bundesministerium für Bildung und Forschung (BMBF).

Klippert, H. (1994): Methodentraining. Übungsbausteine für den Unterricht. Weinheim/Basel: Beltz.

Konrad, K. / Traub, S. (1999): Selbstgesteuertes Lernen in Theorie und Praxis. München/Wien: Oldenbourg.

Kößler, H. (1997): Selbstbefangenheit – Identität – Bildung. Beiträge zur praktischen Anthropologie. Weinheim: DSV.

Krainer, K. (2001): Die »Testwirklichkeit« nicht zur »Unterrichtswirklichkeit« machen! Oder: Standardisierte Leistungstests tragen zwar zur Generierung von Steuerungswissen bei, sind aber als Normvorgabe für den Unterricht kontraproduktiv. In: Journal für Schulentwicklung. 2(5) Innsbruck: Studienverlag, S. 33–44.

Krapp, A. (2008): Diagnose und Bewertung. In: Faulstich-Wieland, H. / Faulstich, P. (Hrsg.): Erziehungswissenschaft. Ein Grundkurs. Reinbek bei Hamburg: Rowohlt, S. 170–193.

Krapp, A. / Prell, S. (1982):. Klassifikation pädagogisch-diagnostischer Aufgaben. In: Klauer, K. J. (Hrsg.): Handbuch der Pädagogischen Diagnostik (Studienausgabe). Band 2. Schwann: Düsseldorf, S. 831–854.

Krathwohl, D. R. / Bloom, B. S. / Masia, B. B. (1975): Taxonomie von Lernzielen im affektiven Bereich. Weinheim/Basel: Beltz.

Kubinger, K. D. (1996): Einführung in die psychologische Diagnostik. 2., korrigierte Auflage. Weinheim: Psychologie Verlags Union.

Kubinger, K. D. / Proyer, R. (2004): Gütekriterien. In: Westhoff, K. / Hellfritsch, L. J. / Hornke, L. F. / Kubinger, K. D. / Lang, F. / Moosbrugger, H. / Püschel, A. / Reimann, G. (Hrsg.): Grundwissen für die berufsbezogene Eignungsbeurteilung nach DIN 33430. Lengerich: Pabst Science Publishers, S. 186–194.

Kunze, I. / Solzbacher, C. (2009) (Hrsg.): Individuelle Förderung in der Sekundarstufe I und II. Baltmannsweiler: Schneider Hohengehren.

Laginski, A. M. (2001): Rubrics – Instrumente zur Leistungsbeurteilung. In: Podium Schule, H. 2/2001, S. 3.

Lamnek, S. (1988). Qualitative Sozialforschung. Band 1: Methodologie. Weinheim: Psychologie Verlags Union.

Landesinstitut für Schule und Weiterbildung NRW (Hrsg.) (1997): Leistungsbewertung ohne Noten in der Grundschule. Bönen: Kettler.

Landesinstitut für Schulentwicklung (2009): Lernen im Fokus der Kompetenzorientierung. Individuelles Fördern in der Schule durch Beobachten – Beschreiben – Bewerten – Begleiten. Stuttgart: Ministerium für Kultur, Jugend und Sport Baden-Württemberg.

Landmann, M. / Schmitz, B. (2007): Welche Rolle spielt Self-Monitoring bei der Selbstregulation und wie kann man mit Hilfe von Tagebüchern die Selbstregulation fördern? In: Gläser-Zikuda, M. / Hascher, T. (Hrsg.) (2007): Lernprozesse dokumentieren, reflektieren und beobachten. Bad Heilbrunn: Klinkhardt, S. 149–169.

Lang-von Wins, T. / Rosenstiel, L. (2005): Kompetenzentwicklung in der Universität. In: Spoun, S. / Wunderlich, W. (Hrsg.): Studienziel Persönlichkeit. Frankfurt am Main: Campus, S. 297–314.
Lechler, P. (1982): Kommunikative Validierung. In: Huber, G. L. / Mandl, H. (Hrsg.): Verbale Daten. Weinheim/Basel: Beltz, S. 243–258.
Lefrançois, G. R. (2006): Psychologie des Lernens. 5. Auflage. Heidelberg: Springer.
Lehmann, R. H. (1988): Reliabilität und Generalisierbarkeit der Aufsatzbeurteilungen im Rahmen des Hamburger Beitrags zur internationalen Aufsatzstudie der IEA. In: Zeitschrift für Empirische Pädagogik, 2, S. 349–365.
Lichtenstein-Rother, I. (Hrsg.) (1971): Schulleistung und Leistungsschule. Bad Heilbrunn: Klinkhardt.
Lienert, G. A. / Raatz, U. (1998): Testaufbau und Testanalyse. 6. Auflage. Weinheim: Psychologie Verlags Union.
Lindenberger, U. / Schäfer, S. (2008): Erwachsenenalter und Alter. In: Oerter, R. / Montada, L. (Hrsg.): Entwicklungspsychologie. 6. Auflage. Weinheim/Basel: Beltz, S. 366–409.
Lipowsky, F. (2006): Auf den Lehrer kommt es an. Empirische Evidenzen für Zusammenhänge zwischen Lehrer-Kompetenzen, Lehrerhandeln und dem Lernen der Schüler. In: Zeitschrift für Pädagogik. 51. Beiheft: »Kompetenzen und Kompetenzentwicklung von Lehrerinnen und Lehrern in Ausbildung und Beruf«, S. 47–70.
Lissmann, U. (1992): Schülerbeurteilung – Bestandsaufnahme und Perspektive. In: Ingenkamp, K. / Jäger, R. S. / Petillon, H. / Wolf, B. (Hrsg.): Empirische Pädagogik 1970–1990. Eine Bestandsaufnahme der Forschung in der Bundesrepublik Deutschland. Band II. Weinheim: Deutscher Studienverlag, S. 544–558.
Lissmann, U. (2000): Forschungsmethoden – ein Überblick. In: Wosnitza, M. / Jäger, R. S. (Hrsg.): Daten erfassen, auswerten und präsentieren – aber wie? 3., aktualisierte und korrigierte Auflage. Landau: Empirische Pädagogik, S. 5–42.
Lissmann, U. (2007): Portfolios: Bewertungen und Perspektiven (Kap. 7.4). In: Jäger, R. S.: Beobachten, beurteilen und fördern! Lehrbuch für die Aus-, Fort- und Weiterbildung. Landau: Empirische Pädagogik, S. 273–308.
Lissmann, U. (2010a): Leistungsmessung und Leistungsbeurteilung – eine Einführung. 2., korrigierte und erweiterte Auflage. Landau: Empirische Pädagogik.
Lissmann, U. (2010b): Leistungsbeurteilung gestern, heute, morgen. Aus: Enzyklopädie Erziehungswissenschaft Online (EEO), Fachgebiet: Pädagogische Psychologie, Diagnose und Prognose von Veränderungsprozessen, hrsg. von Günter L. Huber. Weinheim/München: Juventa Verlag, 46 Seiten, DOI 10.3262/EEO21100084.
Lissmann, U. (2010c): Zehn Jahre Portfoliobeurteilung – Anspruch und Wirklichkeit. In: Biermann, C. / Volkwein, K. (Hrsg.): Portfolio-Perspektiven. Schule und Unterricht mit Portfolios gestalten. Weinheim/Basel: Beltz, S. 100–114.
Lissmann, U. / Jäger, R. S. (2008): Multiple-Choice-Aufgaben. In: journal für lehrerinnen- und lehrerbildung, 8, S. 45–50.
Lissmann, U. / Paetzold, B. (1982): Leistungsrückmeldung, Lernerfolg und Lernmotivation. Weinheim/Basel: Beltz.
Lord, F. M. / Novick, M. R. (1968): Statistical theories of mental sores. Reading, Mass.: Addison-Wesley.
Lübke, S.-I. (1996): Schule ohne Noten. Lernberichte in der Praxis der Laborschule. Opladen: Leske + Budrich.
Lukesch, H. (1998): Einführung in die pädagogisch-psychologische Diagnostik. 2., vollständig neu bearbeitete Auflage. Regensburg: S. Roderer.

Mandl, H. (2010): Lernumgebungen problemorientiert gestalten – Zur Entwicklung einer neuen Lernkultur. In: Jürgens, E./Standop, J. (Hrsg.): Was ist »guter« Unterricht? Bad Heilbrunn: Klinkhardt, S. 19–38.

Marsal, E. (1997): Erschließung der Sinn- und Selbstdeutungsdimensionen mit den Dialog-Konsens-Methoden. In: Friebertshäuser, B./Prengel, A. (Hrsg.): Handbuch Qualitative Forschungsmethoden in der Erziehungswissenschaft. Weinheim: Juventa, S. 436–444.

McClure, R. M./Walters, J. (1992): Alternative forms of student assessment. Symposium presented at the Annual Meeting of the American Educational Research Association. San Francisco, CA: AERA.

Messner, R. (2004): Was Bildung von Produktion unterscheidet. In: Die Deutsche Schule. 8. Beiheft. Weinheim: Juventa, S. 26–47.

Meyer, H. (2004): Was ist guter Unterricht? Berlin: Cornelsen Scriptor.

Meyer, H. (2011): UnterrichtsMethoden. II: Praxisband. 14. Auflage. Berlin: Cornelsen Scriptor.

Meyer, H. (2013): Was ist guter Unterricht? 9. Auflage. Berlin: Cornelsen Scriptor.

Michel, L./Conrad, W. (1982): Theoretische Grundlagen psychometrischer Tests. In: Groffmann, K.-J./Michel, L. (Hrsg.): Grundlagen psychologischer Diagnostik. Band B, II, 1 der Enzyklopädie der Psychologie. Göttingen: Hogrefe, S. 1–129.

Mietzel, G. (2001): Pädagogische Psychologie des Lernens und Lehrens (6. Auflage). Göttingen: Hogrefe.

Ministerium für Schule und Weiterbildung des Landes NRW: Lernen in der Grundschule 2013. www.schulministerium.nrw.de/docs/Schulsystem/Schulformen/Grundschule/Lernen-in-der-Grundschule/index.html

Müller, A. (2003): »Referenzieren«. Ein Verfahren zur Förderung selbstwirksamen Lernens. In: Die Deutsche Schule, 95, S. 52–61.

Mutzeck, W. (Hrsg.) (1998): Förderdiagnostik bei Lern- und Verhaltensstörungen. Weinheim: Deutscher Studien Verlag.

Nuding, A. (1997): Beurteilen durch Beobachten. Pädagogische Diagnostik im Schulalltag. Baltmannsweiler: Schneider Hohengehren.

Obrist, W./Städeli, C. (2010): Prüfen und Bewerten in Schule und Betrieb. Bern: Hep.

Oelkers, J. (2005): Bildungspolitische Konsequenzen nach PISA: neue Steuerung, Standards und Evaluation. In: Brägger, G. (Hrsg.): Schlüsselfragen zur externen Schulevaluation. 1. Auflage. Bern: Hep (Pädagogik), S. 153–173.

Olechowski, R./Rieder, K. (Hrsg.) (1990): Motivieren ohne Noten. Wien: Scriptor Cornelsen

Oser, F. (2001): Standards: Kompetenzen von Lehrpersonen. In: Oser, F./Oelkers, J. (Hrsg.): Die Wirksamkeit der Lehrerbildungssysteme. Zürich: Ruegger, S. 215–342.

Paradies, L./Wester, F./Greving, J. (2009): Leistungsmessung und -bewertung 5. Auflage. Berlin: Cornelsen Scriptor.

Patzer, K. (2012): Kompetenzraster und Checklisten im Mathematikunterricht als Möglichkeit einer alternativen Kompetenzrückmeldung. In: Fischer, C. (Hrsg.): Diagnose und Förderung statt Notengebung? Problemfelder schulischer Leistungsbeurteilung. Münster/New York: Waxmann, S. 151–158.

Phye, G. D. (Hrsg.) (1997): Handbook of classroom assessment. Learning, adjustment, and achievement. San Diego: Academic Press.

Plessner, H. (2011): Einführung in die Urteilsforschung. In: Betsch, T./Funke, J./Plessner, H.: Denken, Urteilen, Entscheiden, Problemlösen. Berlin/Heidelberg: Springer, S. 11–22.

Rakoczy, K. (2012): Formatives Assessment – theoretische Erkenntnisse und praktische Umsetzung im Mathematikunterricht. In: Fischer, C. (Hrsg.): Diagnose und Förderung statt Notengebung. Problemfelder schulischer Leistungsbeurteilung. Münster/New York: Waxmann.

Ramseger, J. (1993): Lernprozesse differenziert beurteilen. In: Die Grundschulzeitschrift. 7. Jg., H. 63, S. 6–8.

Rasch, G. (1960): Probabilistic models for some intelligence and attainment tests. Kopenhagen: Nielsen und Lydiche.

Rawls, J. (1979): Eine Theorie der Gerechtigkeit. Frankfurt am Main: Suhrkamp.

Reich, K. (2010): Konstruktivistische Didaktik – oder weshalb Unterrichtsratgeber nicht reichen. In: Jürgens, E./Standop, J. (Hrsg.): Was ist »guter« Unterricht? Bad Heilbrunn: Klinkhardt, S. 143–157.

Reinmann-Rothmeier, G./Mandl, H. (2001): Unterrichten und Lernumgebungen gestalten. In: Krapp, H./Weidenmann, B. (Hrsg.): Pädagogische Psychologie. 5. Auflage. Weinheim/Basel: Beltz, S. 613–658.

Rheinberg, F. (1977): Soziale und individuelle Bezugsnorm. Unveröffentlichte Dissertation. Bochum: Psychologisches Institut der Ruhr-Universität.

Rheinberg, F. (1980): Leistungsbewertung und Lernmotivation. Göttingen: Hogrefe.

Rheinberg, F. (Hrsg.) (1982): Bezugsnormen zur Schulleistungsbewertung: Analyse und Intervention. Düsseldorf: Schwann.

Rheinberg, F. (2001a): Bezugsnormorientierung. In: Rost, D.H. (Hrsg.): Handwörterbuch Pädagogische Psychologie. 2. Auflage. Weinheim/Basel: Beltz, S. 55–61.

Rheinberg, F. (2001b): Bezugsnormen und schulische Leistungsbeurteilung. In: Weinert, F. E. (Hrsg.): Leistungsmessungen in Schulen. Weinheim/Basel: Beltz, S. 59–71.

Rosenthal, R./Jacobson, L. (1971): Pygmalion im Unterricht. Weinheim/Basel: Beltz. (Original erschienen 1968: Pygmalion in the classroom)

Rost, J./Spada, H. (1982): Probabilistische Testtheorie. In: Klauer, K. J. (Hrsg.): Handbuch der Pädagogischen Diagnostik. Band 1 (Studienausgabe). Düsseldorf: Schwann, S. 59–67.

Roth, G. (2003): Fühlen, Denken, Handeln. Frankfurt am Main: Suhrkamp.

Roth, L. (Hrsg.) (2001): Pädagogik. Handbuch für Studium und Praxis. 2., überarbeitete und erweiterte Auflage. München: Oldenbourg.

Rütter, T. (1982): Formen der Testaufgabe. In: Klauer, K. J. (Hrsg.): Handbuch der Pädagogischen Diagnostik. Band 1 (Studienausgabe). Düsseldorf: Schwann, S. 257–280.

Sacher, W. (1994): Prüfen – Beurteilen – Benoten. Theoretische Grundlagen und praktische Hilfestellungen für den Primar- und Sekundarbereich. Bad Heilbrunn: Klinkhardt.

Sacher, W. (2009). Leistungen entwickeln, überprüfen und beurteilen. Bewährte und neue Wege für die Primar- und Sekundarstufe (unter Mitarbeit von Stephan Rademacher). 5., überarbeitete und erweiterte Auflage. Bad Heilbrunn: Klinkhardt.

Sacher, W. (2011): Durchführung der Leistungsüberprüfung und Leistungsbeurteilung. In: Sacher W./Winter, F. (Hrsg.): Diagnose und Beurteilung von Schülerleistungen. Grundlagen und Reformansätze. Unter Mitarbeit von Claudia Schreiner. 10 Bände. Zürich: Pestalozzianum (Professionswissen für Lehrerinnen und Lehrer, 4).

Sachsenröder, T. (2011): Das Konzept Lehrplan plus (Teil 1). Grundlagen, Gestaltungsprinzipien und Umsetzung des neuen bayerischen Lehrplanmodells. In: SchulVerwaltung Bayern 34 (2011) 5, S. 130–133.

Schaller, S. (1995): Daten aus Beobachtungen. In: Jäger, R. S. / Petermann, F. (Hrsg.): Psychologische Diagnostik. Ein Lehrbuch. 3., korrigierte Auflage. Weinheim: Beltz/PVU, S. 439–448.

Scheele, B. / Groeben, N. (1988): Dialog-Konsens-Methoden zur Rekonstruktion subjektiver Theorien. Tübingen: A. Francke.

Scheerer, H. / Schmied, D. / Tarnai, C. (1985): Verbalbeurteilungen in der Grundschule. Arbeits- und Sozialverhalten in Grundschulzeugnissen in Nordrhein-Westfalen. In: Zeitschrift für Pädagogik 31. Jg., H. 2, S. 175–200.

Schleicher, A.: Vortrag zur individuellen Förderung. Bildungspolitischer Kongress in Essen am 03.02.2007.

Schrader, F.-W. (2001): Diagnostische Kompetenz von Eltern und Lehrern. In: Rost, D.h. (Hrsg.): Handwörterbuch Pädagogische Psychologie. Weinheim/Basel: Beltz, S. 68–71.

Schuck, K. D. (2008): Konzeptionelle Grundlagen der Förderdiagnostik. In: Arnold, K. H. / Jaumann-Graumann, O. / Rahkochhine, A. (Hrsg.): Handbuch Förderung. Weinheim/Basel: Beltz, S. 106–115.

SchulO RP (2009): Schulordnung für die öffentlichen Realschulen plus, Integrierten Gesamtschulen, Gymnasien, Kollegs und Abendgymnasien (Übergreifende Schulordnung) vom 12. Juni 2009. http://landesrecht.rlp.de/jportal/portal/t/lzu/page/bsrlpprod.psml;jsessionid=93E15C051AE0CA2090A9BEB5D06B2148.jpd4?doc.hl=1&doc.id=jlr-SchulORP2009rahmen%3Ajuris-lr00&documentnumber=1&numberofresults=154&showdoccase=1&doc.part=X&paramfromHL=true#jlr-SchulORP2009pP50 (Abruf 23.07.2014).

Schulz, W. / Teschner, W. P. / Voigt, J. (1973): Verhalten im Unterricht. Seine Erfassung durch Beobachtungsverfahren. In: Ingenkamp, K. (Hrsg.): Beobachtung und Analyse von Unterricht. Teilausgabe des Handbuchs für Unterrichtsforschung. Weinheim/Basel: Beltz, S. 13–120.

Schwarz, J. / Volkwein, K. / Winter, F. (Hrsg.) (2008): Portfolio im Unterricht. 13 Unterrichtseinheiten mit Portfolio. Seelze-Velber: Kallmeyer in Verbindung mit Klett.

Schwarzer, C. / Schwarzer, R. (1979): Praxis der Schülerbeurteilung. 2., durchgesehene Auflage. München: Kösel.

Schwarzer, R. / Steinhagen, K. (Hrsg.) (1975): Adaptiver Unterricht. München: Kösel.

Seidel, T. / Prenzel, M. (2010): Beobachtungsverfahren: Vom Datenmaterial zur Datenanalyse. In: Holling, H. / Schmitz, B. (Hrsg.): Handbuch Statistik, Methoden und Evaluation. Göttingen: Hogrefe, S. 139–152.

Sekretariat der Kultusministerkonferenz (Hrsg.) (2004): Bildungsstandards in den Fächern für den Mittleren Schulabschluss. (Beschluss der Kultusministerkonferenz vom 16.12.2004)

Sekretariat der Ständigen Konferenz der Kultusminister der Länder in der Bundesrepublik Deutschland (Hrsg.) (2004): Vereinbarung zu den Standards für die Lehrerbildung: Bildungswissenschaften (Beschluss der Kultusministerkonferenz vom 16.12.2004): geändert am 12.06.2014.

Spearman, C. (1904): The proof and measurement of association between two things. American Journal of Psychology, 15, S. 72–101.

Spitzer, M. (2002): Lernen. Gehirnforschung und die Schule des Lehrens. Heidelberg/Berlin: Spektrum.

Standop, J. (1998): Die Arbeit mit dem Pädagogischen Tagebuch. In: Grundschulunterricht. 45, 11, S. 9–11.

Stelzl, I. (1993): Testtheoretische Modelle. In: Tent, L. / Stelzl, I. (Hrsg.): Pädagogisch-psychologische Diagnostik. Göttingen: Hogrefe, S. 39–201.

Stern, T. (2010): Förderliche Leistungsbewertung. Hrsg. von Österreichischen Zentrum für Persönlichkeitsbildung und soziales Lernen. Wien.

Stock, M./Riebenbauer, E./Winkelbauer, A. (2013): Wirtschaft- und Kompetenzorientierung im kaufmännischen Unterricht. In: Pächter, M., et al. (Hrsg.): Handbuch Kompetenzorientierter Unterricht. Weinheim/Basel: Beltz, S. 257–270.

Süllwold, F. (1983): Pädagogische Diagnostik. In: Groffmann, K.-J./Michel, L. (Hrsg.): Intelligenz- und Leistungsdiagnostik. Göttingen: Hogrefe, S. 307–386.

Tenorth, H.-E./Tippelt, R. (Hrsg.) (2007): Lexikon Pädagogik. Stichwort Kompetenz. Weinheim/Basel: Beltz.

Testkuratorium der Föderation Deutscher Psychologenvereinigungen (2006): TBS-TK. Testbeurteilungssystem des Testkuratoriums der Föderation Deutscher Psychologenvereinigungen. Report Psychologie, 31, S. 492–499.

Tillmann, K. J./Vollstädt, W. (1999): Die Funktion der Leistungsbeurteilung in unterschiedlichen Schulstufen und Bildungsgängen – eine schultheoretische Einordnung. In: Beutel, S.-I. (Hrsg.): Ermittlung und Bewertung schulischer Leistungen. Hamburg: Bergmann und Helbig, S. 8–37.

Trim, J./North, B./Coste, D. (2001): Gemeinsamer europäischer Referenzrahmen für Sprachen. Lernen, lehren, beurteilen. Berlin/München: Langenscheidt.

Trost, G./Blum, F./Fay, E./Klieme, E./Maichle, U./Meyer, M./Nauels, H.-U. (1998): Evaluation des Tests für medizinische Studiengänge (TMS): Synopse der Ergebnisse. Bonn: Institut für Test- und Begabungsforschung.

Twellmann, W. (Hrsg.) (1981): Handbuch Schule und Unterricht. Düsseldorf: Schwann.

Valtin, R. (2002): Was ist ein gutes Zeugnis? Noten und verbale Beurteilungen auf dem Prüfstand. Weinheim/München: Juventa.

Vollstädt, W. (2013): Anspruchsvoll, notwendig und widersprüchlich zugleich. Probleme der Leistungsbeurteilung im Schulalltag. In: SchulVerwaltung Spezial. 14. Jg., Heft 1 2013, S. 11–13.

von Saldern, M. (1999): Schulleistung in der Diskussion. Baltmannsweiler: Schneider Hohengehren.

Walberg, H. J. (1986): Synthesis of research on teaching. In: Wittrock, M. C. (Hrsg.): Handbook of research on teaching. A project of the American Educational Research Association. 3. Auflage. Washington D.C.: American Educational Research Association, S. 214–229.

Walther, G./Geiser, H./Langeheine, R./Lobemeier, K. (2003): Mathematische Kompetenzen am Ende der vierten Jahrgangsstufe. In: Bos, W./ Lankes, E.-M./Prenzel, M./Schwippert, K./Walther, G./Valtin, R. (Hrsg.): Erste Ergebnisse aus IGLU. Schülerleistungen am Ende der vierten Jahrgangsstufe im internationalen Vergleich. Münster: Waxmann, S. 189–266.

Weiland, D. (1994): Lernentwicklungsberichte. 20 Jahre Praxis an einer Gesamtschule. In: Die Deutsche Schule. 86. Jg./H. 3, S. 272–287.

Weinert, F. E. (1994): Lernen lernen und das eigene Lernen verstehen. In: Reusser, K./Reusser-Weyneth, M. (Hrsg.): Verstehen. Psychologischer Prozess und didaktische Aufgabe. Bern: Huber, S. 183–205.

Weinert, F. E. (1996): Enzyklopädie der Psychologie. Psychologie des Lernens und der Instruktion. Göttingen: Hogrefe.

Weinert, F. E. (1997): Lernkultur im Wandel. In: Beck, E./Guldimann, T./Zutavern, M. (Hrsg.): Lernkultur im Wandel. Tagungsband der Schweizerischen Gesellschaft für Lehrerinnen- und Lehrerbildung und der Schweizerischen Gesellschaft für Bildungsforschung. St. Gallen: UVK, Fachverlag für Wissenschaft und Studien, S. 11–29.

Weinert, F. E. (1998): Neue Unterrichtskonzepte zwischen gesellschaftlichen Notwendigkeiten, pädagogischen Visionen und psychologischen Möglichkeiten. In: Bayrisches Staatsministerium für Unterricht, Kultur, Wissenschaft und Kunst (Hrsg.): Wissen und Werte für die Welt von morgen. München, S. 101–125.

Weinert, F. E. (2000): Lehren und Lernen für die Zukunft – Ansprüche an das Lernen in der Schule. In: Pädagogische Nachrichten Rheinland-Pfalz 2, S. 1–16.

Weinert, F. E. (2001): Vergleichende Leistungsmessung in Schulen – eine umstrittene Selbstverständlichkeit. In: Weinert, F. E. (Hrsg.): Leistungsmessungen in Schulen. Weinheim/Basel: Beltz, S. 17–31.

Weinert, F. E. (Hrsg.) (2001): Leistungsmessungen in Schulen. Weinheim/Basel: Beltz.

Weinert, F. E./Schrader, F.-W. (1986): Diagnose des Lehrers als Diagnostiker. In: Petillon, H./Wagner, J. W. L./Wolf, B. (Hrsg.): Schülergerechte Diagnose. Weinheim/Basel: Beltz, S. 11–29.

Weiss, R. (1965): Zensur und Zeugnis. Linz: Haslinger.

Wendeler, J. (1972): Standardarbeiten. Verfahren zur Objektivierung der Notengebung. 4. Auflage. Weinheim/Basel: Beltz.

Wester, F./Claus-Cordes, C./Soltau, A. (o. J.): Landesinstitut für Schule (LIS) Bremen. Teamtool für Lehrkräfte.

Westhoff, K./Hellfritsch, L. J./Hornke, L. F./Kubinger, K. D./Lang, F./Moosbrugger, H./Püschel, A./Reimann, G. (Hrsg.) (2004): Grundwissen für die berufsbezogene Eignungsbeurteilung nach DIN 33430. Lengerich: Pabst Science Publishers.

Wiggins, G. P. (1989): A true test: Toward more authentic and equitable assessment. In: Phi Delta Kappan, 70, S. 703–713.

Wiggins, G. P. (1998): Educative assessment. Designing assessments to inform and improve student performance. San Francisco, CA: Jossey-Bass Publishers.

Wild, E./Hofer, M./Pekrun, R. (2006): Psychologie des Lernens. In: Krapp, A./Weidenmann, B. (Hrsg.): Pädagogische Psychologie. 5. Auflage. Weinheim/Basel: Beltz, S. 203–267.

Wild, K.-P./Krapp, A. (2006): Pädagogisch-psychologische Diagnostik. In: Krapp, A./Weidenmann, B. (Hrsg.): Pädagogische Psychologie. 5. Auflage. Weinheim/Basel: Beltz, S. 527–574.

Winter, F. (2004): Leistungsbewertung. Eine »neue« Lernkultur braucht einen anderen Umgang mit den Schülerleistungen. Band 49. Baltmannsweiler: Schneider Hohengehren.

Ziefuß, H. (1978): Methoden der Unterrichtsbeobachtung. Braunschweig: Westermann.

Ziegenspeck, J. (1979): Zensur und Zeugnis – Ein Mängelbericht. In: Bolscho, D./Schwarzer, C. (Hrsg.): Beurteilung in der Grundschule. München: Urban & Schwarzenberg.

Ziegenspeck, J. (1999): Handbuch Zensur und Zeugnis in der Schule. Bad Heilbrunn: Klinkhardt.

Ziegenspeck, J. (2000): Handbuch Orientierungsstufe. Sachstandsbericht und Zwischenbilanz. Bad Heilbrunn: Klinkhardt.

Zielinski, W. (1975): Die Beurteilung von Schülerleistungen. In: Weinert, F.E. et al. (Hrsg.): Funkkolleg Pädagogische Psychologie. Band 2, 2. Aufl., Frankfurt/M.: Fischer

Zimbardo, P. G./Gerrig, P. J. (2004): Psychologie. 16. Auflage. München u. a.: Pearson Education Deutschland.